MUTUELLE DE SOLIDARITÉ ET MICROFINANCE EN AFRIQUE

Le cas de l'Ituri en RD Congo

Collection « Études africaines »
dirigée par Denis Pryen et son équipe

Forte de plus de mille titres publiés à ce jour, la collection « Études africaines » fait peau neuve. Elle présentera toujours les essais généraux qui ont fait son succès, mais se déclinera désormais également par séries thématiques : droit, économie, politique, sociologie, etc.

Dernières parutions

Jean-Claude TCHEUWA (dir.), *Les organisations internationales africaines. Regards croisés et défis contemporains,* 2022.

Charlemagne SEGBEDJI, *Afro-brésiliens et processus de patrimonialisation dans le sud du Bénin. De la fin du XIXe siècle à nos jours,* 2022.

Guy Saturnin TSÉTSA, *Guide pratique de la saisie immobilière en droit Ohada*, 2022.

Ben Aymar BINASSOUA YEHOUESSI, *L'impôt en Afrique de l'Ouest francophone. L'exemple du Bénin,* 2022.

Fatoumata KABA, *Le droit minier et le droit au développement des communautés autochtones. L'exemple de la Guinée*, 2022.

Nico Shambouy MUAMBI, *L'impact de la décentralisation sur les municipalités en Afrique. Stratégies de développement local à Klouékanmè (Bénin)*, 2022.

Joseph ZIDI, *Histoire et usages du nom Kongo, Essai d'interprétation onomastique*, 2022.

Mohamed Ousmane KEITA, *Le Mali : l'État inachevé*, 2022.

Dominique OBA et Hilaire Kevin NZOUSSI, *Histoire de la République du Congo de 1958 à 2017*, 2022.

Saliou dit Baba DIALLO, *Vieillir en migration. Le cas des Soninké,* 2022.

Jean-Luc MOUTHOU, Hilarion Bagel MIZHAIRE, *Pointe-Noire, Dynamique spatiale et équipements urbains au Congo*, 2022.

Benjamin N. LAWRANCE, *Les Éwé sous le joug français. Le colonialisme périurbain au Togo (1900-1960)*, 2022.

Dieudonné Kabongo Kabongo

MUTUELLE DE SOLIDARITÉ ET MICROFINANCE EN AFRIQUE

Le cas de l'Ituri en RD Congo

Préface du Professeur Faustin MBAYU LUKASU

L'Harmattan

5-7, rue de l'École-Polytechnique, 75 005 Paris

http://www.editions-harmattan.fr

ISBN : 978-2-14-029004-6
EAN : 9782140290046

EPIGRAPHE

En accordant des microcrédits aux plus démunis de la planète, on pouvait accomplir ce que des milliards de dollars (USD) d'aide étrangère n'avaient pas pu réaliser.... Et pour cela, il est nécessaire de voir les gens différemment et concevoir un nouveau cadre pour cette société. C'est l'histoire d'une révolution, celle du microcrédit, qui a aidé les pauvres .... à se mobiliser et à prendre leur destin en main. C'est aussi un grand dessein qui peut débarrasser la planète de la pauvreté, et construire un avenir où la justice sociale retrouvera tout son sens.

(Muhammad Yunus, 1997).

DEDICACE

A

Notre chère épouse Sephora NGOMBA KABONGO pour son amour, sa patience et son soutien.

Nos quatre enfants Lys KABONGO, Jedidja KABONGO, Schelomith KABONGO et Ohel KABONGO pour leur affection.

REMERCIEMENTS

De prime à bord, que le nom de notre Dieu soit béni d'éternité en éternité, car à lui appartiennent la sagesse et la force, c'est lui qui donne la sagesse aux sages et la science à ceux qui ont de l'intelligence. A lui soient la gloire, la puissance et l'honneur.

Il nous est évidemment bien difficile d'établir une quelconque hiérarchie entre les nombreux encouragements, soutiens et appuis reçus, dans la mesure où cette recherche nous a amené à réaliser de nombreux contacts.

Cet ouvrage n'aurait jamais abouti aux présents résultats sans le précieux concours de plusieurs chercheurs, qui, au travers d'entretiens ou de rencontres plus ou moins fortuites, nous ont livré une part de leur existence, de leur vécu quotidien. Nous pensons aux Professeur Léonard Muanasaka Kabuita, Jean-Pierre Mukandama, Albert Onotamba, Jonas Ngoy, Raymond Omokoko, Faustin Mbayu Lukasu et Godefroy Kizaba.

Nous tenons à rendre un hommage mérité au révérend pasteur Jaques Ben Bilombe ainsi qu'à l'église Bethel Tabernacle de Bunia, pour le soutien bénéficié.

Nous ne pouvons passer sous silence, les dirigeants des Organisations Promotrices des MUSO (OPM), à l'instar des Organisations Non Gouvernementales comme COOPI et AMAB, pour leur contribution à la collecte des informations. Nous saluons ici l'esprit coopératif de la présidente de l'Association des Mutuelles de Solidarité de l'Ituri (AMSI), madame Benedicte D'Odha. Sans oublier le soutien de monsieur Lambert Musungufu de l'ONG COOPI.

Nous sommes reconnaissant envers le personnel académique, scientifique et administratif des Universités de Bunia et de Kisangani.

Que ma grande famille biologique ainsi que toute ma belle-famille trouvent à travers cet ouvrage, un acte de reconnaissance pour tout le soutien qu'elle nous a accordé.

AVANT-PROPOS

La pauvreté est un vieux fléau qui a touché le monde depuis plusieurs siècles et qui continue de faire des victimes, comme la tragédie liée à la pandémie de COVID-19 que traversent les pays de la planète terre durant ces deux dernières années. Selon PNUD, plus de 700 millions d'individus dans le monde continuent de vivre en dessous du seuil de la pauvreté extrême situé à 1,90 dollars en parité de pouvoir d'achat (PPA) par jour, et plus de la moitié de la population mondiale demeure en bas de la pyramide économique. Les conditions sanitaires liées à la prévention de la COVID-19 ont encore exacerbé cette situation de la pauvreté à travers le monde, surtout dans les pays en développement, dans lesquels la plupart des activités économiques sont informelles.

En effet, Sen (2012) et Sagna (2015) explicitent que la pauvreté est entendue comme le manque de capabilité pour satisfaire les besoins fondamentaux en certains biens particuliers. Pour ce fait, la pauvreté est liée au revenu faible. Cependant, le CGAP (2007) avait déjà indiqué que les pauvres constituaient la vaste majorité de la population dans la plupart des pays en développement, avec comme activité principale, l'agriculture. Or, un nombre considérable d'entre eux n'ont toujours pas accès à des services financiers de base. C'est pourquoi, une attention particulière et croissante doit être portée à cette réalité sociale.

Comme stratégie de lutte contre la pauvreté, Bernicourt (2001) a relevé le cas de PNUD qui avait préconisé une voie nouvelle dans cette lutte. Il avait proposé l'alternative de « la croissance favorable aux pauvres ». Cela est induit par la « croissance rapide des revenus privés dans les secteurs où les pauvres sont concentrés, ou par la réaffectation des recettes publiques, en vue de couvrir les dépenses qui ont de fortes incidences sur les pauvres. Mais, pour le Programme des Nations-Unies pour le Développement, bien que la croissance économique constitue un puissant catalyseur et demeure une nécessité pour réduire la pauvreté, celle-ci ne suffit pas, à moins qu'elle ne soit partagée et équitable, et que les besoins des pauvres et des personnes marginalisées ne soient placés au centre des priorités du développement.

En effet, Ban Ki-Moon dans son discours qui affirmait : « *Nous aspirons tous à accéder à de conditions de vie meilleures. Cependant, cela ne sera pas possible en suivant le modèle de croissance actuel... Nous avons besoin d'un modèle de développement pratique, adapté au 21è siècle, qui établisse le lien entre les enjeux déterminants de notre époque : la réduction de la pauvreté, la création d'emplois, l'inégalité, les changements climatiques, les contraintes s'exerçant sur l'environnement, l'eau, l'énergie et la sécurité alimentaire* ».

Kasbarian (2014) et Tran (2014), abordant dans le même sens, affirmaient que les services financiers peuvent jouer un rôle clé pour les plus démunis dans la fourniture d'un accès aux avantages des économies en développement, et dans l'amélioration de leur capacité de se protéger des chocs économiques. L'accès aux services de microfinance contribue à la réduction de la pauvreté et à l'amélioration réelle de la situation du client bénéficiaire.

C'est ainsi que CGAP (2007) et Allemand (2011) ont soutenu que depuis le lancement en 2000 des Objectifs du Milliaire pour le Développement (OMD) par l'ONU, « *la microfinance* » est reconnue comme un moyen possiblement efficace de lutte contre la pauvreté dans le monde, bien que l'exclusion financière ne figurât pas comme indicateur de pauvreté, et ne fit donc pas partie des objectifs quantifiés de l'ONU. Cette stratégie pouvait être appuyée par certains chercheurs comme Smahi et al. (2012) et Kasbarian (2014), en affirmant que l'hypothèse sous-jacente qui stipule qu'en permettant l'accès des pauvres au financement, on leur donne la possibilité d'entreprendre des activités génératrices de revenus (AGR), et d'accéder aux services sociaux de base.

Cependant, Maystadt (2004), Servet (2009), Allemand (2011) et Kabongo (2019) dénoncent le fait que la plupart des institutions de microfinance formelle se sont éloignées de leur mission. Ces institutions sont rentrées de plus en plus en concurrence directe avec les banques commerciales, et ont par conséquent adopté une même logique capitaliste. La finalité de profit ayant pris le dessus.

Majoritairement implantées dans les zones urbaines, les institutions de microfinance formelle peinent à desservir les milieux ruraux, et ce, pour plusieurs raisons, à commencer par la faible densité des populations, l'insuffisance ou le mauvais état des infrastructures de communication, les faibles montants sollicités, mais aussi, à cause de l'activité agricole, qui est peu rentable et à haut risque, ne pouvant pas constituer une garantie fiable pour les institutions de microfinance dans les pays en développement. Il ressort clairement que les institutions de microfinance formelle ne s'occupent pas des agriculteurs, des artisans et des indigents, à cause notamment, des activités économiques à haut risque pratiquées par cette catégorie de la population. Alors que la majorité de la population des pays en développement est constituée des pauvres, pratiquant l'agriculture comme activité principale dans plus de 70 % des cas.

Nganda (2011) et Kabongo (2019) expliquent que pour pallier cette insuffisance des institutions de microfinance formelle, la dynamique associative devra prendre la relève et connaitre un grand essor, et ce, particulièrement dans les pays en voie de développement.

Ce qui a contribué à la mise en place des initiatives d'économie populaire et solidaire, les « *Mutuelles de Solidarité* », (MUSO), considérées comme l'un des moyens de structurer le milieu rural, et d'y offrir dans de bonnes conditions des financements pouvant contribuer favorablement aux situations socio-économiques des individus. Rossier et Taillefer (2005), et Chéreau (2011) pouvaient préciser que la Mutuelle de Solidarité est une structure de financement adaptée au milieu rural, mais peut aussi fonctionner dans les quartiers informels des villes, notamment entre artisans ou petits commerçants d'un marché. Cependant, Lelart (2002) avait déjà indiqué que la finance informelle repose sur des relations de proximité, se pratique en circuit fermé, entre les personnes qui se connaissent et qui se rencontrent régulièrement. La finance informelle fait partie du secteur informel, elle permet de financer l'activité informelle.

Cet ouvrage a pour mérite d'explorer l'expérience des « Mutuelles de Solidarité », qui s'articule sur la microfinance sociale de proximité, et la structuration du milieu pauvre en République Démocratique du Congo, en général, et en Province de l'Ituri, en particulier. Car, la plus grande majorité de la population de l'Ituri, comme dans la plupart des provinces du Congo, vit en milieu rural, avec comme activité principale, l'agriculture, une activité considérée à haut risque par les institutions formelles de microfinance. Même si les performances économiques et sociales du système ne semblent pas très significatives, l'expérience en elle-même est intéressante, car elle contribue à renforcer la fourn iture des services financiers dans les milieux défavorisés de cette province, du reste, à vocation agropastorale.

Dans cet ouvrage, l'auteur s'interroge, par une méthodologie quantitative (chapitres 6 et 7), sur la capacité des Mutuelles de Solidarité (MUSO) à offrir des services microfinanciers adaptés aux besoins des pauvres, et à contribuer à l'amélioration des conditions de vie des bénéficiaires, par la mise en pratique de leur mission sociale.

PREFACE

La solution à la pauvreté en Afrique soulevée par Dieudonné Kabongo Kabongo a fait couler beaucoup d'encre et de salive. Le financement de l'entrepreneuriat des populations démunies en Afrique, pratiquant l'agriculture comme activité principale, demeure une préoccupation majeure. Beaucoup de recherches sont effectuées dans le sens des propositions des solutions à la réduction de la pauvreté de plus démunis dans le monde, plus particulièrement en Afrique. La *microfinance* est citée comme instrument pouvant aider à réduire la pauvreté, en permettant aux pauvres d'avoir l'accès au moyen de financement de leurs activités productives. La microfinance constitue, quand elle est adaptée, un moyen efficace de financement pour les personnes marginalisées, ou n'ayant pas des moyens nécessaires, afin de satisfaire aux exigences du système bancaire classique.

Les micros ou petites exploitations agricoles constituent la principale source des revenus dans plusieurs pays africains, et le secteur agricole représente 20 à 40% du produit intérieur brut (PIB) du continent. Pourtant, moins de 3% des crédits bancaires lui sont alloués.

Dans le contexte actuel, la productivité de l'agriculture africaine est l'une des plus faibles au monde. L'accès aux services financiers appropriés est donc une condition indispensable pour réaliser le potentiel de l'agriculture africaine.

L'auteur de la « Mutuelle de Solidarité et microfinance en Afrique », l'a sans doute bien compris, lui qui a publié plusieurs œuvres dans ce domaine, proposant des outils financiers pour accompagner les démunis, capables d'innover dans le secteur productif, mais n'ayant pas accès à la finance classique.

En effet, la République Démocratique du Congo (RDC) où la plus grande majorité de la population est pauvre, et vit de l'agriculture comme emploi principal, cet ouvrage de Dieudonné Kabongo est un outil plus précieux, afin d'initier les populations marginalisées, non seulement à des grandes opérations financières futures, mais également à la cohabitation communautaire. Cet ouvrage devra être apprécié à sa juste valeur par les communautés scientifiques et universitaires, les bailleurs des fonds et les acteurs politico-socio-économiques.

Il est vrai que la RDC, pays qui, depuis son accession à l'indépendance en 1960, a toujours eu un budget public pour l'agriculture inférieur à

5% du budget national, n'a pas été épargnée par la paupérisation des personnes marginalisées. En effet, quoique le secteur agricole soit déclaré depuis plusieurs décennies « priorité des priorités » par les pouvoirs publics, il ne dispose que d'un budget national insignifiant. La conséquence est que pratiquement tout l'investissement agricole et rural se fait sur les fonds des donateurs. La contribution nationale suffit à peine à payer les fonctionnaires statutaires au ministère de l'agriculture et développement rural.

L'ouvrage a donc le mérite de traiter une question importante, qui a trait au financement de l'entrepreneuriat des personnes marginalisées par la finance classique, et habitant aussi bien les milieux ruraux que les quartiers défavorisés des villes. La problématique abordée ici est non seulement intéressante, mais elle est d'une actualité, d'une nouveauté et d'une pertinence que nul ne saurait occulter. La perception de la pauvreté exprimée dans l'épigraphe par l'auteur témoigne le rôle de premier plan que joue la finance de proximité en tant qu'outil indispensable de lutte contre la pauvreté.

La publication de cet ouvrage facilitera désormais la compréhension des besoins financiers des personnes défavorisées par la microfinance formelle ainsi que sa dérive, quant à sa mission principale. Les résultats des chapitres 6 et 7 viennent combler à juste titre, un besoin réel ressenti aussi bien par les chercheurs, les enseignants de filières des sciences économiques et agricoles, que des personnes en quête des solutions durables au profit des populations marginalisées.

<u>Professeur Faustin MBAYU LUKASU</u>
Enseignant-chercheur, Université de Kisangani.

SOMMAIRE

INTRODUCTION

La République Démocratique du Congo (RDC), selon le PNUD (2009), bénéficie de conditions naturelles favorables à un développement économique rapide : une diversité climatique propice à l'agriculture et à l'exploitation forestière, des ressources minières diversifiées et s'étalant sur de vastes régions qui font du pays l'un des plus riches potentiellement au monde.

Cependant, en dépit de ces énormes potentialités, la majorité du peuple congolais vit dans la pauvreté. Car, à ce jour, le développement de la RDC est caractérisé par le contraste entre les ressources naturelles potentielles dont elle regorge, et la pauvreté de la grande majorité de la population[1]. Près de 80% de la population vivent dans une extrême pauvreté et habitent en milieu rural, avec comme activités principales : l'agriculture, la pêche et l'élevage.

En effet, la RDC a traversé diverses crises multiformes au cours de son histoire qui n'ont fait qu'amplifier le paradoxe congolais : « géant aux pieds d'argile » pour certains, et « éléphant qui dort » pour d'autres, car le pays est parmi les plus pauvres de la planète en termes réels. Le document de stratégie de croissance et de réduction de la pauvreté de seconde génération (DSCRP 2) indiquait que sept ménages sur dix étaient pauvres en RD Congo, avec une disparité entre le milieu rural, où environ huit ménages sur dix sont pauvres, et le milieu urbain, où moins de sept ménages sur dix sont pauvres.

Cependant, le rapport du Fonds Monétaire International de 2014 souligne qu'il subsiste d'énormes défis économiques et sociaux, car, plus de 63% de la population vivent en dessous du seuil de pauvreté, le taux de chômage dépasse 45 %, et on prévoyait même qu'aucun des OMD ne pouvait être atteint à l'échéance prévue.

L'environnement économique de la RDC a été caractérisé depuis longtemps par plusieurs contraintes, qui ont eu comme conséquences défavorables évidentes sur le cadre macroéconomique à la base d'un taux d'inflation élevé, avec comme corollaire, une paupérisation à la fois généralisée et persistante de la majorité de la population. Ces contraintes sont aussi à l'origine d'un grand taux de thésaurisation de la monnaie au détriment de la part drainée dans les circuits financiers officiels. En conséquence, les ménages à faibles revenus, les petites et

[1] http://www.cd.undp.org/content/rdc/fr/home/countryinfo/, consulté le 27 août 2016.

moyennes entreprises ou industries ne peuvent pas avoir un accès conséquent aux services financiers de base[1]. Pourtant, il s'avère qu'à travers le monde, les services financiers au bénéfice des populations vulnérables ont permis d'améliorer de manière significative leur qualité de vie.
Cependant, les institutions financières qui ont été créées en République Démocratique du Congo avant et après l'indépendance, n'ont que faiblement répondu aux attentes concernant la collecte de l'épargne et le financement de l'économie dans les milieux urbains et ruraux défavorisés, où les agriculteurs sont majoritaires. Le chômage, le sous-emploi et la faiblesse du pouvoir d'achat, le faible accès des populations aux services sociaux de base (tels que les soins médicaux, l'éducation, l'alimentation, etc.) sont les principaux déterminants de la pauvreté en RD Congo. C'est ainsi que les Institutions du Système Financier Décentralisé (ISFD) ont été créées et réglementées en RD Congo, depuis environ deux décennies, afin de répondre à la question de la pauvreté.
Dès lors, la microfinance était sensée devenir l'un des leviers déterminants du développement et de la lutte contre la pauvreté en RDC, en contribuant entre autres à l'amélioration du cadre macroéconomique à travers notamment : la baisse du taux de thésaurisation de la monnaie, l'accès au système d'épargne et de crédit par les couches sociales les plus pauvres comme les agriculteurs, la déconcentration et l'extension géographique de la bancarisation, le drainage de la quasi-totalité de la monnaie dans le circuit bancaire. A cet effet, le pays avait initié depuis l'année 2000 une réforme du secteur de la microfinance, qui avait visé notamment la mise en place d'un cadre légal spécifique suffisamment clair, flexible, innovant et structurel.
Le gouvernement congolais avait inscrit alors la promotion de la microfinance comme stratégie de développement et de lutte contre la pauvreté. Une politique nationale a été élaborée et mise en œuvre dans le cadre du Programme d'Appui au Secteur de la Micro-Finance (PASMIF) initié en 2004, en collaboration avec le Fonds d'Equipement des Nations Unies (FENU) et le PNUD, une stratégie nationale de microfinance, avec pour objectif de promouvoir l'émergence et le

[1] Loi n° 11/020 du 15 septembre 2011 fixant les règles relatives à l'activité de la microfinance en République Démocratique du Congo, *in Journal Officiel*, numéro spécial, 10 mai 2014, p123.

développement d'un secteur de la microfinance pérenne et intégré au secteur financier.

Fort malheureusement, tout ceci est resté lettre morte, car ces institutions de microfinance formelle ne se sont implantées que dans les grands centres urbains du Congo, et du reste, n'ont pas comme bénéficiaires les pauvres, et surtout ceux employés dans le secteur agricole. Pourtant, l'accès aux services financiers est l'un des grands obstacles que rencontrent les populations congolaises pauvres, pour pouvoir améliorer leurs conditions de vie. Ce qui explique en partie la faiblesse des revenus des microentrepreneurs, et le niveau élevé de pauvreté périurbaine et rurale.

C'est ainsi que l'absence criante des structures décentralisées formelles a créé un vide que les organisations communautaires ont essayé de combler, afin de faciliter l'accès des pauvres aux ressources financières de base, pour promouvoir leurs activités économiques. Il s'agit notamment des organisations non gouvernementales, des associations des femmes, des Mutuelles de Solidarité, etc., présentant un caractère informel.

En effet, la province de l'Ituri, avec une population estimée à plus ou moins 7 millions d'habitants par le gouvernement provincial, est composée de cinq territoires et de 27 groupes ethniques. Cette province, avec une population active estimée à 48%, a une vocation agropastorale, mais aussi minière. Elle joue un rôle important dans le ravitaillement d'autres provinces du Congo en produits agropastoraux. Son sol fertile et son sous-sol riche en gisements miniers, son pâturage naturel font d'elle l'une des provinces potentiellement riches en sol et sous-sol de la RDC. Cependant, la grande majorité de sa population vit dans une extrême pauvreté, comme c'est le cas dans tout le pays. L'activisme de différents groupes armés non étatiques n'a fait qu'exacerber cette situation de pauvreté.

Pourtant, cette population à revenu faible aspire à pouvoir créer ou développer des activités économiques, à l'instar de l'agriculture, du petit commerce et de l'artisanat. Et pour ce faire, elle a besoin des ressources financières. Alors qu'en Ituri, les institutions formelles de microfinance se sont installées essentiellement en ville de Bunia. Ces établissements de crédit, ne traitent pas avec les entrepreneurs du secteur agricole, ainsi que ceux pratiquant le petit commerce et l'artisanat, à cause notamment de l'incertitude, du niveau élevé de risques et de l'irrégularité des revenus. Ce qui inhibe toutes les capacités entrepreneuriales de cette catégorie de la population.

En s'inspirant de l'expérience d'autres régions du monde, des réseaux mutualistes connaissent un développement spectaculaire en Ituri. À l'instar d'autres structures associatives ou communautaires, les « *Mutuelles de Solidarité* » ont été créées dans les milieux urbains et ruraux défavorisés de l'Ituri, afin de pallier le problème d'inaccessibilité au financement par les pauvres et agriculteurs. Ces initiatives d'économie populaire et solidaire, appelées « *Mutuelles de Solidarité* », ont été mises en place vers l'année 2007 dans la province de l'Ituri, avec l'appui des ONG et des agences des Nations-Unies, afin d'offrir un outil financier aux populations pauvres, et réactivées en 2011 par les organisations promotrices des MUSO.
Cet ouvrage, étant basé plus sur des enquêtes quantitatives que qualitatives, et au regard de la revue de la littérature sur la microfinance sociale et informelle, poursuit comme objectif global d'évaluer la capacité des MUSO à offrir des produits microfinanciers adaptés aux spécificités des bénéficiaires, et à contribuer au renforcement de la capacité entrepreneuriale, en vue d'améliorer leurs conditions de vie dans les milieux défavorisés en Ituri, surtout que celle-ci est une zone agropastorale.
Le modèle d'analyse utilisé (aux chapitres 6 et 7), se basant plus sur une approche quantitative, avec un questionnaire, a permis de fournir une incidence quantifiable de l'outil MUSO dans trois de cinq territoires de l'Ituri, une microfinance sociale de proximité. L'univers d'analyse est constitué des membres bénéficiaires des services microfinanciers des MUSO (musonniers). La taille de la population d'étude est de 213 MUSO pour 3013 membres. Les données comptables seront également au rendez-vous, afin de déterminer la performance économique des MUSO dans les territoires concernés.

PREMIER CHAPITRE : CONTEXTE DE LA RECHERCHE

1.1 Introduction

Éradiquer l'extrême pauvreté et atténuer la fragilité du pays ne peuvent se faire sans aborder les autres questions, cependant, le renforcement de la capacité des institutions congolaises à répondre de manière transparente aux besoins des citoyens, surtout des pauvres, est essentiel. Les crises multiples extérieures (économiques, financières, énergétique, etc.), la baisse des cours de matières premières, cumulées aux problèmes politiques, sécuritaires et socioéconomiques internes sont des contraintes relevées au développement.

Ce chapitre retrace théoriquement le contexte général de la RDC, à travers une littérature, notamment sur le plan géographique, socioéconomique et financier. Il indique également la situation de la microfinance, l'un des outils pour éradiquer la pauvreté, un fléau dont souffre la majorité de la population congolaise.

Ensuite, la situation de l'Ituri, l'une de 26 provinces de la RDC, sera également retracée. Le chapitre est subdivisé en deux sections principales : le contexte général de la RDC, et deuxièmement, le contexte de l'Ituri.

1.2 Contexte général de la RDC

1.2.1 Contexte géographique et administratif de la RDC

La RDC est située en Afrique Centrale et à cheval sur l'Équateur. Elle est le deuxième pays le plus grand en Afrique, avec une superficie estimée à 2.345.000 km². La RDC est subdivisée sur le plan politico-administratif en 26 provinces aux termes de la Constitution de 2006, qui a instauré la décentralisation comme mode politico-administratif de gestion du pays, dans le but d'accélérer son développement. La carte ci-après présente la subdivision administrative de la RDC.

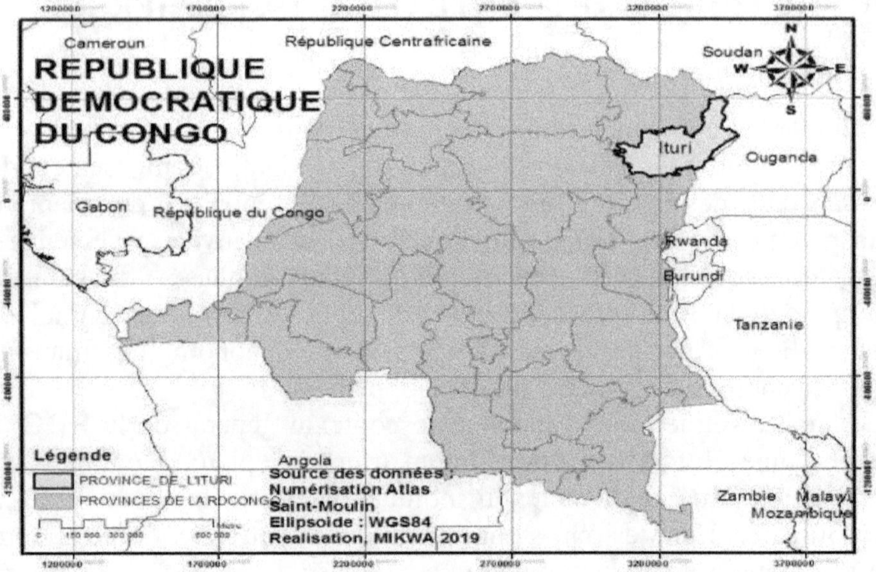

Figure 1 : Carte de la RDC avec l'Ituri au nord-est.

La RDC partage ses frontières avec 9 pays voisins, et se trouve au carrefour de cinq communautés économiques régionales (CER). Avec son relief diversifié, le pays dispose d'évidents atouts en faune, flore et forêts, ainsi qu'en ressources naturelles. Son climat chaud et humide est caractérisé par une forte pluviométrie, atteignant parfois jusqu'à 2000 mm l'an dans la cuvette. Son hydrographie dense et dominée par le bassin du fleuve Congo, fournit d'immenses possibilités d'offre en eau potable, de transport fluvial, d'exploitation halieutique, de production d'électricité, etc. Par ailleurs, la RDC dispose d'un sol doté de vastes étendues de terres arables et d'un sous-sol aux importantes potentialités minières diversifiées (cuivre, diamant, or, uranium, colombo-tantalite, cassitérite, coltan, etc.).

1.2.2 Contexte démographique de la RDC

Selon les estimations démographiques, en l'absence d'un recensement récent, la RDC compte une population évaluée à plus de 80 millions d'habitants, dont la tranche jeune représente environ 70%. Un déséquilibre persistant existe entre la population rurale et la population urbaine en forte expansion qui représentent respectivement 60% et 40%. La croissance démographique urbaine est en forte augmentation en raison de l'exode rural, exacerbée par les conflits armés, ce qui a des conséquences néfastes sur la production agro-pastorale et halieutique en milieu rural.

Recensée à 30,7 millions en 1984, la population congolaise croît à un taux annuel de près de 3%. Elle est à prédominance féminine (53 %) et extrêmement jeune, avec 50 % ayant moins de 15 ans. La majeure partie de la population congolaise vit en milieu rural. Cependant, à la suite des déplacements successifs occasionnés par les conflits armés (dont les femmes et enfants représentent 75 %), la proportion de la population urbaine, estimée à 30 % en 1984, a connu une forte croissance et avoisinait 40 % en 2019. La densité du pays est faible, mais en raison de la concentration de la population dans certains coins, certaines villes comme Kinshasa affichent une forte densité, et sont confrontées à un important défi d'aménagement.

1.2.3 Contexte économique

La République démocratique du Congo (RDC) fait partie des pays les plus pauvres du monde, avec un revenu par habitant d'environ 470 dollars, soit moins de la moitié du niveau de 1990. Peu de progrès ont été accomplis sur les objectifs de développement durable (ODD) : en 2018, le pays était 154e sur 156 dans ce domaine.

La RDC possède un sous-sol très riche potentiellement, deux tiers de la forêt tropicale d'Afrique et un potentiel hydroélectrique énorme. L'économie du pays est néanmoins marquée par deux décennies de conflits. Après avoir enregistré en 2014 la troisième croissance la plus rapide du monde (10,5% du PIB), la croissance de la RDC a ralenti, du fait du redémarrage de l'inflation et de la baisse des cours des principales matières premières exportées (notamment le cuivre)[1].

L'économie de la RDC repose essentiellement sur les industries extractives, qui sont étroitement dépendantes des cours mondiaux et de la dynamique économique internationale. Ainsi, le pays a souffert de la chute des cours du cuivre (première exportation) en 2015, laquelle a entrainé une baisse des recettes, des dépenses et des réserves de change, alors même que l'inflation avait explosé. Estimée à près de 50% mi-2017, l'inflation a atteint plus de 40% sur l'année 2018.

La chute des cours des matières premières et la crise politique de la période 2015–16 ont entraîné de fortes dépréciations du taux de change

---

[1] http://www.expert-comptable-international.info/fr/pays/democratic-republic-of-congo/economie-3

et une inflation élevée (pic de 55 % en glissement annuel). Faute d'autres possibilités de financement, la banque centrale a en effet monétisé le déficit de l'administration centrale. L'État a ensuite introduit un budget en base caisse, afin de rétablir la discipline budgétaire, ce qui a contribué à stabiliser le taux de change, et à maintenir l'inflation sur 12 mois aux alentours de 5 %. Malgré ces progrès, la situation macroéconomique reste précaire et les arriérés intérieurs se sont accumulés (6,6 % du PIB fin septembre 2019). La baisse des cours des matières premières qui représentent l'essentiel des exportations et le relâchement de la maîtrise des dépenses au cours de la période de transition politique ont augmenté les besoins de financement, pour la plupart couverts par la banque centrale. Cela a entraîné une chute des réserves internationales officiellement enregistrées à des niveaux critiques (1 semaine de couverture des importations). Plus fondamentalement, des faiblesses structurelles, à savoir un climat des affaires difficile, la corruption, l'insuffisance des infrastructures, et l'accès limité au crédit, continuent de freiner l'investissement privé, et de faire obstacle à une croissance soutenue et inclusive.
La dette publique, considérablement réduite grâce à son allègement de 83% en 2010 dans le cadre de l'initiative PPTE du FMI, reste viable (17% PIB en 2017) et devrait diminuer en 2022. Le solde budgétaire devrait redevenir légèrement excédentaire en 2022. Le tableau 1 ci-après présente les indicateurs économiques de la RDC.

Tableau 1 : Indicateurs économiques de la RDC

Indicateurs de croissance	2016	2017	2018 (e)	2019 (e)	2020(e)
PIB (milliards USD)	39,32e	41,44e	42,69	46,12	48,74
PIB (Croissance annuelle en %, prix constant)	2,4	3,4e	3,8	4,1	4,3
PIB par habitant (USD)	467e	478	478	502	515
Endettement de l'Etat en % du PIB)	19,3	18,1	16,2	15,0	14,4
Taux d'inflation (%)	18,2	41,5	23,0	13,5	6,7

(e): estimé.
Source : *Rapport du FMI (2018).*

Stratégiquement située au carrefour du continent africain, et partageant ses frontières avec neuf pays, la République Démocratique du Congo a

le potentiel pour être un des meilleurs contributeurs africains sur le plan économique par sa taille, son potentiel et son importance géopolitique. Le pays a d'incomparables richesses naturelles, dont le cobalt, le cuivre, l'or, le tantale, l'étain, le diamant et le pétrole. La RDC produit 50% de la production mondiale de cobalt. Elle dispose d'abondantes ressources en eau, suffisantes pour la consommation, l'agriculture et la protection de l'environnement, mais aussi, pour alimenter toute l'Afrique.
La RDC, un pays de plus de 80 millions d'habitants, avec une espérance de vie de 59,02 ans, un revenu annuel par habitant estimé à de 470$, elle occupe le 176ème rang sur 188 d'indice de développement humain, selon le rapport de PNUD de 2019. Dans son rapport mondial de 2013 sur le développement humain, le PNUD avait classé la RDC au 187ème rang sur 188 pays aux termes de l'Indice de Développement Humain (IDH : 0,304). Cette précarité sociale et les difficultés de la gouvernance politique ont exacerbé, au fil des années, le chômage des jeunes.
La forêt tropicale dense qui couvre environ 55% du territoire national de la RDC, et son important bassin hydrographique représentent un grand enjeu environnemental. Grâce à un programme rigoureux de réformes et de redressement économique mis en œuvre depuis 2001, la RDC a atteint son point d'achèvement de l'Initiative en faveur des Pays Pauvres Très Endettés (I-PPTE) et de l'Initiative pour l'Annulation de la Dette Multilatérale (IADM) en juillet 2010, avec à la clé, l'effacement de près de 10 milliards de dollars USD de sa dette extérieure. Cependant, il subsiste encore d'énormes défis économiques et sociaux en RD Congo, car plus de 63% de la population vivent en dessous du seuil de pauvreté, le taux de chômage dépasse 45% le rapport de Fonds Monétaire International de 2019. Le tableau 2 ci-après indique les principaux secteurs économiques en RDC.

Tableau 2 : Principaux secteurs économiques en RDC

Répartition des activités économiques par secteur	Agriculture	Industrie	Services
Emploi par secteur (en pourcentage de l'emploi total)	82,0	11,0	7,0
Valeur ajoutée (en pourcentage du PIB)	19,9	41,6	34,1
Valeur ajoutée (croissance annuelle en pourcentage)	1,6	7,7	4,3

Source : *Rapport de la Banque Mondiale (2019).*

Le secteur agricole est celui qui emploi la plus grande majorité de congolais, avec 82% des cas. En effet, près de 80% de congolais vivent en milieu rural, avec comme activités principales : l'agriculture, la pêche et l'élevage. En dépit des conditions naturelles favorables, le secteur agricole est réduit depuis quelques années à des activités de subsistance. Environ 97 % des terres arables bénéficient d'une saison culturale de plus de huit mois dans l'année. De plus, le pays dispose d'environ 80 millions d'hectares de terres agricoles, soit 34% du territoire national, dont 10% seulement sont mises en valeur. La FAO estime que près de 73% de la population congolaise vivaient dans l'insécurité alimentaire.

1.2.4 Contexte social et la pauvreté en RDC

L'incidence de la pauvreté est évaluée à 63,4% en 2012, alors qu'elle se situait à 71,3% en 2005. Il était invraisemblablement prévu d'atteindre en 2015, la cible de 40% de pauvres en RDC. Cet objectif n'a pas été atteint comme prévu au départ. Le taux de chômage en milieu urbain, au sens du Bureau International du Travail, est resté stable aux environs de 11% entre 2005 et 2016 (respectivement 11,3% et 11,1%) pour l'ensemble de cette population active, tandis que celui des jeunes de 15 à 24 ans s'est légèrement détérioré avec une hausse de 20 %, passant de 20,54% en 2005 à 24,7% en 2016 contre un objectif visé de 10%.

Le taux d'admission scolaire a faiblement évolué, en passant de 50,0% en 2010 à 57,8% en 2012, tandis que celui d'achèvement a atteint 64% en 2012 contre 56,7% en 2010. Le taux d'alphabétisation s'est accru en passant de 69,3% en 2007 à 80,1% en 2012.

Les chiffres relatifs à la population active en RDC indiquent qu'elle était de 35.920.000 en 2012, de 35.180.000 en 2013, et 28.580.000 en 2015.

En effet, la République Démocratique du Congo est l'un des pays les plus pauvres du monde, parmi les derniers selon l'indice de développement humain, et les violences sont fréquentes, surtout à l'est du pays[1].

Bien que les citoyens de la RDC soient parmi les plus pauvres du monde, la RDC est classée parmi les pays potentiellement riches, en

[1]http://www.expert-comptable-international.info/fr/pays/democratic-republic-of-congo/economie-3.

tenant compte de ses énormes ressources naturelles. En 2008, la RDC a eu la malheureuse distinction d'être classée comme le pays le plus pauvre du monde, avec un PIB réel par habitant de 95 USD, et 178ème sur 183 pays pour son environnement d'affaires dans le rapport « Doing Business » publié par la Banque Mondiale. A la fois, ses gisements inexploités de matières premières, estimés à plus de 24 milliards de dollars US, classent la RDC parmi les pays les plus riches du monde.
En RDC, sept ménages sur dix sont pauvres, avec une disparité entre milieu rural, où environ huit ménages sur dix sont pauvres, et milieu urbain, où moins de sept ménages sur dix sont pauvres. L'alimentation représente 62,3% des dépenses totales des ménages congolais. Cette structure de la dépense du ménage congolais révèle que toute inflation affectant les produits alimentaires diminuerait leurs revenus réels, augmentant, toute chose restant égale par ailleurs, le nombre de pauvres et de vulnérables.
En somme, la pauvreté des ménages congolais augmente proportionnellement avec leur taille (milieu rural et milieu urbain). Le niveau d'instruction du chef du ménage influence la vulnérabilité à la pauvreté, les ménages dont le chef n'a aucun niveau d'instruction étant, en général, les plus pauvres.
La population survit surtout grâce aux activités qu'elle mène dans le secteur informel. En effet, la situation de l'emploi au Congo démontre le niveau très fort de la prévalence du chômage et du chômage déguisé. En effet, au Congo, le chômage et l'auto-emploi constituent presque la règle face au rétrécissement constant du tissu économique, et au délabrement des investissements physiques. Des améliorations ont été observées en matière d'emploi salarié dans les secteurs non agricoles (43,5 % en 2012 contre 36,1 % en 2005), mais le taux de chômage reste très élevé. Aussi, les inégalités de niveau de vie demeurent criantes entre milieu urbain et milieu rural et entre les provinces.
Malgré les chiffres qui traduisent, année après année, une croissance économique soutenue, les améliorations enregistrées en termes de réduction de la pauvreté et en termes de création d'emplois en particulier demeurent insuffisantes.

1.2.5 Contexte financier et monétaire

1.2.5.1 Contexte monétaire

C'est surtout au niveau de la politique monétaire que l'instabilité et l'inconstance des diverses politiques gouvernementales se sont manifestées. Après avoir connu plusieurs réformes monétaires, plus de trois depuis l'indépendance, réformes qui ont contribué à paupériser la population, surtout dans le monde rural, en réduisant à néant leurs épargnes et les obligeant à repartir à zéro. La monnaie congolaise, jadis stable et crédible durant la période coloniale et une bonne partie du régime de Mobutu, avait entamé depuis les années 80 une chute libre de sa valeur. Cette chute est certes liée à la baisse généralisée des activités économiques dans tous les secteurs. Mais, elle est aussi attribuée principalement aux pratiques telles que le recours au financement monétaire pour résorber les déficits chroniques du budget de l'Etat.

Les conséquences désastreuses de la gestion laxiste de la monnaie avaient occasionné une inflation chronique qui a atteint plusieurs chiffres, l'effondrement du système bancaire, ainsi que la perte généralisée du pouvoir d'achat ayant rendu la population congolaise encore plus pauvre.

1.2.5.2 Secteur financier de la RDC

La RDC demeure un pays sous bancarisé et à faible inclusion financière. Le secteur de la microfinance a indiqué une évolution dans un environnement marqué, du point de vue macroéconomique, par une activité en expansion, avec la réalisation d'un taux de croissance de 5,8 %, supérieur à la moyenne de l'Afrique Subsaharienne et une décélération de l'inflation. C'est dans ce contexte que le secteur de la microfinance a renoué avec la croissance du niveau des activités y afférentes, enregistrant un taux de progression de 7,1 % à la clôture de l'année 2018.

Pour un pays de plus de quatre-vingts millions d'habitants, le taux de couverture par les institutions bancaires est estimé à « un guichet pour 1,5 million d'habitants ou pour une superficie de 56.000 km^2 ». Par ailleurs, la majorité de la population constituée des « pauvres entrepreneurs », près de 80%, ne sait pas accéder aux services financiers, faute d'institutions de proximité adéquates notamment. Cependant, depuis les années 1990, l'émergence de la « microfinance » en RDC passe pour une véritable bouée de sauvetage.

Le rapport de la Banque Centrale du Congo indiquait déjà en 2013 que le secteur financier de la RDC était constitué de 18 banques commerciales, d'une banque de développement (SOFIDE), d'une institution spécialisée dans le financement de l'industrie (FPI), de trois sociétés financières, de 149 institutions financières de proximité (dont 126 COOPEC et 23 institutions de microfinance stricto sensu), et 43 messageries financières. Et en 2018, cette situation n'a pas tellement changée.

1.2.5.3 Les formes juridiques et institutionnelles des institutions bancaires

Les institutions de financement de proximité peuvent revêtir plusieurs formes légales dans le contexte congolais. Il existe une diversité de catégories possibles pour consentir du crédit et réaliser tout ou partie des opérations de finance, au regard de la réglementation financière. La loi bancaire n°003-2002 prévoit cinq catégories : banque, coopérative d'épargne et de crédit, caisse d'épargne, institution financière spécialisée et société financière.

1. **Les coopératives d'épargne et de crédit**, font en outre l'objet d'une loi spécifique (loi 002-2002 du 2 février 2002), il n'est pas prévu de capital minimum. Les coopératives financières de premier niveau (« COOPEC ») peuvent s'organiser en réseaux, avec des structures de deuxième niveau (« COOCEC ») et de troisième niveau (« UNION »). Elles peuvent recevoir des dépôts de leurs membres et leur consentir du crédit, mais leur compétence financière est limitée : elles ne sont pas intégrées au système national de paiement.
2. **La CADECO** (Caisse d'Épargne du Congo), est un établissement public, dont la vocation est de collecter l'épargne populaire. Elle se trouve en situation de quasi-cessation d'activité dans plusieurs provinces depuis plusieurs années.
3. **Les institutions financières spécialisées (IFS),** sont le plus souvent des structures publiques « auxquelles l'État a confié une mission d'intérêt public », comme le Fonds de Promotion de l'Industrie (FPI). Il n'existe aucune IFS en microfinance.
4. **Les sociétés financières**, ne peuvent en principe pas recevoir de dépôts à vue du public, et « ne peuvent effectuer que les opérations de banque résultant soit de la décision d'agrément qui les concerne, soit des dispositions légales et réglementaires qui leur sont propres ». Les sociétés financières sont ouvertes aux investisseurs privés pour réaliser des activités de crédit en RDC. Par le monde, les sociétés de crédit à la consommation et de leasing / crédit-bail sont

souvent agréées en tant que société financière. Cette catégorie peut aussi abriter des établissements spécialisés dans le microcrédit.

5. **Les institutions de microfinance (IMF)** ne font pas partie des établissements de crédits relevant de la loi bancaire n° 003-2002, et sont régies plutôt par l'instruction n°001 aux IMF. Les IMF sont classées en trois niveaux par l'instruction n°001 :
   - Les Entreprises de microcrédit de première catégorie ;
   - Les Entreprises de microcrédit de deuxième catégorie ;
   - Les Sociétés de microfinance.

6. **Les messageries financières** ne sont pas des établissements de crédit en application de l'article 5 de la loi 003-2002, qui les exclut d'octroyer des crédits au même titre que d'autres structures. Elles demeurent soumises aux obligations déclaratives demandées par la BCC, et sont soumises plus spécifiquement à l'instruction administrative de la BCC n° 006. Une messagerie financière peut être constituée sous forme de SPRL. Un intermédiaire financier autre qu'une banque pourrait utiliser cette catégorie pour disposer d'un outil habilité à effectuer des transferts de fonds. Cette catégorie pourrait être utilisée par les banques et institutions financières dotées d'un réseau restreint d'agences, pour étendre leurs services financiers auprès d'une plus grande fraction de la population, dans le cadre d'une approche de « banque sans agence ».
7. **Les « organismes sans but lucratif** qui, dans le cadre de leur mission et pour des motifs d'ordre social, accordent sur leurs ressources propres, des prêts à des conditions préférentielles à certains de leurs membres ». Cette catégorie peut permettre à une ONG, une association sans but lucratif (ASBL), voire à une association coopérative de consentir du crédit à ses membres « pour des motifs d'ordre social ». En principe, elles ne pourraient pas consentir de microcrédit pour des activités génératrices de revenus aux taux du marché.

1.2.5.4 Secteurs de la microfinance en RD Congo

Les statistiques de la Banque Centrale du Congo (BCC) dédiées à la microfinance, à la fin 2013, le pays comptait 126 coopératives d'épargne et de crédit et 23 institutions de microfinance agréées par la Banque Centrale du Congo. Il existe, en outre, un grand nombre de systèmes informels tels que des tontines, des groupes d'entraide ou des fournisseurs informels d'intrants à crédit. Néanmoins, le taux de pénétration reste extrêmement faible, soit 5,7% d'après les données de la Banque Centrale du Congo.

Les prestataires de services financiers sont fortement concentrés à Kinshasa, Goma, Bukavu ainsi que dans le Kongo Central. Quelques banques ont aussi ouvert des agences dans d'autres villes importantes comme Lubumbashi, Kisangani, Mbuji-Mayi, Kananga, Butembo et Bunia.

Selon la même source, sur la totalité des prestataires de services financiers, les Coopératives d'Epargne et de Crédit (COOPEC) sont majoritaires et représentent 85% de l'ensemble du secteur de la microfinance du pays. La RDC dispose de deux centrales des coopératives d'épargne et de crédit qui sont des faitières des COOPEC. Il s'agit des Mutuelles d'Epargne et de Crédit du Congo (MECRECO), avec 21 COOPEC agréées dans six provinces du pays, à savoir le Kongo Central, Kinshasa, le Maniema, le Nord Kivu, le Sud Kivu et l'ancienne Province Orientale (Tshopo et Ituri) ; et de la Centrale des Coopératives d'Epargne et de Crédit du Kivu (COOCEC-Kivu), composée de 16 COOPEC agréées.

Les services sont principalement desservis en zones urbaines. Et en dépit de programmes de microfinance initiés par des ministères nationaux, comme le Fonds National de la Microfinance (FNM), le secteur est dominé par les initiatives privées. Le crédit individuel est la méthodologie la plus utilisée par les établissements de microfinance en RDC.

Les Provinces de Kinshasa, du Nord-Kivu et du Sud-Kivu sont demeurées les trois pôles à forte concentration d'institutions de microfinance. L'évolution par catégorie d'institutions a indiqué une part importante des institutions mutualistes sur celles non mutualistes. La Ville Province de Kinshasa est demeurée la principale zone d'attraction des institutions non mutualistes, en raison notamment de bonnes infrastructures et de sa position politico-administrative. En conséquence, elle a détenu 52,2 % d'Institutions de Micro-Finance (IMF) agréées suivie de la Province du Sud-Kivu avec 13,0 %. En ce qui concerne la catégorisation des IMF stricto sensu, les entreprises de microcrédit sont restées dominantes, avec 17 institutions contre 6 Sociétés de Micro-Finance. Cette situation est expliquée notamment par le niveau du capital minimum exigé et l'obligation, avant l'entrée en vigueur de l'OHADA en septembre 2012, de présenter le Décret

Présidentiel octroyant la forme juridique de Société Anonyme pour la collecte de l'épargne.

A. Accès au microfinancement

Après une longue période de léthargie, on assiste depuis 2002 de plus en plus à l'éclosion générale des activités d'intermédiation financière de proximité et populaires, à travers toute la RDC, plus particulièrement au sein des grandes villes. Partout, des personnes s'organisent sous diverses formes pour faciliter le mouvement d'épargne et de crédit, selon leurs propres termes, et les rapports de confiance éventuels qu'ils ont tissés entre eux. On remarque çà et là l'éclosion des systèmes d'épargne et de crédit, allant des plus élémentaires tels que le « Kubwakisa carte » et les systèmes de mutuelles ou de crédit circulaire (ou à tour de rôle), comme le « Likelemba », jusqu'à des formes plus systématisées.

La thésaurisation, ainsi que ces nouvelles formes d'intermédiation drainent une masse importante d'argent qu'il est encore difficile d'estimer. En 2002, la Banque Centrale du Congo estimait que seul moins de 20% de la masse monétaire circulant en RDC passait par l'intermédiation financière classique. Cela signifiait que plus le secteur de la microfinance se développe, se structure et rétablit la confiance, plus il pourra aider à drainer cette masse d'argent, accaparée particulièrement par la thésaurisation et la consommation circulaire rapide, se réalisant dans des structures semi-formelles, peu ou pas reliées aux structures formalisées.

Alors que le secteur bancaire congolais est relativement peu développé et que les banques ne travaillent quasiment pas avec les pauvres, le poids de la microfinance dans le système financier congolais devient de plus en plus important. C'est ainsi que le gouvernement congolais avait inscrit la promotion de la microfinance comme stratégie de développement et de lutte contre la pauvreté. Pour rendre son action efficace, il avait décidé d'élaborer une politique nationale de microfinance, et de mettre en œuvre dans le cadre du Programme d'Appui au Secteur de la Micro-Finance (PASMIF) qu'il a initié en 2004, en collaboration avec le Fonds d'Equipement des Nations Unies (FENU) et le PNUD, une stratégie nationale de microfinance, avec pour objectif, de promouvoir l'émergence et le développement d'un secteur de la microfinance pérenne et intégré au secteur financier.

Les opérations réalisées par les IMF et les COOPEC en RDC se résument en l'octroi des crédits et à la collecte de l'épargne, aussi bien que le circonscrit l'instruction n°1 suivant la modification du 18 décembre 2005 dans ses articles 6 et 7, et la loi 002-2002 dans son article 8, nous citons :

1. **Pour les IMF** : « Les Institutions de Micro-Finance sont autorisées à effectuer les opérations suivantes : la collecte de l'épargne et l'octroi des microcrédits. Les institutions de microfinance peuvent effectuer des opérations et services connexes à leur activité.
   Ces opérations et services doivent demeurer d'une importance limitée par rapport à l'ensemble des activités de collecte de l'épargne et/ou d'octroi de microcrédits ».
2. **Pour les COOPEC** : « la coopérative d'épargne et de crédit ne peut exercer une activité autre que collecter l'épargne de ses membres et leur consentir du crédit, sauf dans les conditions déterminées par la Banque Centrale.

B. Historique de la microfinance en RDC

Bien que le microcrédit existe sous divers avatars depuis des milliers d'années : les sociétés coopératives indigènes ont apparu en RDC vers la période coloniale, les coopératives d'épargne et de crédit au Burkina Faso et au Cameroun vers les années 60. On associe généralement son incarnation moderne à Mohammed Yunus, fondateur de la Banque Grameen au Bangladesh, au début des années 1970.
En RDC, l'histoire de la microfinance remonte depuis l'époque coloniale et s'étale généralement sur quatre périodes :

i) De la période coloniale à 1970 ;
ii) De 1970 à 1990 ;
iii) De 1990 à 2002 ;
iv) De 2002 à nos jours.

Elle révèle que trois catégories d'agents économiques formels offrent essentiellement des services de microfinance en RDC. Il s'agit :

a. Des « Coopératives d'Epargne et de Crédit, COOPEC » qui opèrent depuis les années 1970 ;
b. Des « Institutions de Micro-Finance (IMF) stricto sensu, qui se sont développées depuis les années 1990, d'abord dans l'informel, puis, depuis 2003, dans le secteur formel.

c. Des ONG et autres structures informelles qui offrent des services microfinanciers.

Ces trois types d'agents représentent les institutions financières dites « de proximité » de la RDC, c'est-à-dire, celles qui visent à assurer l'autopromotion économique et sociale des populations à faibles revenus. Elles constituent ce qu'on appelle le « Système Financier Décentralisé », SFD, en sigle.

En effet, il faut cependant noter que la coopération a existé traditionnellement chez les peuples sous forme d'entraide, de la solidarité, et cela dans toutes les civilisations à travers les âges. En Afrique et notamment en RDC, elle existe encore sous forme de "LIKELEMBA" (tontine), "MOZIKI ", "BWAKA CARTE", etc.

La coopérative, en tant que structure identifiable et organisée, a vu le jour en Afrique avec l'avènement de la colonisation, celle-ci venait de mettre en place un système de production qui a affecté les ouvriers africains au même titre que les ouvriers en Europe et en Amérique du Nord. C'est en Ouganda que sera fondée, en 1948, par RIBIRIGE Emmanuel, la première coopérative sous forme d'une caisse populaire d'épargne et de crédit, avec l'argent récolté auprès des enseignants. A partir de l'Ouganda, le mouvement coopératif gagnera les autres colonies anglaises, ainsi que les colonies françaises et belges.

Dans les colonies belges, c'est-à-dire, au Congo Belge et au Rwanda-Urundi, le mouvement coopératif s'était déjà manifesté à partir de 1921 pour la population européenne et à partir de 1949 pour les congolais, alors sujets belges. Il faut ajouter que le mouvement était lié à l'agriculture développée par l'administration coloniale dans cette partie de l'Afrique Centrale.

Au départ, c'était des initiatives privées, par la suite, le pouvoir en place interviendra dans la création de la caisse d'épargne. Les objectifs assignés à la caisse d'épargne du Congo belge étaient d'aider d'une part, les autochtones à se constituer des réserves, afin d'améliorer leur situation socioéconomique, et d'autre part, de faire entrer dans le circuit économique et utiliser à des fins productives, les sommes qui, sans cela, resteraient inactives.

Après l'indépendance, le gouvernement Zaïrois créera aussi des coopératives pour les populations, notamment celles initiées par l'union nationale des travailleurs du Zaïre (UNTZA). Doté de moyens et de ressources appropriées, l'UNTZA va ouvrir des coopératives agricoles, industrielles et commerciales, dont, à titre d'exemple : la Buanderie Coopérative de Marins, BUCOMA, à Matadi (1972), la coopérative de pêcheurs de TUNZOE à Kalemie, le centre d'élevage et agricole à Lubumbashi, et la cantine de Mayumbe (Kongo Central). Le gouvernement Zaïrois héritera de l'administration coloniale la caisse d'épargne du Zaïre, institution de droit commun qui accorde également des crédits aux coopératives.

C. Emergence de la microfinance

En effet, tout le monde s'accorde à ce que les coopératives d'épargne et de crédit sont les plus anciennes des institutions de microfinance formelles et semi formelles en RDC. D'où, l'on ne saurait comprendre le contexte d'émergence de la microfinance en dehors de celle des coopératives d'épargnes et de crédit, dont les origines sont lointaines et dépassent le cadre continental africain. C'est ainsi que pour les comprendre, nous les classons selon deux époques : l'époque coloniale et l'époque post coloniale.

1. Epoque coloniale

Si pendant l'époque coloniale, les coopératives d'épargne et de crédit avaient été favorablement accueillies dans les colonies anglaises, au Congo en revanche, leur reconnaissance par l'autorité coloniale fut tardive, et une place modeste leur fut réservée.
En 1958, un projet de décret tendant à modifier celui de 10 Juin 1950, conférant enfin à la caisse la possibilité d'accorder des prêts et avances aux coopératives indigènes, régi par le décret du 24 Mars 1956. Ainsi, la caisse d'épargne était autorisée à s'impliquer dans le financement des coopératives. Avant la caisse d'épargne, des caisses régionales et de nombreuses caisses d'épargnes d'initiatives privées avaient été créées. Parmi ces dernières, celle du Centre Agronomique de l'Université Lovanium au Congo (CADULAC), une des plus importantes par ses volumes d'épargne et le montant de ses prêts.
Il apparaît ainsi qu'entre la coopérative d'épargne et de crédit et la caisse d'épargne, le pouvoir colonial avait opté pour cette dernière, se dotant ainsi d'un outil de rationalisation et de contrôle, et gelant une solution qui, si elle avait été effective, aurait renforcé et promu les coopératives indigènes. Cette option, sans doute politique, exprime les difficultés de la coopérative d'épargne et de crédit promue par le pouvoir colonial, et est symptomatique du non-engagement du pouvoir colonial à faire des coopératives un instrument réel d'autopromotion.

2. Période post coloniale

Les expériences des coopératives d'épargne et de crédit en RDC sont bien connues. Les échecs qui les ont caractérisés n'ont pu cependant décourager l'esprit coopératif, dont la vivacité reste réelle et est à la base de l'apparition depuis 1969 d'un nouveau type de coopérative, les coopératives d'épargne et de crédit, COOPEC, en sigle.

- La première coopérative d'épargne et de crédit est apparue à Mbuji-Mayi en 1969 sous l'appellation de caisse populaire coopérative ».
- En mars 1970, fut initié à Basankusu (Equateur) un projet de coopérative d'épargne et de crédit. L'étude de ce projet fut orientée à la méthode de la caisse populaire du genre RAIFFEISEN, mais ce projet étant soutenu par l'assistance de la Société de Développement International Desjardins (SDID), cette coopérative vit le jour en 1971.
- Avec l'aide technique et morale de l'Agence Canadienne de Développement International (ACDI), le père SCHILIPE fonda à la même époque la première coopérative d'épargne et de crédit à Bukavu, qui bénéficia de l'appui technique de Mr Paul Beaulieu, l'expert envoyé par l'association canadienne de caisse d'épargne (NACU).
- Toujours à la même année, 1970, la première COOPEC fut créée à Kinshasa au sein de la Communauté Protestante Baptiste du Congo Ouest (CBCO), sous l'impulsion de Monsieur Masamba Luyeye, avec le concours d'un groupe d'enseignants et l'appui financier de l'Agence Canadienne de Développement International (ACDI).

Depuis leur introduction en RDC, ces coopératives connurent un essor remarquable. En 1987, elles détenaient l'équivalent de 7% de l'épargne du secteur bancaire. Elles étaient pour la plupart affiliées à des centrales provinciales (COOCEC) qui étaient à leur tour regroupées, au niveau national en une union des coopératives centrales d'épargne et de crédit (UCCEC). Cependant, ces COOPEC ont connu une crise généralisée depuis les années 1990. Celle-ci est à la base de la méfiance constatée vis-à-vis du système bancaire en général, et de coopérative d'épargne et de crédit en particulier.

D. Naissance des IMF stricto sensu en RDC

Les besoins de la population en services financiers n'étant plus satisfaits par les institutions traditionnelles, les ONGD avaient trouvé en cela une opportunité de combler cette carence en développant, à côté de leurs activités traditionnelles, un volet crédit. Ce qui prit de plus en plus d'ampleur et amena la Banque Centrale par l'instruction n°1 du 12 septembre 2003, à instituer les institutions de microfinances autres que les COOPEC, et en enjoignant aux ONGD qui avaient des volets de microcrédit à les transformer en institutions de microfinance distinctes des ONGD promotrices, et de solliciter leur agrément par la Banque Centrale, en passant ainsi du secteur informel au secteur semi formel.

E. Textes réglementaires de la microfinance en RDC

Comme nous l'avions signalé précédemment, la pratique de la microfinance est très ancrée dans nos communautés traditionnelles, mais sa réglementation est intervenue assez tardivement en RDC.

I. Evolution de la réglementation.

En matière de réglementation, la RDC affiche un conservatisme inexplicable. Plusieurs secteurs relevaient encore de la réglementation coloniale. Ce qui a expliqué dans une certaine mesure le retard enregistré dans l'évolution du cadre juridique de la microfinance. Quelques textes illustrent cette situation :

1. Le Décret du 23 mars 1921

Les coopératives sont nées à l'époque coloniale, et l'intervention de l'Etat s'est concrétisée par le décret du 23 mars 1921, qui tentait de règlementer les coopératives qui étaient essentiellement agricoles. Ce décret ne prenait pas en considération les normes prudentielles et même le pouvoir des organes n'était pas défini.

2. Le décret du 16 août 1949

Etant donné les insuffisances techniques du décret du 23 mars1921, un autre décret a été pris le 16 août 1949. Ce décret avait un but éducatif, il voulait assurer aux coopératives indigènes une existence indépendante, et une forme simple et adaptée au niveau des populations.

3. Le décret du 24 mars 1956

Dans le souci d'amélioration, le décret du 24 mars 1956 abroge celui du 16 août 1949 et coexiste avec celui du 23 mars 1921 qui n'était pas abrogé. Même si ce dernier contient des nouveautés par rapport aux précédents, il est caduc sur tous les plans. Et il l'est doublement pour les coopératives d'épargne et de crédit, car elles n'étaient pas prévues par ce décret. Mais, les coopératives d'Epargne et de crédit s'y sont conformées jusqu'à la promulgation de la loi n°002/2002 du 2 février 2002, portant dispositions applicables aux coopératives d'épargne et de crédit.

4. Le projet d'ordonnance loi de 1962

Pour remédier à la caducité du décret du 24 mars 1956, le projet d'ordonnance-loi de 1962 envisageait de le remplacer, et tentait d'intégrer les aspects relatifs aux coopératives d'épargne et de crédit, même si à cette époque elles n'étaient pas encore répandues. L'élaboration de ce projet a été guidée par le souci d'adaptation au nouveau contexte de décolonisation.

5. L'instruction n° 01 de la Banque Centrale du Congo aux coopératives d'épargne et de crédit du 30 septembre 1985

En effet, le premier texte réglementaire est l'instruction n° 01 aux coopératives d'épargne et de crédit publié le 30 septembre 1985 par la Banque Centrale du Congo. C'est à partir de ce texte que les COOPEC sont entrées dans la catégorie des établissements de crédit relevant de la supervision de la Banque Centrale.

Le décret du 24 mars 1956 étant largement caduc et le projet d'ordonnance-loi de 1962 n'ayant jamais été promulgué, il s'est créé un vide juridique que la Banque Centrale a voulu combler en publiant l'instruction n°01 du 30 septembre 1985. Si le décret du 24 mars 1956 parle de coopératives de manière générale, l'instruction n° 01 de la Banque Centrale s'applique aux coopératives qui effectuent des opérations prévues à l'article premier de l'ordonnance n°72/004/ du 14 janvier 1972, relative à la protection de l'épargne et au contrôle des intermédiaires financiers.

Jusqu'à la date de promulgation de la loi sur les coopératives d'épargne et de crédit en 2002, ces coopératives ont été supervisées par la Banque Centrale et encadrées par le ministère du développement rural en charge des coopératives.

6. **La loi n°002/2002 du 02 février 2002**

Loi portant dispositions applicables aux coopératives d'épargne et de crédit fait des coopératives d'épargne et de crédit, des établissements de crédit régis par la loi bancaire n°003/2002/ du 02 février 2002, relative à l'activité et au contrôle des établissements de crédit, et détermine les conditions de constitution et d'agrément des COOPEC.

7. **La loi 003/2002 du 02 février 2002**

Loi reconnue sous l'appellation de la loi bancaire, confère à la Banque Centrale le contrôle de tous les établissements de crédit, quelles que soient leurs formes.

8. **Instruction n°1 du 12 septembre 2003 aux institutions de microfinance**

Cette instruction s'applique uniquement aux institutions de microfinance autres que les coopératives d'épargne et de crédit. Elle détermine les catégories des IMF comme suit :

- ✓ Les caisses de microfinance dont le nombre minimum exigé des personnes pour la constitution est fixé à 15 et sans limitation du capital ;
- ✓ Les entreprises de microcrédit qui ne peuvent être constituées qu'à partir de 7 personnes, avec un capital minimum équivalent de 25.000$US ;
- ✓ La société de microcrédit dont le nombre minimum des personnes exigé à la constitution est de 2, avec un capital 50.000$ et une possibilité de majoration du capital en cas de développement du secteur de la microfinance.

9. **Instruction n°1 aux institutions de microfinance mise à jour du 18 décembre 2005**

L'instruction n°1 mise à jour le 18 décembre 2005 supprime la caisse de microfinance prévue dans l'instruction n°1 du 12 septembre 2003, et renforce le capital minimum de la manière suivante :

- ✓ 15.000$ (équivalent) pour les entreprises de microcrédit de première catégorie qui recueillent les épargnes des membres et octroient des crédits ne dépassant pas 250$ US ;
- ✓ 50.000$US pour les entreprises de microcrédit de deuxième catégorie, octroyant de crédit sans recours à l'épargne publique ;
- ✓ 100.000$ pour les sociétés de microfinance qui collectent l'épargne publique et octroient de crédit.

II. Textes légaux et réglementaires

- Loi n° 002/2002 du 02 février 2002 portant dispositions applicables aux Coopératives d'Epargne et de Crédit. Cette loi fixe le cadre institutionnel propre aux Coopératives d'Epargne et de Crédit, et est destinée à sauvegarder les spécificités inhérentes à leur modalité d'organisation et de fonctionnement. Les Coopératives constituent ainsi des groupements de personnes dotés d'une personnalité juridique et fondés sur les principes de l'unité, de solidarité, et d'entraide mutuelle.
- Loi n° 003/2002 du 02 février 2002 relative à l'activité et au contrôle des Etablissements de Crédit. Cette loi, communément appelée « loi bancaire », définit un cadre unique couvrant l'ensemble des activités du secteur financier à partir de leur fonction économique qui est la réalisation des opérations bancaires. Ces opérations sont reparties en trois catégories, à savoir : la réception des fonds du public, les opérations de crédit, les opérations de paiement et la gestion des moyens de paiement. Les personnes morales qui effectuent à titre de profession habituelle ces opérations de banque sont regroupées sous le vocable d'Etablissements de Crédit. Dans ce contexte, la loi classifie les établissements de crédits en cinq catégories, auxquelles s'appliquent des dispositions réglementaires spécifiques. Il s'agit des entreprises ci-après : les banques, les coopératives d'épargne et de crédit, les caisses d'épargne, les institutions financières spécialisées et les sociétés financières.
- Loi n° 005/2002 du 07 mai 2002 relative à la constitution, à l'organisation et au fonctionnement de la Banque Centrale du Congo. Cette loi détermine les organes de la Banque Centrale, ainsi que leurs pouvoirs respectifs. Elle précise, en outre, les missions de cette Institution de Droit Public et consacre une indépendance dans la réalisation de celles-ci. Dans ce contexte, le législateur reconnait à l'Institut d'Emission le pouvoir d'élaborer la réglementation et de contrôler les Etablissements de Crédit, les Institutions de Micro-Finance et les autres intermédiaires financiers.
- L'Instruction n°1 aux Institutions de Micro-Finance du 13 septembre 2003, telle que modifiée le 18 décembre 2005. Ce texte réglementaire édicté par la Banque Centrale du Congo définit les dispositions afférentes à l'activité et au contrôle des

Institutions de Micro-Finance. Au regard du capital minimum et des opérations autorisées, l'Instruction regroupe les Institutions de Micro-Finance en trois catégories, à savoir : les Entreprises de microcrédit de première catégorie, les Entreprises de microcrédit de deuxième catégorie, les Sociétés de microfinance.

- Loi n° 11/020 du 15 septembre 2011 fixant les règles relatives à l'activité de la microfinance en République Démocratique du Congo : cette loi fixe les dispositions relatives à l'activité de la microfinance en République Démocratique du Congo conformément aux articles 122 point 8 et 123 point 4 de la Constitution.
- Instruction n°009 du 14 avril 2012 aux Coopératives d'Epargne et de Crédit et aux Institutions de Micro-Finance relative à la transmission des situations périodiques.
- Instruction n°0010 du 10 janvier 2013 relative à la fixation du capital minimum des
Institutions de Micro-Finance.
- Loi n° 15/003 du 12 février 2015 relative au crédit-bail : cette loi organise le crédit-bail ou leasing en tant que mode de financement des entreprises, particulièrement les Petites et Moyennes Entreprises, pour encourager et favoriser davantage une croissance économique soutenue par le secteur privé.
- Instruction n°34 du 19 janvier 2018 aux Coopératives d'Epargne et de Crédit ainsi qu'aux Institutions de Micro-Finance relative à l'exercice du pouvoir disciplinaire de la Banque Centrale du Congo.
- Instruction n°35 du 09 mars 2018 relative à l'activité de crédit-bail. Elle détermine, d'une part, les conditions d'accès et d'exercice de l'activité de Crédit-bail applicables aux Etablissement de Crédit ainsi qu'aux Institutions de Micro-Finance et, d'autre part, les normes prudentielles afférentes aux Sociétés de Crédit-bail.
- Instruction n°36 du 11 septembre 2018 aux Etablissements de Crédit et aux Institutions de Microfinance relative à la continuité des activités.

F. Répartition géographique par secteur des institutions du SFD

L'analyse de la répartition des institutions de microfinance sur le territoire national en 2018 a renseigné, à l'instar des autres années, leur prépondérance dans les Provinces du Nord Kivu avec une part de 25,5 %, du Sud Kivu avec 23,5 % et la Ville Province de Kinshasa avec 19,6 %. Ces trois provinces ont détenu septante (70) structures financières de proximité sur les cent deux (102) existantes.

Le nombre de points d'exploitation, y compris les sièges sociaux, avait atteint cent quatre-vingt-sept (187) à la fin de l'année 2018, venant de cent quatre-vingt-quatre (184) une année plus tôt. En effet, sept (7) nouveaux points d'exploitation ont été ouverts en 2018 contre la fermeture de quatre (4), découlant notamment du retrait d'agrément d'une IMF et la fusion de deux agences d'une autre.

De ce nombre, les institutions non mutualistes ont été plus actives dans l'ouverture des points d'exploitation, disposant de quarante-neuf (49) agences en 2018 contre quarante- huit (48) une année auparavant. Quant aux COOPEC, le chiffre d'agences est passé de trente-quatre (34) à trente-six (36) d'une année à l'autre.

Par ailleurs, le nombre des agents bancaires actifs s'est fixé à mille trois cent septante-sept (1 377) à la clôture de 2018 contre mille cinq cent vingt-huit (1 528) en 2017. Cette baisse est consécutive à la réduction du délai minimum d'inactivité des agents bancaires au sein d'une IMF, lequel est passé de six (6) à trois (3) mois.

Kinshasa connaît une forte concentration d'IMF dont certaines ne mobilisent pas encore l'épargne. En 2011, Kinshasa comptait 42 institutions opérant dans le secteur de la microfinance, dont 74 % de COOPEC et 26 % d'IMF. Ceci montre clairement que l'offre des services financiers de proximité demeure encore amplement limitée en RDC. La forte prépondérance pour la ville-province de Kinshasa tient au fait de la présence des infrastructures rendant plus aisé le travail des ISFD, et ces régions (Kinshasa, Nord et Sud-Kivu) ont été les premières à être vulgarisées.

Par ailleurs, les données de la banque centrale du Congo (BCC) révèlent que les crédits octroyés par ces institutions se répartissent à 97% pour les zones urbaines, contre 3% seulement pour les zones rurales. La faiblesse des crédits en milieux ruraux s'explique entre autres par :

(i) Des raisons d'enclavement des zones rurales résultant de l'inexistence des infrastructures à même de permettre aux IMF de s'installer convenablement, et aux agents de crédits d'opérer aisément. Cette situation comporte le risque d'accroître les charges d'exploitation des IMF, en plus du fait qu'elle ne permet pas aux agriculteurs d'écouler facilement leurs produits et les empêche de rembourser ;

(ii) Une quasi-absence et/ou rareté des activités génératrices de revenus (artisanat, PMI, PME) dans ces milieux qui sont à vocation agricole essentiellement ;

(iii) La prédominance dans le milieu rural de l'activité considérée par les IMF comme à très haut risque, l'agriculture. Et cela, à cause notamment des facteurs climatiques et de nombreux autres aléas liés à ce domaine (criquets migrateurs, mauvaises récoltes, accidents de la nature) qui peuvent, in fine, rendre un client (agriculteur) insolvable.

Et voici une illustration de la répartition de la BCC en 2018 selon les provinces, comme le montre la figure 2 ci-après.

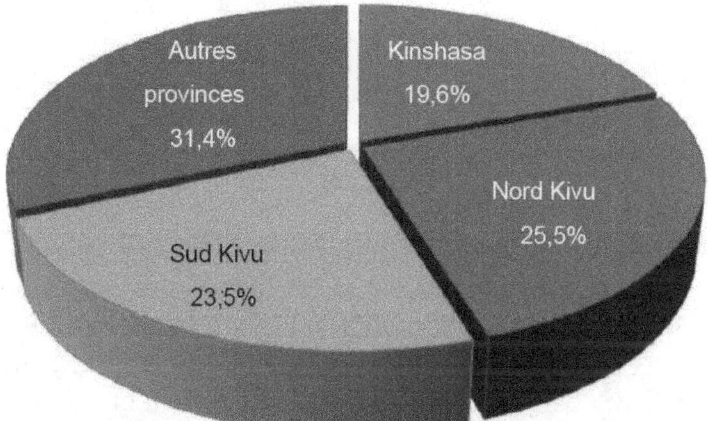

Figure 2 : Répartition des ISFD agréées en RDC par Province en 2018 (BCC, 2019)

Les trois (3) provinces à forte concentration des institutions ont accaparé la part de 68,6% des extensions existantes.

G. Evolution par type d'institutions

En 2018, le secteur de la microfinance a compté quatre- vingt- deux (82) Coopératives d'Epargne et de Crédit et vingt (20) Institutions de Micro-Finance, représentant respectivement 80,4 % et 19,6 % du total du secteur. Le tableau 3 indique l'évolution du nombre d'ISFD par catégorie et par province.

Tableau 3 : Evolution du nombre d'ISFD par catégorie et par province

N°	Provinces	2016		2017		2018		
		COOPEC	IMF	COOPEC	IMF	COOPEC	IMF	Total
1	Haut-Katanga	1	2	1	1	1	1	2
2	Ituri	2	-	2	-	2	-	2
3	Kasaï Central	1	-	1	-	1	-	1
4	Kinshasa	12	8	12	8	12	8	20
5	Kongo Central	10	1	10	1	10	1	11
6	Kwilu	6	1	5	1	5	1	6
7	Lomami	1	-	2	-	2	-	2
8	Maniema	2	-	2	-	2	-	2
9	Mongala	1	-	1	-	1	-	1
10	Nord-Kivu	21	3	22	4	22	4	26
11	Nord-Ubangi	-	1	-	1	-	1	1
12	Sankuru	1	-	1	-	1	-	1
13	Sud-Kivu	20	5	20	4	20	4	24
14	Tshopo	3	-	3	-	3	-	3
	Total	81	21	82	20	82	20	102

Source : *Rapport de la Banque Centrale du Congo (2019).*

Il a été noté que huit (8) IMF sur les vingt (20) existantes ont leurs sièges sociaux dans la Ville Province de Kinshasa. Huit (8) autres IMF ont été localisées dans les Provinces du Nord Kivu et du Sud Kivu, à raison de quatre (4) respectivement.

H. Nombre des comptes ouverts par les ISFD

Au 31 décembre 2018, le nombre des comptes ouverts auprès des institutions de microfinance est passé de 1 931 438 à 2 098 859, enregistrant ainsi une hausse de 8,7 %. Cette situation a résulté principalement des retombées de l'utilisation des canaux alternatifs de distribution des services financiers, l'agrément d'une IMF, l'ouverture des points d'exploitation dans certaines provinces et les actions de sensibilisation d'éducation financière au travers des activités prévues dans le Programme National d'Education Financière. Le tableau 4 ci-après renseigne sur l'évolution du nombre de comptes par Province.

Tableau 4 : Evolution du nombre des comptes par Province

Provinces	2015		2016		2017		2018		
	Nombre	Part en %	Nombre	Part en %	Nombre	Part en %	Nombre	Part en %	Var de 17-18 en %
Kwilu	29470	1,6	39171	2,1	28712	1,5	49153	2,3	71,2
Kongo Central	69619	3,8	67581	3,6	55521	2,9	66649	3,2	20,0
Mongala	136	0,0	136	0,0	136	0,0	2915	0,1	2043,4
Nord-Ubangi	190	0,0	190	0,0	190	0,0	390	0,0	105,3
Kasaï Central	287	0,0	293	0,0	308	0,0	399	0,0	29,5
Kasaï Oriental	-	0,0	-	0,0	2551	0,1	-	0,0	-100,0
Lomami	1464	0,1	1509	0,1	-	0,0	1890	0,1	100,0
Sankuru	929	0,1	929	0,0	-	0,0	976	0,0	100,0
Haut-Katanga	36111	2,0	39467	2,1	36472	1,9	36724	1,7	0,7
Kinshasa	917204	49,6	917384	48,3	974448	50,5	1249371	59,5	28,2
Maniema	20322	1,1	17172	0,9	17172	0,9	17172	0,8	0,0
Nord-Kivu	378925	20,5	417970	22,0	413403	21,4	327820	15,6	-20,7
Ituri	8167	0,4	8301	0,4	10577	0,5	9946	0,5	-6,0
Tshopo	8660	0,5	8765	0,5	18079	0,9	7743	0,4	-57,2
Sud-Kivu	379560	20,5	382154	20,1	373869	19,4	327711	15,6	-12,3
Total	1851044	100	1901022	100,0	1931438	100	2098859	100	8,7

Source : *Rapport de la Banque Centrale du Congo (2019).*

Examiné sous l'angle de la contribution des ISFD de chaque province, il est ressorti que les trois provinces à forte concentration des structures financières de proximité ont détenu 90,7 % du total des comptes ouverts dans le secteur. Ceci est expliqué notamment par la bonne culture financière et le dynamisme de la population observés dans lesdites provinces. Cependant, ce chiffre intègre les données des autres provinces dans lesquelles certaines IMF possèdent des agences.

I. Secteurs d'activités financés par les ISFD

Quant à la distribution par secteur d'activité, il ressort que le commerce est demeuré le principal secteur financé par les ISFD au courant de l'année 2018. En effet, sa part a représenté 59,1 % du total des crédits après s'être située à 71,1 % une année plus tôt. Les crédits à la consommation se sont fortement contractés au profit des autres secteurs constitués essentiellement des services. L'agriculture, principale activité en milieu rural, a été quasiment non financée, en raison notamment de la structure des ressources des institutions caractérisée par la prépondérance des dépôts à vue, couplée avec l'insuffisance des financements extérieurs. Le tableau 5 ci-après renseigne sur l'évolution des crédits par secteur d'activités.

Tableau 5 : Evolution des crédits par secteur d'activités

Secteur	Part des crédits (en %)				
	2014	2015	2016	2017	2018
Commerce	68,7	64,8	66,9	71,1	59,1
Agriculture	1,2	1,8	0,2	3,6	0,5
Habitat	2,1	2,2	0,5	2,2	4,0
Consommation	26,4	29,2	32,1	20,6	2,2
Autres	1,6	2,0	0,3	2,5	34,2
Total	100,0	100,0	100,0	100,0	100,0

Source : *Rapport de la Banque Centrale du Congo (2019).*

J. Répartition de la clientèle par genre

Le secteur, autrefois attiré par les femmes, a vu la tendance se renverser depuis 2014. En effet, les hommes y ont détenu 56,9 % du total des comptes à la clôture de l'exercice 2018, enregistrant ainsi un accroissement de 5,2 points de pourcentage par rapport à 2017.

En ce qui concerne les femmes, la baisse du nombre de comptes détenus par elles est justifiée notamment par le financement croissant des MPME dans lesquelles les femmes sont marginalisées et l'attrait à l'informel. Tableau 6 ci-après renseigne sur l'évolution du nombre des comptes par genre.

Tableau 6 : Evolution du nombre des comptes par genre

Genre	2014		2015		2016		2017		2018	
	Nombre	Part (%)	Nombre	Part (%)	Nombre	Part (%)	Nombre	Part (%)	Nombre	Part (%)
Homme	989740	55,5	1106081	59,8	998037	52,5	998554	51,7	1193328	56,9
Femme	792184	44,5	744963	40,2	902985	47,5	932884	48,8	905531	43,1
Total	1781924	100,0	1851044	100,0	1901022	100,0	1931438	100,0	2098859	100,0

Source : *Compilation à partir des données de la Banque centrale du Congo (2019)*

K. Etat de la microfinance formelle aujourd'hui, et la raison d'être des MUSO

En optant pour la définition d'une stratégie nationale de microfinance, le gouvernement de la RDC, avec l'appui du PNUD, du FENU et des autres partenaires, avait souhaité favoriser la création et le développement d'IMF viables, qui offrent des services durables aux populations à faibles revenus. Mais fort malheureusement, comme cela a été observé dans la répartition géographique, ces institutions formelles de microfinance sont concentrées dans certains grands centres urbains de la RDC, laissant de côté les milieux ruraux et certains quartiers urbains, alors qu'ils sont réputés dans l'abri des populations qu'il convient d'appeler des pauvres ou plus pauvres. Du reste, on peut le constater avec leur concentration dans certaines contrées telles que la ville province de Kinshasa, les Provinces du Nord-Kivu et du Sud-Kivu. Les besoins de la population en services financiers n'étant pas satisfaits par les institutions traditionnelles, les ONGD, les associations informelles, les Mutuelles de Solidarité, les systèmes des tontines et autres formes ont trouvé en cela une opportunité pour combler cette carence, en développant à côté de leurs activités traditionnelles un volet crédit parallèle.

Par ailleurs, la majorité de la population constituée des « pauvres entrepreneurs », ne sait pas accéder aux services financiers, faute d'institutions de proximité adéquates. Alors que depuis les années 2000, l'émergence de la « microfinance formelle » en RDC passait pour une véritable bouée de sauvetage.

1.3 Contexte de la Province de l'Ituri

1.3.1 Contexte géographique et administratif de l'Ituri

Province de la République Démocratique du Congo issue de l'éclatement de la Province Orientale depuis 2015, l'Ituri a comme Chef-lieu la Ville de Bunia qui est située dans le Territoire d'Irumu. Cette Province a une superficie de 65 658 km^2 et est située sur le versant occidental du lac Albert. Elle possède des frontières avec l'Ouganda et le Soudan du Sud. Elle comprend cinq territoires administratifs, qui sont : Aru (6 740 km^2), Djugu (8 184 km^2), Irumu (8 730 km^2), Mahagi (5 221 km^2) et Mambasa (36 783 km^2). L'Ituri est une région de hauts plateaux (800-2000 m) qui possède une grande forêt tropicale, mais aussi des paysages de savane. La Province de l'Ituri possède aussi une

Reserve à Faune à Okapi. La carte ci-après renseigne sur la répartition administrative des territoires de l'Ituri.

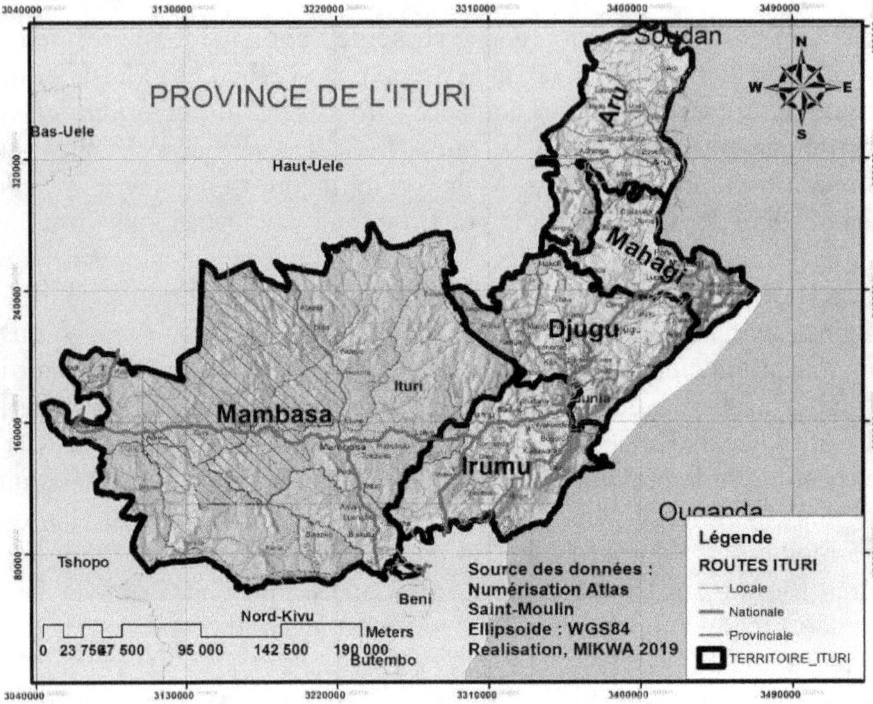

Figure 3 : Carte administrative de la Province de l'Ituri avec cinq territoires.

1.3.2 Climat

La Province de l'Ituri est divisée en diverses zones climatiques et dans une grande partie, le climat est doux, l'air brassé par l'alizé, et en général, les conditions de vie sont favorables à la santé. Les facteurs zonaux influencent la province de l'Ituri et cette dernière est caractérisée par trois types de climats présentés dans le tableau 7.

Tableau 7 : Types de climats de l'Ituri

Type des climats	Précipitation moyenne	Température moyenne	Altitude	Zones
Equatorial	1800 mm	28-30°C	650-1800mm	Mambasa, Irumu et Djugu
Equatorial-tempéré	1200- 1800mm	24°C	1200-2300mm	Irumu, Djugu, Mahagi
Tropical-lacustre	Faible	27°C	Faible	Irumu, Dépression lac Albert, Djugu, Mahagi

Source : *Inspection provinciale de l'agriculture, pêche et élevage de l'Ituri (2015)*

1.3.3 Frontières de l'Ituri

1. Avant l'indépendance

L'Ituri était situé en plein centre africain, dans le nord-est du Congo belge. Voici les limites qui sont données à l'Ituri avant l'indépendance de la RD Congo et qui le circonscrivent dans une région naturelle, selon Meessen (1951) : à l'est, la frontière avec l'Ouganda ; au sud et à l'ouest, jusqu'à une hauteur proche des sources de l'Ituri, la grande forêt équatoriale ; au nord-ouest, les savanes guinéennes. L'ensemble couvre une superficie de 20000 km^2.

2. Après l'indépendance

Après l'indépendance de la RD Congo, l'Ituri est situé à l'extrême nord-est de la RD Congo, entre 21-31 degrés de latitude nord et 1-4 degrés de longitude est. Il est limité à l'est par la République de l'Ouganda, à l'ouest par les districts de la Tshopo et du Haut-Uélé, au nord par le Soudan et le Haut Uélé, et au sud par la Province du Nord-Kivu. A l'est de la province de l'Ituri, ce dernier partage avec l'Ouganda le lac Albert, ce qui facilite ses transactions commerciales avec l'Ouganda. Les territoires d'Irumu, Djugu et de Mahagi sont aussi limités par ce lac qui a une longueur totale de 170 km et une largeur de 40 à 50 km.

1.3.4 Contexte politique, social et démographique de l'Ituri

L'Ituri est en proie à un conflit armé depuis 1999 qui a fait plus de 50 000 morts et plus de 500 000 déplacés internes, et/ou refugiés spécialement en Ouganda. Durant cette période, parmi les organisations rebelles, on peut citer l'Union des Patriotes Congolais (UPC), le Front des Nationalistes et Intégrationnistes (FNI), le Parti de l'Unité pour la Sauvegarde de l'Intégrité du Congo (PUSIC), les Forces Armées du Peuple Congolais (FAPC), Forces des Résistants Patriotiques de l'Ituri (FRPI), Forces Populaires pour la Démocratie au Congo (FPDC), et le Rassemblement congolais pour la Démocratie (RCD). Certaines organisations rebelles étaient soutenues par l'UPDF (Uganda People's Defense Force).

Actuellement, la Province de l'Ituri est butée encore à des conflits armés dans les territoires d'Irumu, de Djugu, de Mahagi et de Mambasa. D'autres incursions des groupes armés sont signalées à travers les frontières entre le Soudan du Sud et le territoire d'Aru, entre la Province du Nord-Kivu et le sud d'Irumu, entre l'Ouganda et le sud d'Irumu. Les principaux groupes armés sont les miliciens FRPI (Forces des Résistants Patriotiques de l'Ituri) et le Front patriotique et intégrationniste du Congo (FPIC) dans le sud d'Irumu, les différents groupes des miliciens Mai-Mai dans le territoire de Mambasa, CODECO (Coopérative pour le développement du Congo) dans le territoire de Djugu et Mahagi. Tous ces groupes sont à la base des déplacements internes de la population civile en province de l'Ituri.

Sur le plan de la configuration ethnique, il existe une mosaïque de plus ou moins 18 tribus, dont les plus importantes sont : Alur, Babira, Bahema, Balendu, Balese, Bambute, Bombo, Bandaka, Banyari, Kakwa, Kaliko, Lugbara, Moabendi, Ndo-Okebo.

La population de l'Ituri est constituée de toutes les couches du peuplement africain (Bantous, Soudanais, Nilotiques et Pygmées). Comme dit précédemment, l'Ituri est occupé principalement par 10 groupes ethniques dont les majoritaires sont les Alur (27%), principalement concentrés à Mahagi, les Lendu (24 %) et les Hema (18 %) dans les territoires d'Irumu et de Djugu, et les Lugbara (12%) dans le territoire d'Aru. La densité de la population est très élevée à Mahagi (281 personnes par km^2 en moyenne), suivi par Djugu qui atteint une moyenne de 180 personnes par km^2. La densité est moins élevée à Irumu à cause du pastoralisme.

Mambasa est le territoire le moins peuplé, avec une densité moyenne de 6 habitants par km^2. Ce territoire est principalement constitué de la forêt équatoriale, et les principaux groupes sont les Babila, les Balese, mais surtout les Bambuti (Pygmées) qui représentent 30% de la population. Ces dernières années, le territoire connaît une forte migration des populations Nandé du Nord Kivu.
L'organisation politique de ces groupes ethniques diffère profondément et ces différences expliquent en partie l'histoire du conflit qui a eu lieu. Les Lendu ont une société segmentaire, où le niveau d'organisation le plus élevé est le lignage. Il s'agit des agriculteurs avec un mode de production traditionnelle. Les Alur ont un système pyramidal où le pouvoir est principalement au niveau du chef local, mais qui est allié à un chef ou roi dans un niveau plus élevé. Les Hema ont un système hiérarchique où tout pouvoir appartient à l'autorité centrale. Cela a rendu les Hema très capables d'organiser une armée, contrairement à la société segmentée des Lendu, où il n'existait pas un pouvoir central, et qui était caractérisée par des conflits internes éternels entre les différents sous-groupes.
Ces différences de l'organisation sociale entre les Hema et les Lendu sont à la base de la relation déséquilibrée entre eux. Le déséquilibre a été renforcé par les différences de mode de production (agriculture-élevage), le changement des valeurs et la relation avec le pouvoir colonial.

1.3.5. Ressources naturelles de l'Ituri

1.3.5.1 Forêt de l'Ituri

Grande est la forêt de l'Ituri, elle s'étend principalement du territoire de Mambasa, en passant par celui d'Irumu jusqu'à Djugu. Les essences de cette forêt sont soit consommées localement (bois de chauffage, bois de construction), soit exportées. Les forêts naturelles de cette province contiennent des arbres à bois rouge pour la consommation locale ou pour l'exportation.
La forêt de l'Ituri occupe une superficie d'environ 33 000 km^2, et se situe entre 0° et 3°N et 27° et 30° E. L'altitude de la forêt est étalée de 700 m à 1 000 m. La température moyenne est de 31 °C et l'humidité moyenne de 85 %. Environ 20 % de la forêt équatoriale est constituée de la réserve de faune à Okapi (RFO), inscrite sur la liste du patrimoine mondial UNESCO.

La forêt héberge également les pygmées appelé « Mbuti », un des nombreux peuples de chasseurs-cueilleurs vivant dans la forêt du bassin du Congo, caractérisés par leur petite taille (en moyenne moins d'un mètre cinquante). La forêt de l'Ituri fut traversée pour la première fois par un européen en 1887, Henry Morton Stanley, au cours de l'expédition de secours à Emin Pasha.

1.3.5.2 Ressources minières, énergétiques et agropastorales de l'Ituri

L'Ituri est une région qui renferme d'énormes potentialités économiques : agriculture, élevage, bois, minerais et pétrole. Les principales richesses d'Ituri sont l'or, le bois et le pétrole. A côté de ces trois principales richesses, il y a du diamant, du coltan, de la cassitérite, le fer et d'autres minerais. Des gisements de pétrole existent en Ituri et les premiers suintements ont été découverts depuis 1926 au bord du lac Albert. L'or est principalement exploité par une société étatique, « SOKIMO » avec ses partenaires comme « Englogolde Ashanti ». Signalons aussi l'exploitation artisanale de l'or et du diamant qui est pratiquée dans la forêt de l'Ituri, principalement dans la partie constituant la réserve à faune à Okapi ; mais aussi dans les montagnes de Djugu, autour de la cité minière de Mongbwalu.
Sur le plan agropastoral, la province de l'Ituri est réputée en élevage des gros bétail (les vaches), ce qui a permis à cette province d'être appelée « Ituri viande ». Mais également, cette province est classée parmi les greniers de la République Démocratique du Congo en produits agricoles, car le climat des montagnes permet de cultiver certains produits tels que le choux pommé et fleur, le haricot, la carotte, la pomme de terre et autres produits. Le lac Albert produit du poisson qui alimente une grande partie de la RD Congo, lequel poisson entre dans la production des poissons salés, communément appelés « Makayabo ».

1.3.6 Contexte économique

Il est important de rappeler que la province de l'Ituri est sortie d'une guerre civile qui a eu lieu entre 1999 et 2003, et qui a fait plusieurs milliers des victimes. Et les différents conflits armés depuis 2018 qui continuent à créer la désolation au sein de la population et à la

paupériser, causant plusieurs milliers des déplacés internes. Il est également à noter que le secteur agropastoral constitue le principal secteur d'emploi de la province de l'Ituri.
Hormis les produits carnés en provenance de l'élevage du gros bétail, la province tout entière tire la grande partie de ses aliments en poisson du lac Albert. Ce lac, situé à l'est de la RD Congo, longe les territoires d'Irumu, de Djugu, et de Mahagi. Il est partagé entre l'Ouganda et l'Ituri, et s'étend sur une longueur totale de 170 km, avec une largeur variant entre 40 et 50 km, sa profondeur moyenne est de 25 mètres et celle maximale de 58 mètres ; sa superficie totale est de 7600 km^2, contenant 140 milliards de m^3 d'eau. La partie appartenant à l'Ituri a une superficie de 2420 km^2 et 60 milliards de m^3 d'eau, et contient 8 espèces de poissons, dont le poisson « capitaine », qui est le poisson le plus prisé tant dans la province que dans toute la RDC. A l'échelle mondiale, ce lac est connu comme très poissonneux.

1.3.7 Contexte financier de l'Ituri

Bien que la pauvreté et les inégalités soient augmentées constamment depuis l'indépendance de la RDC, la prise de conscience correspondante ne s'est faite qu'avec la crise de 2003. C'est surtout depuis 2006, à cause d'une stabilité politique, qu'ont été mises en place des politiques publiques de lutte contre la pauvreté, avec la naissance de certaines institutions formelles de microfinance en Ituri, et plus précisément dans la ville de Bunia, telles que l'IMF Gala Letu, COOPEC MECRE, COOPEC la Semence, etc.

1.3.7.1 Infrastructures bancaires et la microfinance

1. Institutions bancaires

Le tableau 8 présente la liste des banques commerciales classiques qui sont fonctionnelles en Ituri, essentiellement dans la ville de Bunia, mais aussi dans les cités d'Aru et de Mahagi.

Tableau 8 : Liste des institutions bancaires œuvrant en Ituri

Code	Banques	Abréviations	Villes et cités
01	Banque Commerciale du Congo	BCDC	Bunia, Aru
02	Banque Gabonaise Française Internationale	BGFIBANK	Bunia
03	Ecobank RDC	-	Bunia, Aru
04	Rawbank	-	Bunia, Mahagi
05	Trust Merchant Bank	TMB	Bunia
06	First Bank Nigérian	FBN	Bunia, Mahagi et Aru
07	Caisse d'Epargne et de Crédit du Congo	CADECO	Bunia, Aru, Mahagi

Il ressort de ce tableau qu'il n'existe en Ituri que sept institutions bancaires pour une population estimée à environ onze millions d'habitants (11000000 hab.), soit une banque pour un million trois cent septante et cinq milles (1375000) habitants. De surcroit, elles sont principalement installées dans la ville de Bunia.

Il sied de signaler que les habitants des milieux ruraux et des quartiers périphériques pauvres n'ont pas accès à ces institutions bancaires, et quand ils en ont accès, c'est dans les circonstances où les fonctionnaires de l'Etat parcourent des longues distances pour percevoir leurs primes et/ou salaires. Notons que les agents de l'Etat possèdent des comptes ouverts dans ces banques par lesquels transitent leurs primes et/ou salaires, qui, du reste, ne leur permettent pas d'épargner, considérant la modicité de ces primes et/salaires.

2. Secteur de microfinance formelle en Ituri

Les institutions de microfinance formelle sont essentiellement installées en Ville de Bunia. La Ville de Bunia comprend plusieurs infrastructures bancaires, auxquelles la population à faibles revenus n'accède pas facilement, avec une Institution de Micro-Finance (IMF) in stricto sensu, et deux Coopératives d'Epargne et de Crédit (COOPEC), une ONG qui encadre les femmes de la ville de Bunia en leur octroyant des microcrédits.

En effet, avant la crise financière et économique mondiale de 2008, la Ville de Bunia avait un certain nombre d'IMF qui sont tombées en faillite les unes après les autres. Le tableau 9 établit la liste des

Institutions du Système Financier Décentralisé (ISFD) œuvrant en Ituri en 2019.

Tableau 9 : les ISFD œuvrant en Ituri

Code	ISFD	Abréviations et/ou sigles
01	Mutuelles d'Epargne et de Crédit de Bunia	MECRE-Bunia
02	Coopérative d'Epargne et de Crédit : Mbegu Bora	COOPEC Mbegu Bora
03	Centre Multidisciplinaire d'Appui pour le Développement de la Femme (ONG)	CEMADEF
04	Société des Microcrédits du Congo	SMICO

En effet, il faut indiquer que plusieurs recherches renseignent que les mêmes clients de ces institutions de microfinance ont ouvert des comptes dans presque toutes ces institutions.

1.3.7.2 Mutuelles de Solidarité en Ituri

1. Historique

La Mutuelle de Solidarité (MUSO) a commencé au Sénégal en 1995 par l'organisation paysanne, Union des Groupements Paysans de Méckhé (UGPM) qui avait développé le système de caisses, inspiré de la tontine, mais qui permet en plus une accumulation de l'épargne, des octrois de crédits adaptés aux besoins, d'une caisse de prévoyance et à financements externes. Le succès des MUSO au Sénégal a poussé la Solidarité Internationale pour le Développement et l'Investissement (SIDI) à vulgariser cet outil en 2001 auprès des organisations non gouvernementales de Burundi, ainsi que celles de la RDC, parmi lesquelles, la Ligue de Développement au Congo, en sigle, LIDE, une ONG œuvrant au Nord-Kivu, plus précisément en ville de Beni.

La Ligue de Développement au Congo (LIDE) est une ONG congolaise créée en 1990, dont l'activité se déroule dans la province du Nord-Kivu, à l'Est de la RDC. Depuis 2002, elle a développé une activité MUSO, et à partir de 2005, des Groupements de MUSO et en 2006, un outil plus spécialisé dans la distribution de crédit et la collecte d'épargne : la Caisse de Crédit Rural et de Développement (CCRD). Aujourd'hui, environ 1200 MUSO et une trentaine de groupements de MUSO existent au Nord Kivu et sont, pour une partie d'entre elles (60%), en lien avec la caisse de crédit rural et de développement (CCRD).

La Ligue de Développement avait lancé la première sensibilisation sur la Mutuelle de Solidarité (MUSO) en RDC au mois de juillet de l'an 2002 au Nord Kivu, dans le territoire de Lubero et ADI-KIVU (Action pour le Développement Intégré au Kivu) au sud Kivu. En 2005, Louvain Développement (ONG Belge) renforce la dynamique de MUSO du Sud-Kivu avec GALE (Groupe Apprenons à Lire et à Ecrire nouvel opérateur).

En Province de l'Ituri, les MUSO ont été introduites en 2008 par l'ONG Première Urgence, en partenariat avec LIDE qui en assurait la sensibilisation, le suivi et l'accompagnement.

La spécificité reconnue de plus en plus à la MUSO dans le cadre de l'organisation pour l'autopromotion des populations démunies, avait encouragé plus d'un acteur de développement à se lancer dans la promotion de cet outil, tel est le cas des ONG comme ACIAR (Appui à la communication interculturelle et à l'auto-promotion rurale), AMAB (Maman Anti Bwaki), COOPI (Cooperazione Internationale) qui ont commencé la vulgarisation depuis l'année 2011. Ces derniers acteurs vulgarisent la MUSO comme stratégie d'appui communautaire à la réinsertion socio-économique de leurs différents bénéficiaires. Il sied de signaler que les acteurs précités constituent des Organisations Promotrices des MUSO, avec le soutien financier du fonds au profit de victimes.

2. Organisation des MUSO en Ituri

Il y a plusieurs Mutuelles de Solidarité dans la Province de l'Ituri, spécialement dans les territoires d'Irumu, de Djugu, de Mahagi et d'Aru. Ces MUSO sont organisées dans les groupements des MUSO (GM). Les groupements des MUSO sont soutenus par les organisations promotrices des MUSO (OPM), qui sont constituées en Ituri des ONG telles que COOPI, AMAB, Haki na Amani, etc. Au niveau de ces groupements des MUSO, il peut se constituer aussi une caisse de refinancement (caisse bleue), mais également d'autres caisses comme la caisse rouge pour l'assistance d'autres MUSO.

En effet, dans les groupements des Mutuelles de Solidarité (GM), l'on trouve les animateurs qui encadrent les Mutuelles de Solidarité. Un animateur peut encadrer jusqu'à 30 MUSO et est rémunéré par ces dernières.

1.3.7.3 Fonds au profit des victimes pour le renforcement des MUSO en Ituri

La Cour Pénale Internationale avait rendu disponible un fonds au profit des victimes survivantes des atrocités en RDC et au nord de l'Ouganda, en vue d'une réhabilitation. En 2011, dans le cadre de l'assistance en matière de réhabilitation, les partenaires d'exécution du Fonds en RDC avaient mis en place le Système de Mutuelles de Solidarité, de façon à améliorer les moyens de subsistance des victimes, et à accroître la pérennité du programme. Le système MUSO est un programme d'épargne et de crédit local au niveau du village, auquel participent les membres de la communauté (les victimes survivantes), qui partagent les mêmes préoccupations et qui ont décidé de s'unir pour apporter une contribution à un fonds de roulement et à des prêts.

1.4 Conclusion

Le chapitre axé sur le contexte de la RDC, d'une façon générale, et de la province de l'Ituri, en particulier, avait pour objectif de retracer la situation socioéconomique et financière, surtout la situation de la microfinance de la RDC, et de l'Ituri en particulier, à travers une littérature existante.

En ce qui concerne le contexte économique et social, il a été démontré que la majorité de la population congolaise est employée dans le secteur agricole, vivant dans une situation de pauvreté extrême, malgré les potentialités que possède la RDC.

C'est ainsi que la stratégie nationale de microfinance avait été définie par le gouvernement de la RDC, avec l'appui des autres partenaires, afin d'offrir des services financiers durables et adaptés aux populations pauvres. Mais fort malheureusement, ces institutions formelles de microfinance sont concentrées dans certains grands centres urbains de la RDC, laissant de côté les milieux ruraux et certains quartiers urbains pauvres. C'est ainsi qu'il y a eu développement des Mutuelles de Solidarité, une microfinance de proximité qui offre une gamme des services microfinanciers adaptés aux populations pauvres.

DEUXIEME CHAPITRE : CADRE CONCEPTUEL, MICROFINANCE ET PAUVRETE

2.1 Introduction

Ce chapitre est une revue de la littérature sur la microfinance, avec comme toile de base, la pauvreté. La microfinance a été reconnue par les Nations-Unies, de même que par de nombreuses institutions internationales comme un outil majeur de développement social et économique. Les services microfinanciers d'épargne et/ou de crédit au bénéfice des populations vulnérables ont permis à ces dernières, à travers le monde, d'améliorer leur qualité de vie.

En effet, plusieurs analystes dont parmi eux les théoriciens, les praticiens, les divers réseaux internationaux, organisations internationales et aussi non gouvernementales, associations, qui œuvrent sur les questions de la microfinance, ont donné leur version sur le fonctionnement de cette pratique d'intermédiation financière.

Ainsi, pour mieux appréhender la microfinance, ce deuxième chapitre examine les fondements théoriques à travers une revue de la littérature sur le concept, son origine, son évolution dans le temps ainsi que son fonctionnement. Et comme la microfinance est une réponse à la problématique de la pauvreté, la littérature autour du concept de pauvreté sera aussi explicitée, en vue de cerner le sens, car, dit-on, on ne peut pas parler de la microfinance sans se référer à la pauvreté, étant entendu que les deux concepts sont intimement liés. Ce chapitre est subdivisé en deux sections : la microfinance et la pauvreté.

2.2 Microfinance

2.2.1 Notions sur la microfinance

La microfinance est un concept large, et il existe plusieurs définitions. Cependant, il est important de ne pas confondre la microfinance ou de la réduire au microcrédit.

La microfinance est entendue comme l'octroi de services financiers à des personnes en situation de précarité économique, impliquant le développement d'une activité productive existante, ou toute nouvelle, le plus souvent de l'artisanat ou du commerce. Ces personnes n'ont généralement pas accès aux institutions financières commerciales, en raison de leur profil socioéconomique. Il s'agit d'agents économiques en situation de précarité, sans revenu fixe, qui n'offrent aucune des garanties en vigueur dans les institutions bancaires commerciales.

Comme le nom l'indique, il s'agit d'un petit crédit, d'un montant peu élevé, sensiblement inférieur au crédit qu'une entreprise ou un ménage peut solliciter auprès d'une banque. Parler de la faiblesse de ces montants n'a de sens qu'au niveau de vie de la population. La Banque Mondiale retient un plafond de 30% du produit intérieur brut par habitant de chaque pays, ce qui peut faire dans un pays africain à peu près cent cinquante euros (150 €). Mais en réalité, il n'y a pas de consensus parmi les professionnels pour définir un seuil du microcrédit.

C'est ainsi que la microfinance s'est élargie pour inclure une gamme de services plus large (crédit, épargne, assurance, transfert d'argent, etc.) et une clientèle plus large également. Dans ce sens, la microfinance ne se limite plus aujourd'hui à l'octroi de microcrédits aux pauvres, mais bien à la fourniture d'un ensemble de produits financiers à tous ceux qui sont exclus du système financier classique ou formel. Et dans ce contexte, la microfinance se définit comme l'octroi de services financiers (généralement crédit et/ou épargne) à des personnes développant une activité productrice, le plus souvent de l'artisanat ou du commerce, et n'ayant pas accès aux institutions financières commerciales, en raison de leur profil socioéconomique.

Selon d'autres analystes, la microfinance est considérée comme « l'ensemble des dispositifs permettant d'offrir de très petits crédits (microcrédits) à des familles très pauvres, pour les aider à conduire des activités productives ou génératrices de revenus, leur permettant ainsi de développer leurs petites entreprises. Cependant, avec le temps et le développement de ce secteur particulier de la microfinance partout dans le monde, y compris dans les pays développés, la microfinance s'est élargie pour inclure désormais une gamme de service plus large (crédit, épargne, assurance, transfert d'argent, etc.), et une clientèle plus étendue également.

L'Instruction n°1 aux Institutions de Micro-Finance du 13 septembre 2003 telle que modifiée le 18 décembre 2005. Ce texte réglementaire édicté par la Banque Centrale du Congo (BCC) définit la microfinance comme étant une offre à titre habituel, de services financiers incluant des personnes n'ayant pas accès au système bancaire classique.

Une autre définition répandue de la microfinance, est celle qui stipule que la microfinance est l'offre de services financiers (microcrédit, microassurance, etc.) aux populations pauvres, exclues du système

bancaire, sans ressources ni droit de propriété. Cette dernière définition est plus large, car la clientèle ciblée inclut non seulement les pauvres, mais aussi les exclus bancaires qui sont souvent dans les pays riches et développés, et fait appel à la notion de propriété. La microfinance est donc le moyen de mettre des systèmes financiers au service des pauvres n'ayant pas accès aux institutions financières classiques.
Cependant, quelles que soient les formules envisagées, une chose commune à l'ensemble des IMF est la proximité géographique et même sociale avec les clients. Elle est dans une large mesure à l'origine du succès de certaines IMF. L'on considère aussi la microfinance comme l'offre de services financiers destinés aux individus pauvres exclus du système bancaire traditionnel, sans revenus réguliers et sans droit de propriété. Inclut principalement les prêts, les produits d'épargne, la microassurance, les transferts d'argent et le crédit-bail. En France, les bénéficiaires peuvent ne pas être exclus du système bancaire, mais n'ont que de très faibles revenus, comme les chômeurs longue durée.
Alors que Kamala (2007), citant Jean-Michel Servet, nous donne une définition claire de la microfinance : elle est caractérisée par « le faible montant des opérations, la proximité non seulement spatiale, mais aussi mentale et sociale entre l'organisation et sa population cible, et la pauvreté supposée des clients ou l'exclusion qu'ils subissent ».
On parle à la fois de microfinance et de microcrédit, de finance décentralisée, de finance de proximité (*proximity bank*), ou encore de finance solidaire. L'emploi du terme « micro » met directement l'accent sur l'échelle des projets financés. Les crédits accordés sont de très faible montant, et sont destinés à des projets de très petite envergure, et favorisant généralement l'auto-emploi. En général, on retient trois critères pour ce type de crédit : son montant faible, sa durée très courte et ne s'adressant en priorité qu'aux exclus des systèmes financiers formels. Le critère « faible montant » n'a de sens que par rapport à un niveau de vie. Ce qui est considéré comme un « micro montant » en Europe peut constituer un « gros montant » en Afrique. En outre, les expériences de finance de proximité ou de finance décentralisée se distinguent des systèmes bancaires classiques par une simple volonté de proximité, de rapprochement entre les clients cibles et la structure et aussi, entre ces clients eux-mêmes.

2.2.2 Historique du concept microfinance

Les origines de la microfinance longtemps limitée au microcrédit, remontent à l'époque de la Babylonie où les prêtres consentaient des prêts aux démunis. Aux XVème siècles, ce fut au tour de l'Église catholique d'attribuer des prêts sur gages à la population pauvre. Selon ces écrits, il faudra attendre le XIXème siècle pour la création d'établissement d'épargne et de crédit formel destiné aux populations pauvres, rurales et urbaines, sous la forme de coopérative en Europe. Au Québec, ces institutions vont apparaître au début du XXe siècle. À la même époque en Amérique Latine, se créent des établissements en milieu rural, visant à soutenir et à moderniser le secteur agricole et à mobiliser l'épargne des paysans.

La médiatisation de la microfinance s'est accrue avec le sommet du microcrédit tenu à Washington en 1997. Pour comprendre comment ce paradigme est né, il faut remonter en 1974, cette année-là, le Bangladesh est frappé par une grave famine qui fait des milliers de morts. Lors d'une visite dans un village situé aux alentours du campus, Mohammed Yunus, professeur d'économie de l'université de Chittagong, constate que les habitants se trouvaient dans l'impossibilité de payer leurs dettes à l'usurier local, et ne pouvaient pas se procurer le bambou nécessaire à la confection des paniers qu'ils vendaient pour se nourrir.

En prêtant 27 dollars, Yunus va permettre à 42 familles de reprendre leur travail. A la suite de ce petit succès, il entreprend de démarcher auprès des banques locales, et de solliciter des prêts en faveur des villageois pour qu'ils puissent financer leurs activités. Malheureusement, aucune banque n'est intéressée par ce projet. Il trouvera alors d'autres solutions pour devenir banquier lui-même. Deux ans plus tard, il fonde la *Grameen Bank* qui va prêter de l'argent aux pauvres sans exiger de garanties, apportant ainsi la preuve que les déshérités sont des opérateurs économiques crédibles. Non seulement, ils empruntent, mais ils s'acquittent de leurs dettes avec une conscience qui fait souvent défaut aux mieux lotis. Si le taux d'intérêt est parfois supérieur à 20%, le taux de recouvrement dépasse les 97%. Autre originalité, les neufs dixièmes des clients de la banque sont de pauvres femmes.

Cependant, on a l'impression que tout a commencé en février 1997 lors du premier sommet mondial du microcrédit à Washington sous le patronage du Président Bill Clinton. Son épouse Hillary était présente, au milieu de 2.900 personnes venues de 137 pays, membres d'organisation non gouvernementales (ONG), chefs d'entreprise, représentants d'institutions internationales ou de gouvernements, qui ont décidé d'appuyer les initiatives locales en matière de microcrédit,

et de toucher de cette façon, cent millions de familles parmi les plus pauvres de la terre. On comptait alors moins de huit millions de personnes concernées. Elles étaient quatorze millions en 2000, et soixante millions en 2005.
Partant de ce constat, le rôle de la microfinance s'est accéléré depuis 1989, quand la Banque mondiale lui a consacré une attention particulière à travers un rapport annuel. Mais, c'est le sommet mondial sur le microcrédit de 1997, suivi en 2004 lors du Xème sommet de la Francophonie à Ouagadougou qui ont accéléré le rôle de la microfinance. L'année 2005, déclarée aussi année mondiale du microcrédit par l'Organisation des Nations Unies (ONU), ainsi que les objectifs fixés à Halifax en 2006, à savoir, l'octroi de crédit aux 175 millions de familles les plus pauvres du monde, et l'assurance que ces familles peuvent dépasser le seuil de 1$ US/ jour/ personne ajusté en parité du pouvoir d'achat.

2.2.3 Dates clefs de la microfinance

En 2005, l'Agence Française de Développement (AFD) a publié les dates clefs de la microfinance à travers les âges et les continents. De 1462 à 2005 après J-C, de la France au Bangladesh, en passant par le Kenya, l'Irlande et le Canada, on assiste à l'essor d'un outil financier aujourd'hui bien établi. Voici les principales dates clefs :
1462 : le moine italien Barnabé de Terni fonde une institution caritative, le Monte di Pietà, en Italie, pour lutter contre l'usure.
1653 : un financier italien, Lorenzo Tonti, appelé en France auprès de Mazarin, crée une nouvelle formule d'épargne sous forme d'association d'épargnants. Il donnera son nom à la tontine.
1720 : à Dublin, Dean Jonathan Swift est le premier à prêter de petits montants à des artisans pauvres de la ville. Son initiative est imitée au cours des décennies suivantes par plusieurs organismes irlandais comme la Dublin Musical Society.
1849 : Pierre-Joseph Proudhon fonde en France la « Banque du Peuple » qui distribue des crédits gratuits. Si cet établissement ne vit que quelques semaines, d'autres banques se créeront en suivant son exemple au cours des années suivantes.
1864 : l'Allemand Friedrich-Wilhelm Raiffeisen fonde en Rhénanie la première société coopérative de crédit mutuel. Son objectif : offrir aux banques des cautions mutuelles afin que les paysans démunis accèdent au crédit.

1893 : en France, c'est Louis Durand qui créa la première caisse rurale et ouvrière sur le modèle Raiffeisen. Dans les années qui suivent, l'Etat français lance, sur le même mode, le Crédit agricole pour tenter de réorganiser et soutenir l'agriculture.
1900 : au Canada, Alphonse Desjardins met en place la première « caisse populaire » qui généralise l'épargne, et un système de crédit accessible aux ouvriers comme aux agriculteurs. Il participe ensuite à la constitution de coopératives d'épargne et de crédit aux Etats-Unis d'Amérique.
Dès 1956 : des expériences de « Credit Unions » ou de Coopératives d'épargne et de crédit (COOPEC) existent au Ghana, au Nigeria, au Kenya ou en Ouganda. D'autres sont lancées en 1969 au Togo ou en 1972 au Burkina Faso.
1963 : au Cameroun est montée la Cameroon Cooperative Credit Union League, l'un des tout premiers réseaux institutionnels de microfinance du continent africain.
1963 : fondation de l'Institut coopératif Alphonse Desjardins, centre de formation du mouvement Desjardins qui cherche à essaimer ses principes hors du Canada.
1973 : à Recife, au Brésil, le personnel de l'ONG *Accion*, fondée en 1961 à Caracas, se lance dans l'appui à la création de systèmes de microfinancement à destination des microentreprises et des populations pauvres.
1983 : après quelques années d'expérimentation, la Grameen Bank, fondée au Bangladesh par Muhammad Yunus, devient une banque indépendante. La même année naît en République dominicaine l'ONGA demi qui fournit des produits et services de microfinancement à une clientèle à faibles revenus. En 1997, elle reçoit un agrément bancaire pour créer une banque commerciale, la Banco Ademi, spécialisée dans les prêts aux microentreprises.
1984 : en Indonésie, la Bank Rakyat Indonesia, créée en 1950, est la première banque commerciale publique à développer un département microcrédit. Elle devient au fil des ans la banque la plus importante du secteur indonésien de la microfinance, et la plus grande institution de microfinance rentable des pays du Sud. En 2001, elle compte plus de 2,7 millions de clients de microcrédits, dont environ 25% sont des femmes.
1995 : la Banque mondiale institue le Groupe consultatif d'assistance aux pauvres (CGAP), qui réunit 29 bailleurs de fonds bilatéraux et multilatéraux, en vue de soutenir le secteur de la microfinance.

1995-1996 : le programme « Sustainable Banking with the poor » de la Banque mondiale répertorie les institutions de microfinance dans le monde ; il dénombre alors 1.000 institutions ayant au moins 100 clients et opérant depuis au moins trois ans. Une enquête menée en 1995 montre, elle, que l'encours total de crédits issus de la microfinance s'élève à 7 milliards de dollars et que plus de 13 millions de personnes en bénéficiaient.
1997 : un premier Sommet du Microcrédit a lieu à Washington, organisé par une ONG américaine. Objectif : lancer une campagne globale pour que, dès 2005, cent millions des familles les plus pauvres du monde reçoivent un crédit qui les aide à créer leur emploi.
1997 : création du Centre pour la microfinance (MFC), devenu le plus important centre de formation et de services dans le secteur de la microfinance pour les pays de l'Est et de l'Europe centrale. Il relie un réseau de 86 institutions de microfinance.
2005 : les Nations Unies déclarent 2005 Année Internationale du Microcrédit, avec l'objectif de « mettre en place des secteurs financiers participatifs pour atteindre les Objectifs du Millénaire pour le Développement ».
Avril 2005 : pour la première fois en Afrique, une institution de microfinance lève des fonds en bourse : FAULU, une des plus importantes institutions de microfinance du Kenya, met sur le marché 5 millions d'euros d'obligations qui bénéficient d'une garantie à 75 % de l'Agence Française de Développement.
2006 : le Professeur Muhammad Yunus et la Grameen Bank, qu'il a fondée en 1976, reçoivent conjointement le Prix Nobel de la Paix.

2.2.4 Diversité des institutions de microfinance

En plus des acteurs traditionnels (institutions de microfinance, caisses de crédit, coopératives, banques, ONG, etc.), d'autres entités, notamment des opérateurs de réseau mobile, tirent parti des technologies pour élaborer de nouveaux modes de prestation, afin d'apporter ces services aux pauvres, parfois en partenariat avec des institutions financières existantes.
Les banques sont un modèle bien connu, sinon par leur statut ou du moins par leurs opérations, et donc par les services qu'elles rendent et par l'origine de leurs ressources, les banques se ressemblent toutes, alors que l'institution de microfinance, selon Lelart (2006), ne répond à aucun modèle. Il en existe même une telle variété qu'il est bien

difficile de les répertorier. On peut toutefois essayer de les classer en quelques groupes bien distincts.

1. Le modèle existant : la microfinance par les mutuelles d'épargne et de crédit

Les mutuelles d'épargne et de crédit sont apparues il y a un peu plus d'un siècle. Les premières caisses de crédit mutuel ont été créées par Friedrich-Wilhelm Raiffeisen, en Allemagne, les caisses populaires ont été inventées quelques années plus tard par Alphonse Desjardins au Québec.
Les caisses locales, regroupées en fédérations, elles-mêmes regroupées en une confédération nationale, sont des banques, mais avec un statut spécial, car elles sont des coopératives. Elles appartiennent aux sociétaires qui ont souscrit une part sociale, ou plusieurs, mais qui ne disposent de toute façon chacun que d'une seule voix lorsque, à l'assemblée générale annuelle, ils votent pour élire les administrateurs. Mais, comme les caisses du Nord, elles sont davantage des caisses d'épargne que de crédit. Elles reçoivent plus de dépôts qu'elles n'accordent de crédits. Dans ces conditions, la clientèle appartient davantage aux classes moyennes qu'aux milieux plus pauvres, et elles disposent d'excédents de trésorerie qui sont placés à la banque voisine ou qui, dans les grandes villes, peuvent être gérées au niveau du réseau.

2. Un nouveau modèle : la microfinance par les ONG

C'est le modèle le plus difficile à cerner. C'est aussi celui que l'on rencontre le plus fréquemment. Il s'agit au départ de programmes lancés par des gouvernements, ou plus souvent par des institutions étrangères. Ce sont des organismes plus ou moins spécialisés dans le microcrédit, comme l'IRAM (Institut de Recherches et d'Applications des Méthodes de Développement), le GRET (Groupe de Recherche et d'Echanges Technologiques), la SIDI, etc. Ce sont surtout des ONG nationales, mais plus souvent internationales, dont certaines sont bien connues : c'est le Comité Français de Solidarité Internationale (CFSI) en France, et aux Etats-Unis Catholic Relief Service (CRS), Freedom from Hunger, Volunters in Technical Assistance (VITA), etc.
Les programmes reçoivent dès le départ ou en cours de route le soutien de ces « promoteurs », comme des agences de coopération telles que l'AFD en France, GTZ en Allemagne, la SNV aux Pays-Bas, DANIDA

au Danemark, l'ACDI au Canada… et bien sûr l'USAID. Des institutions internationales peuvent aussi financer de telles initiatives : c'est la Banque Mondiale par l'intermédiaire du groupe consultatif d'assistance aux plus pauvres (CGAP), le PNUD, le BIT, l'Union européenne, le Fonds International de Développement Agricole (FIDA), les banques régionales de développement, la BERD, etc. Tous ces « bailleurs de fonds » soutiennent ces initiatives, en permettant d'accorder les premiers crédits ou de faire face aux dépenses d'installation ou de fonctionnement. Le soutien prend aussi souvent la forme d'une prise en charge d'experts « expatriés ».

Ces programmes peuvent concerner principalement le crédit. Ce sont d'abord des expériences *de crédit direct*, ou des programmes d'appui au microcrédit. Le crédit n'est pas lié à l'épargne qui peut cependant être encouragée, voire même rendue obligatoire, ce qui permet de financer, au moins partiellement, le crédit accordé, mais, elle ne vient toujours qu'après. Ce sont ensuite des projets *à volet crédit*. L'octroi du crédit ne vient qu'en complément d'une action en faveur des petites entreprises, de groupes d'artisans, de femmes pauvres… dans le domaine de l'alimentation, de la santé, de la formation, de la gestion, etc.

3. Le dernier modèle : la microfinance par les banques

Le microcrédit est distribué le plus souvent par les Institutions de Micro-Finance (IMF). Mais, il peut être aussi distribué par des banques, comme nous venons de le voir, et il l'est même de plus en plus. On retrouve là les différentes stratégies à propos de la finance informelle et qui sont toutes expérimentées de nos jours à propos de la microfinance.

- ✓ La première stratégie est précisément *l'adaptation* des banques à la microfinance.
- ✓ La deuxième stratégie est *la modernisation* des IMF qui ont commencé leur activité depuis un certain temps, qui l'ont progressivement étendue, qui se sont ouvertes à une large clientèle, qui sont devenues autonomes financièrement, et qui ont fini par adopter le statut de banque commerciale. Le microcrédit est maintenant leur principale activité, sinon la seule. Dans les autres pays, on trouve partout des ONG de microcrédit dotées d'un statut d'IMF, ou qui se sont transformées en banque.

- ✓ Il reste une dernière stratégie : *l'institutionnalisation*, c'est-à-dire, la création de nouvelles institutions dotées d'un statut de banque, ou d'un statut spécifique, mais voisin, et qui ont d'emblée pour mission de prêter de l'argent aux pauvres ou de financer les microentreprises.

4. Banque mobile : la microfinance par la technologie

Le terme de banque mobile renvoie à des transactions financières effectuées via la téléphonie mobile. Par rapport aux services bancaires traditionnels reposant sur des succursales physiques, la banque mobile permet de toucher un plus grand nombre de personnes, à moindre coût et de manière très pratique.
Avec le développement rapide des technologies mobiles, leur application dans le domaine des transactions financières s'avère très utile pour de nombreuses personnes qui n'avaient jusqu'à présent aucun accès aux services financiers.

2.2.5 Sortes de microfinance

2.2.5.1 La microfinance formelle

La microfinance formelle est constituée des IMF qui ont un cadre juridique, un statut et une personnalité officielles. Et d'une façon globale, la microfinance formelle fonctionne sous forme des banques classiques et est régie, dans la plupart des cas, par les banques centrales de chaque pays. Sur le terrain, plusieurs catégories d'institutions de microfinance formelle exercent les activités relatives à l'octroi de crédit et/ou la collecte de l'épargne, à l'assurance, etc.

1. Les Coopératives d'Epargne et de Crédit (COOPEC)

Une COOPEC est tout regroupement de personnes à capital variable, doté de la personnalité morale et fondé sur les principes d'union, de solidarité et d'entraide mutuelle, et ayant principalement pour objet de collecter l'épargne de ses membres, et de leur consentir du crédit. Une Coopérative d'Epargne et de Crédit est une association de personnes qui déposent leurs économies dans un fonds commun, et empruntent à ce fonds à des taux d'intérêt minimes. C'est une coopérative financière organisée à partir d'un groupe, dont les membres ont un lien commun

d'association, comme par exemple, les ouvriers de la même usine, les paroissiens de la même église, ou les fermiers d'une communauté.
En tant que coopérative, une COOPEC est une organisation démocratique sans but lucratif. Les associés investissent une petite somme appelée "part sociale" pour être admis. Cette opération leur permet d'être propriétaires de la COOPEC, et d'élire un conseil d'administration qui définit les lignes d'action de la coopérative, et qui peut nommer un gérant. Et l'un des buts de la COOPEC est d'enseigner à ses membres de bons principes d'économie, la pratique régulière de l'épargne et l'usage prudent du crédit.
Les bénévoles sont l'âme de la COOPEC, et constituent l'élément-clé qui distingue la COOPEC des autres institutions financières. Les bénévoles donnent généreusement de leur temps et de leur énergie, afin de permettre à la COOPEC de devenir un lieu idéal où emprunter et épargner, rendant possible le mouvement coopératif d'épargne et de crédit.
Desjardins est considéré comme fondateur des coopératives d'épargne et de crédit telles que nous les connaissons aujourd'hui. Le mouvement Desjardins est conçu comme une synthèse originale des différents modèles d'institutions d'épargne et de crédit européennes.
Du Canada, les COOPEC gagnèrent l'Australie, les Etats-Unis d'Amérique et l'Afrique. Les associations d'épargnes et de crédit prennent différentes dénominations en Afrique :

- Caisse populaire d'épargne et de crédit ;
- Caisse rurale d'épargne et de crédit ;
- Coopérative d'épargne et de crédit ;
- Coopérative de crédits mutuels ou mutuels de crédit ;
- Banques populaires, etc.

Malgré ces différentes dénominations, elles poursuivent toutes les mêmes objectifs, à savoir : regrouper les gens d'une même communauté qui veulent mettre ensemble leurs économies, et les gérer ensemble.

2. Institution de Micro-Finance (IMF) stricto sensu

Est une personne morale qui exerce à titre de profession habituelle, l'activité de microfinance. Les IMF proprement dites sont des personnes morales qui, quelle que soit leur forme juridique, réalisent à titre de profession habituelle les opérations de microfinance. Les institutions de microfinance effectuent les opérations suivantes : la

collecte de l'épargne et l'octroi de microcrédit. Elles effectuent également les services connexes, dont notamment la location de coffre-fort, les actions de formation et de conseil à leur clientèle, le transfert de fonds et la distribution de la monnaie électronique.
Les institutions de microfinance sont réparties en deux catégories, à savoir : les entreprises de microcrédit et les sociétés de microfinance. Les entreprises de microcrédit effectuent des opérations de crédit direct en faveur de leurs clients. Elles ne collectent pas l'épargne du public. En revanche, les sociétés de microfinance collectent l'épargne du public et octroient des crédits à leurs clients.

3. Distinction entre les COOPEC et les IMF proprement dites

Les COOPEC et les IMF stricto sensu effectuent toutes les opérations de microfinance, mais certaines différences existent entre ces deux institutions. En effet, les COOPEC, en plus des opérations microfinancières, elles effectuent également toutes les opérations qu'effectue une banque classique. Les principales différences sont présentées dans le tableau 10 ci-après.

Tableau 10 : Quelques différences entre les COOPEC et les IMF proprement dites

Codes	COOPEC	IMF proprement dites
1	Les membres participent au capital	Le capital provient des actionnaires ou des bailleurs de fonds
2	Au moins 30 membres pour créer une COOPEC	Trois actionnaires peuvent déjà créer une IMF
3	Les crédits octroyés proviennent de l'épargne des membres	Les crédits proviennent des actionnaires ou des bailleurs de fonds
4	Se basent sur le système mutualiste ou de crédit mutuel	Se basent sur le système solidaire ou de crédit solidaire.
5	Epargne obligatoire.	L'épargne n'est pas une exigence, car certaines IMF ne collectent pas l'épargne.
6	Agents recrutés obligatoirement	Agents sont obligatoirement des clients.
7	Octroi également des montants élevés avec une longue échéance pouvant dépasser 12 mois	N'octroi que des microcrédits de courte durée, de fois hebdomadaire

4. Clients de la microfinance

Les clients de la microfinance ont typiquement des revenus peu élevés, et exercent souvent une activité indépendante dans l'économie informelle, une situation qui leur ferme généralement les portes des banques et des autres institutions financières officielles. Ils tiennent de petits magasins ou de petites échoppes, ou vendent des objets d'artisanat qu'ils fabriquent eux-mêmes. Dans les zones rurales, il s'agit principalement de petits fermiers et de personnes qui vendent ou transforment des produits agricoles ou des biens.
Les clients de la microfinance vivent souvent juste en dessous ou au-dessus du seuil de pauvreté, lequel correspond communément à un revenu de 1,25 dollar par jour, les femmes constituant la majorité des emprunteurs.

2.2.5.2 La microfinance informelle

Les travaux concernant le système financier dans les pays en développement ont mis l'accent sur l'existence des secteurs financiers parallèles, désignés souvent par le terme finance informelle. Ces secteurs de finance informelle ont reposé sur des relations entre les personnes, et ont consisté plutôt à épargner. La finance informelle peut être alors définie comme étant l'ensemble des transactions financière qui ont lieu au-delà des règlements bancaires et des autres secteurs financiers.
En revanche, Ndeye (2004) définit la finance informelle comme « un des mécanismes non officiels, mais originaux, qui permettent de faire circuler la monnaie à travers des créances et des dettes. Elle est constituée de l'ensemble des transactions effectuées en marge des règles établies par des intermédiaires non agréés et non enregistrés ». Selon Lelart (2006), le concept de finance informelle met l'accent sur l'absence de formes : ce sont des pratiques d'épargne et de crédit qui ne sont pas obligées de respecter un cadre ou un schéma fixé. Les relations entre le débiteur et le créancier reposent sur la confiance, elles sont personnelles, non seulement parce que les partenaires se connaissent, mais parce qu'ils font affaire comme ils l'entendent. Et si on a souvent l'impression que les uns et les autres procèdent de la même façon, ils décident toujours tout eux-mêmes, au moindre détail près. Deux sortes de pratiques dominent : les pratiques individuelles et les pratiques collectives.

A. Les pratiques individuelles

Dans beaucoup de pays du Sud, la thésaurisation se fait encore en nature : du bétail, des bijoux… Elle se fait de plus en plus en monnaie. Comme les banques ne sont accessibles qu'à une fraction de la population, c'est donc la monnaie fiduciaire, les billets de la banque centrale, qui est la plus utilisée. Mais, les billets peuvent être perdus ou volés. La sécurité de l'argent est un souci pour beaucoup, elle est un service que des personnes peuvent rendre, jusqu'à en faire parfois leur spécialité. C'est ainsi que l'on distingue aussi plusieurs sortes des pratiques individuelles.

1. Les gardes-monnaie

Les habitants d'un quartier ou d'un village peuvent mettre leur épargne en sécurité auprès d'une personne en qui ils ont toute confiance. Ça peut être un chef religieux, un ancien fonctionnaire, le responsable du quartier, une commerçante qui a bien réussi dans ses affaires, l'ancienne institutrice de l'école… Ces « gardes-monnaie », comme on les appelle, sont toujours des personnes bien connues, dont l'intégrité ne saurait être mise en doute, et en lesquelles les habitants ont une totale confiance. Ils s'engagent à restituer ces versements ponctuels, qui ne sont jamais réguliers, sur simple demande. Mais, il peut arriver qu'ils ne puissent rendre cet argent que pour un usage convenu au préalable, ou qu'ils se réservent le droit d'apprécier cet usage au cas par cas. Ils ne versent pas d'intérêt sur ces dépôts, et ils ne sont pas rémunérés pour le service de sécurité qu'ils rendent de cette façon.
Les garde-monnaie peuvent conserver de l'argent, en s'obligeant par conséquent à se protéger suffisamment : il arrive même que le déposant souhaite récupérer les mêmes billets que ceux qu'il avait remis. Ils peuvent le déposer à la banque dont ils peuvent ainsi devenir un client important et régulier, voire un auxiliaire dûment rémunéré. Ils peuvent l'utiliser dans leurs propres affaires, en faisant en sorte toutefois de pouvoir rembourser à la demande. Ils peuvent enfin le prêter à d'autres personnes, bien sûr, que celles qui ont déposé, et sans doute, avec intérêt. Il s'agit alors d'une activité bancaire, avec ses risques (l'insolvabilité) et ses contraintes (la liquidité).

2. Les tontiniers ou banquiers ambulants

Les habitants d'un village ou d'un quartier peuvent aussi utiliser les services d'une personne de confiance pour garder leur épargne d'une autre façon. Les versements sont cette fois identiques, effectués d'une façon régulière, et ils sont remboursés en totalité à une date connue d'avance. Ce n'est pas l'épargnant qui se déplace, mais le collecteur. On l'appelle le « tontinier », qui passe dans les rues ou va au-devant des commerçants à la fin du marché, il remet à chacun de ses clients une carte établie à son nom, précisant son adresse, comportant quelquefois sa photo, et contenant autant de cases que de versements prévus. A chaque versement, il coche une case, et quand l'échéance prévue est arrivée, et que normalement toutes les cases ont été remplies, le collecteur rembourse à ses clients les versements que chacun a effectués, moins un qu'il garde pour lui et qui est la rémunération du service de sécurité qu'il a rendu à chacun.
La carte la plus répandue contient 31 cases qui correspondent à autant de versements quotidiens. Mais, la formule est très souple : les versements peuvent commencer le premier jour du mois ou à tout moment. Les remboursements interviennent à la fin du mois quand tous les versements ont été effectués, ou plutôt par anticipation, quand le client le demande : il perdra de toute façon la valeur d'un versement, quelle que soit la somme déposée.

B. Les pratiques collectives

Ces pratiques collectives sont les tontines. L'expression est née en France : un banquier napolitain nommé Tonti a vendu à Louis XV l'idée d'emprunter de l'argent sans le rembourser, en versant seulement chaque année la totalité de l'intérêt correspondant aux seuls souscripteurs survivants, jusqu'à ce que le dernier décède. Il y a eu beaucoup de tontines publiques en France, avant et pendant la Révolution. Les tontines privées ont pris la relève, comme une forme d'assurance sur la vie. Les fonds collectés augmentaient et des intérêts étaient répartis, à l'échéance convenue, entre les survivants. Aujourd'hui encore, en droit français, la clause de tontine signifie qu'un bien appartenant à plusieurs personnes reviendra aux survivants au décès de l'un d'eux.
Comment l'expression s'est-elle trouvée utiliser aujourd'hui un peu partout dans les pays en voie de développement pour caractériser une

opération tout à fait différente ? Il semble que des juristes français au début du 19ème siècle aient appelé ainsi un contrat pratiqué en Indochine, la « *houei* », par lequel, plusieurs personnes décidaient d'épargner ensemble et de se prêter cet argent les unes les autres. Le mot a été ensuite utilisé pour caractériser une pratique semblable observée, non seulement dans d'autres pays d'Asie, mais également en Afrique, et chez les populations noires d'Amérique centrale, voire du Sud.

1. Les formes courantes de tontines dites mutuelles

Bien avant que l'expression ne soit utilisée en Afrique, les paysans avaient l'habitude de travailler tous ensemble dans le champ de chacun d'eux, à tour de rôle. Aujourd'hui encore, au Bénin, une appellation locale de la tontine, « *adjalou* » signifie travailler dans les champs. Une autre, « *gbé* », signifie creuser une tombe, parce que la famille du défunt est aidée pour ce faire par tout le village.
Mais, c'est surtout en argent que, le plus souvent, « on fait tontine ». Un certain nombre de personnes, par exemple douze, se réunissent régulièrement, par exemple chaque mois, douze fois de suite, et déposent chacune la même somme chaque fois : c'est la cotisation. Les sommes sont donc disponibles chaque mois, que les douze participants vont « lever » tour à tour. A la fin de l'année, chacun aura versé douze fois la même somme, et reçu une fois la cotisation de tout le monde. Le premier est le plus avantagé, il a remboursé pendant les onze mois qui suivent. Les autres le sont de moins en moins, le dernier pas du tout, puisqu'il devra attendre le douzième mois pour récupérer tout ce qu'il a versé. Ces « associations rotatives d'épargne et de crédit » se caractérisent principalement par l'importance des relations personnelles qui unissent les participants. D'une part, ils se connaissent tous au sein du groupe. Ils appartiennent au même milieu, au même clan, ils habitent le même quartier. Ils décident entre eux d'accepter de nouveaux membres. D'autre part, ils se réunissent chez l'un ou l'autre à tour de rôle, car, connaître le domicile de chacun renforce encore la cohésion du groupe.

2. Les formes élaborées de tontines

Du fait des relations personnelles entre les participants, il arrive souvent que la tontine soit utilisée pour se prémunir contre toutes sortes de

besoins de nature familiale. En même temps que sa mise, chacun verse un complément à une caisse de secours qui lui garantira un versement, souvent fixé à l'avance, en cas de décès, de naissance ou de mariage, et qui pourra l'aider en cas de maladie. L'importance de ces cotisations complémentaires, naturellement moins élevées que les mises principales, permet de caractériser la vocation sociale de chaque tontine. A la fin du cycle, les participants « cassent la tirelire » en se partageant ce qui reste, « la cagnotte » : le plus souvent, ils s'en servent pour organiser une fête ou se réjouir ensemble.
La tontine peut aussi être assortie d'une caisse de prêts, alimentée par le premier versement qui n'est donc pas restitué aussitôt, ou par un versement complémentaire chaque fois. Il arrive aussi qu'une fraction seulement des cotisations soit reversée à chaque tour. Ces fonds, auxquels peuvent s'ajouter les intérêts de retard, payés par certains, sont prêtés pour quelques mois aux membres ou aux non-membres, à un taux d'intérêt qui est souvent de 10% par mois pour les premiers, de 15 à 20% pour les seconds.

3. Les Mutuelles de Solidarité

Une Mutuelle de Solidarité (MUSO) est un groupe de personnes qui se connaissent, et décident ensemble de cotiser, en vue d'atteindre certains objectifs communs, ou de transformer les sommes collectées en crédit rotatif entre les membres. La Mutuelle de Solidarité diffère de la tontine dans la mesure où elle constitue un capital avant de prêter, et octroie des crédits en fonction des besoins de chacun.
La Mutuelle de Solidarité n'est pas seulement un lieu de cotisation ou d'octroi de petits crédits ; elle est aussi un lieu de vie, un lieu où les membres réfléchissent sur leur environnement, sur la production, sur l'évolution de la commercialisation. Les MUSO se différencient largement des autres structures de microcrédit : elles n'ont que peu de rapport avec le système bancaire traditionnel.

2.2.6 Les produits financiers de la microfinance

2.2.6.1 Le microcrédit

Le terme microcrédit désigne un dispositif qui consiste à offrir des microprêts à des personnes très pauvres, qui ne remplissent pas les conditions qui leur permettent de se financer auprès du circuit bancaire traditionnel, afin de leur permettre de conduire des activités productives

ou génératrices de revenus, et les sortir de la misère. Ce terme peut encore désigner des transactions en nature ou en espèce, effectuées en contrepartie d'une promesse de remboursement dans un délai généralement convenu par avance. Le cédant devient alors un créancier et le cessionnaire un débiteur. Crédit et dette sont donc des termes qui décrivent une même opération considérée de deux points de vue opposés. Le microcrédit est le plus important des produits financiers proposés par la microfinance.
Il s'agit d'un système d'aide sociale qui consiste à attribuer des prêts de très faibles montants à des entrepreneurs ou des artisans considérés comme insolvables par le système bancaire formel, ne pouvant donc pas avoir accès à des prêts bancaires classiques. Il a essentiellement tendance à se développer dans des pays pauvres, afin de favoriser leur économie par la concrétisation de microprojets. A l'origine du microcrédit était l'usure. Dans le passé comme de nos jours, dans les villes comme dans les campagnes, les commerçants accordaient de petits crédits à ceux qui ne pouvaient pas joindre les deux bouts. Mais peu à peu, ces prêteurs furent contestés, notamment en occident, à cause des intérêts astronomiques qu'ils demandaient. Les prêtres prirent des initiatives visant à créer de petites institutions de microcrédits.
Il y a plusieurs types de microcrédits :

- ✓ **Le Microcrédit professionnel** est un prêt destiné à financer une activité économique, les revenus remboursant le crédit.
- ✓ **Microcrédit social ou à la consommation** : prêt destiné à l'acquisition d'un bien de consommation ou d'une formation, dans le but d'améliorer les conditions de vie ou de travail des emprunteurs.

Ainsi, on peut distinguer également plusieurs sortes de microcrédits :

1. Le microcrédit solidaire

Il consiste à s'appuyer sur un mécanisme de groupe composé généralement de cinq emprunteurs, afin de compenser l'absence de garanties matérielles de ces individus. Chacun se porte « caution solidaire » pour les autres dans le sens où si l'un des membres ne rembourse pas son prêt, les autres doivent le faire pour lui. C'est donc au groupe lui-même qu'est transféré le risque de non-remboursement. Bien que les prêts soient accordés personnellement, les sanctions en cas de non-remboursement, quant à elles, concernent le groupe. Elles sont bien souvent sous forme de suspension de nouveaux prêts. La

pression sociale fait donc que chacun rembourse, car aucun ne veut être celui qui pénalise les autres, et ils ont alors tout intérêt à surveiller et écarter eux-mêmes ceux qui sont susceptibles de ne pas pouvoir rembourser : les emprunteurs à hauts risques.
Ce principe de responsabilité collective du groupe et cette sélection des membres par le groupe lui-même résolvent le problème d'asymétrie d'information de la banque, c'est-à-dire, son manque de renseignements sur les emprunteurs, et diminuent les risques de sélection adverse, d'aléa moral, le coût de l'audit, et permet un meilleur respect des contrats. Ce mécanisme de caution solidaire permet un très fort taux de remboursement (proche de 100%), et une baisse des coûts de transaction connus pour être importants.
En effet, le fait que ce soient les membres du groupe qui sélectionnent les emprunteurs, évite à l'établissement de crédit toutes recherches et analyses coûteuses pour connaitre des informations sur ses clients, et ainsi lui permet d'économiser les coûts d'instruction d'un dossier. L'autre avantage du microcrédit solidaire est son rôle positif sur la société, avec ce mécanisme de solidarité qui permet de créer et développer des liens, voire des amitiés au sein du groupe de caution solidaire. Ce produit financier a vu le jour à la fin des années 1970 et au début des années 1980. Il s'est développé avec la Grameen Bank.

2. Le Microcrédit individuel

Ici, le prêt est accordé à une personne, et non plus à un groupe, en se basant sur sa capacité à présenter des garanties de remboursement, et un certain degré de sécurité de l'institution lui octroyant le crédit. Ce type de crédit a un but précis, il n'est pas possible d'en faire un usage libre comme le crédit solidaire. Il sert à financer un projet en particulier. C'est pourquoi, contrairement au crédit solidaire, l'analyse des dossiers de crédit et les garanties présentées par le client relèvent de la plus haute importance. L'IMF est alors directement en charge de la sélection de ses emprunteurs, elle ne repose plus sur un mécanisme d'auto-sélection. L'octroi de ce crédit dépend donc deux choses : la capacité de remboursement du client et ses garanties.
Concernant la capacité de remboursement, elle dépend de la pertinence de son projet d'investissement. Il est nécessaire que ce projet soit rentable, en d'autres mots, que son taux de rentabilité soit supérieur au taux d'intérêt du prêt. Pour ce qui est des garanties à apporter, la garantie matérielle est indispensable. Elle permet une sécurité à

l'établissement de crédit en cas de non-remboursement, n'ayant pas de l'exercice d'une pression sociale ici. Mais, les clients des PED ne possèdent pas ce genre de garanties. Le développement d'autres formes de garanties par les institutions s'est alors imposé. L'on peut alors distinguer : des garanties physiques, des garanties morales, des incitations au remboursement.
Mais, le crédit individuel n'a pas que des avantages, il connait aussi certaines limites. En effet, la première et pas de moindre, est le fait qu'il ne s'adresse pas aux personnes les plus démunis, à cause des garanties qui constituent une condition à l'octroi du prêt. De plus, la productivité des agents de crédit individuel est nettement inférieure à celles des agents de crédit solidaire, mais cette limite n'est pas vraiment à prendre en compte, car cette différence de productivité est compensée par le montant plus élevé des prêts octroyés.

2.2.6.2 L'épargne

Fonds autres que les cotisations et contributions obligatoires que les institutions de microfinance recueillent auprès de leurs membres, avec le droit d'en disposer dans le cadre de leurs activités, à charge seulement de les restituer à la demande desdits membres.
L'argent qui passe dans les tontines est une épargne que chacun constitue librement, et grâce à laquelle chacun pourra, le moment venu, satisfaire tel ou tel de ses besoins. C'est l'accumulation de l'argent qui permettra aussi bien de financer des projets que d'aider l'un des membres en difficulté, ou de participer aux dépenses d'un membre.
Bien que souvent oubliée, l'épargne constitue un service financier essentiel, et ce, au même titre que l'accès au crédit, les fonds propres étant une des ressources financières envisageables par l'entreprise ou le ménage. Ces derniers doivent faire un arbitrage entre épargne et crédit, et leurs choix se tournent vers l'épargne sur la base de certains critères. Le premier, et pas de moindre, étant la sécurité. Le manque de sécurité peut entrainer des pertes. L'accessibilité aux services d'épargne est également importante et nécessaire, notamment dans les zones rurales où, bien souvent, la banque ou l'IMF ne se trouve pas à proximité. C'est pourquoi, certaines IMF ont créé des services de collecte d'épargne sur les principaux marchés d'une zone rurale, ou des services dits « à domicile », par l'intermédiaire d'agents.

Plusieurs sortes d'épargnes sont à distinguer :

1. L'épargne obligatoire

Ceci est une des conditions du microcrédit solidaire, elle se caractérise par des versements obligatoires que doivent réaliser les bénéficiaires d'un crédit. Son montant dépend donc de celui du prêt accordé, et doit être versée avant l'octroi du crédit, ou au même moment. Elle est restituée à l'emprunteur une fois son prêt remboursé. Mais, les crédits étant souvent renouvelés, les clients n'en voient que rarement la couleur, et cette liquidité reste théorique. En effet, cela représente donc pour les individus, une contrainte et surtout, un coût d'accès au crédit, plutôt qu'une ressource financière.

2. L'épargne volontaire bloquée

L'épargne volontaire bloquée est le deuxième type de produit d'épargne développé par les IMF. C'est une épargne versée sur un compte bloqué pendant une durée déterminée, pouvant aller de quelques semaines à plusieurs années. Ce compte doit être régulièrement rémunéré.

3. Les dépôts à vue et les comptes semi-liquides

Il s'agit des comptes d'épargne les plus liquides, ils n'ont aucune contrainte, les clients y déposent et y retirent de l'argent comme bon leur semble. Cependant, les institutions de microfinance imposent souvent des limites dans le nombre et le montant de retrait. En effet, des mouvements de retraits trop nombreux, surtout pour des petites sommes, font subir à l'IMF des coûts de gestion trop élevés. De plus, autre désavantage pour l'IMF, les dépôts à vue ne peuvent pas être recyclés en crédits, puisqu'ils n'ont pas de durée déterminée et peuvent donc être retirés à n'importe quel moment.

4. L'épargne informelle

Des travaux économiques ont permis de mettre en évidence la dualité de l'économie africaine, formant deux sphères structurées selon des logiques autonomes :

- La sphère de l'officiel gravitant autour de l'Etat, et représentant les grandes entreprises industrielles ou commerciales et les administrations ;
- La sphère de l'informel regroupant tout le reste de l'activité productrice urbaine, l'artisanat et le petit commerce.

Comme l'on peut distinguer pour l'activité productive, l'officiel et l'informel, nous reconnaîtrons aussi deux types d'épargne. En matière

de financement, l'officialité est représentée par les établissements de crédit bancaires, institutions s'identifiant aux pouvoirs publics, qui gèrent sur leurs comptes une épargne à vue ou à terme.
Mais, parallèlement s'épanouissent en dehors de tout cadre légal, des circuits informels de collecte de l'épargne privée. Ces circuits sont contrôlés par les agents eux-mêmes, parfois par le biais de groupements, qui définissent leurs règles particulières de collecte et d'allocation de ressources.
La structure bancaire, performante dans le financement de l'activité publique et parapublique, est réputée être inadaptée dans ses procédures au financement de l'activité informelle. Ainsi, deux sphères nettement distinctes doivent être dégagées : au secteur officiel un financement bancaire, au secteur informel un financement informel.

2.2.6.3 Les nouveaux produits financiers

Ils ont été développés depuis que le secteur de la microfinance est arrivé en maturité. En effet, il y a un besoin d'élargir la gamme des produits, les besoins des clients étant en évolution. Voici quelques produits financiers :

1. La microassurance

La microassurance est un produit d'assurance à destination des plus pauvres. Les services les plus courants sont les assurances santé, invalidité, décès, catastrophes naturelles et récoltes, mais qui sont encore peu répandus dans les pays en développement.
La microassurance s'adresse bien évidemment aux plus pauvres qui sont exclus des systèmes de protection sociale. Elle leur permet de se protéger des risques auxquels ils peuvent être exposés, là où l'épargne et le microcrédit ne suffisent plus. Grâce à un grand nombre de personnes assurées, qui mutualisent régulièrement de petites sommes, d'importants montants engagés par les familles peuvent être couverts. L'IMF, elle, en tire un double avantage : elle satisfait ses clients et diminue leur risque d'impayés, leur vulnérabilité étant réduite. Mais, la mise en place de ce produit est complexe, car il est souvent interdit, selon les pays, aux IMF de réaliser des activités d'assurance, et elles ne disposent pas des compétences et des capacités financières que cela impose.

2. Le crédit habitat

Ce produit financier s'occupe du financement de l'habitat des populations pauvres. Mais, il connait beaucoup de limites. En effet, les prêts à l'habitat s'avèrent être des prêts de longue durée et ne générant pas directement de revenus. Le ménage se voit donc prélever une partie de son revenu, afin de rembourser ce crédit.

Quant aux IMF voulant proposer ce genre de crédit, elles doivent être capables de proposer des crédits de très long terme, et donc, de disposer des capitaux nécessaires. Malheureusement, c'est rarement le cas. Et plus la durée du prêt est longue, plus le risque de non-remboursement augmente. Concernant les garanties, elles sont dures à mettre en place, car les habitants des pays concernés ne disposent pas de titres de propriétés, donc les IMF ne peuvent pas appliquer le mode de garantie classique du crédit habitat qui est le nantissement de l'habitat financé. De plus, celui du microcrédit solidaire n'est pas applicable non plus, en raison de la plus grande importance des montants et de la plus longue durée de ce type de crédit. Quant au taux d'intérêt, il est beaucoup plus bas dans le domaine de l'habitat.

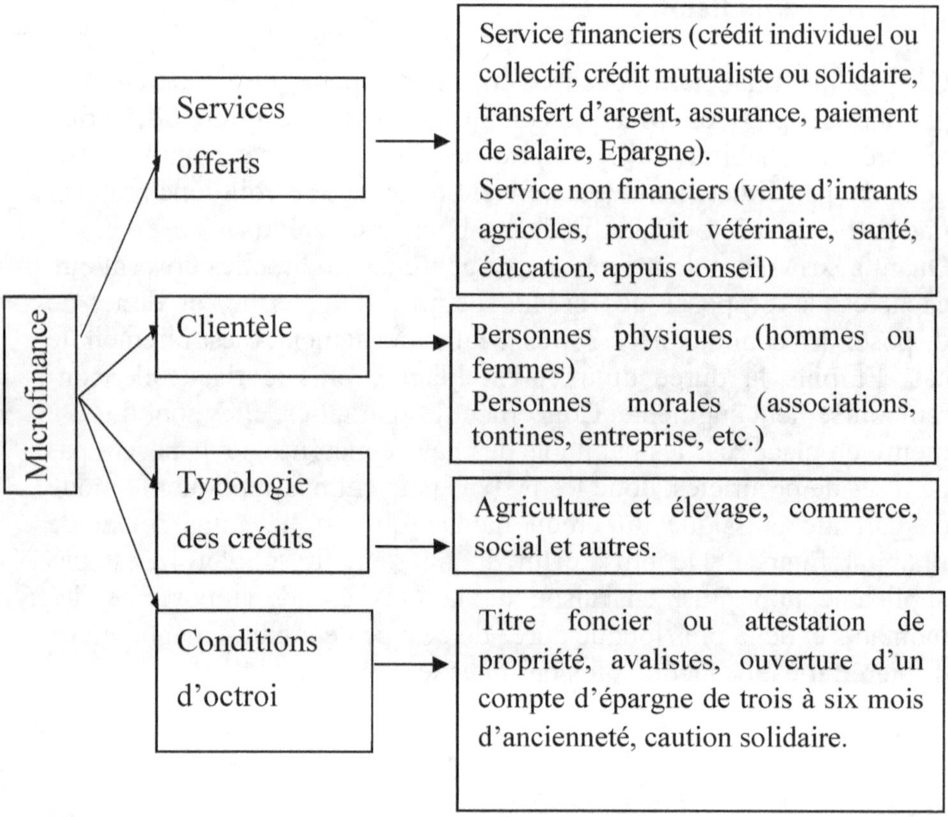

Figure 4 : Dimensions et variables simplifiées du concept de la microfinance.

2.3 Pauvreté

2.3.1 Le concept de pauvreté

La première difficulté de la recherche dans l'étude du phénomène de la pauvreté est de trouver un consensus qui permet de dégager une définition universelle ou normalisée de la notion de pauvreté. Les opinions divergent sur la définition et la compréhension de la pauvreté et ses causes.

Le terme pauvreté est certes utilisé dans des acceptions assez diversifiées, mais il y a certaines associations claires qui contraignent la nature de ce concept : on n'est pas entièrement libre de définir la pauvreté de n'importe quelle façon. Fatimata (2009) indique que la définition de la pauvreté suscite un débat vif entre les acteurs de la

microfinance. Certains ont adopté une définition monétaire, d'autres ont opté pour une définition plus socio-économique.
A titre historiquement lointain, le terme « pauvre » vient du latin *pauper* et du grec *pénes* (pauvre) et *penia* (pauvreté), vocables apparentés à *peina* (faim), et d'une façon lointaine à *ponos* (douleur) et *poiné* (châtiment, peine). Nous constatons donc que la pauvreté fait allusion à une situation de peine, de douleur, ou encore de famine et de châtiment.
La pauvreté est un concept polémique qui divise les experts. L'approche la plus commune est basée sur le niveau de revenu ou sur le niveau de consommation. Est considérée comme pauvre, toute personne dont le revenu ou la consommation se situe en dessous d'un certain niveau de vie minimum appelé "seuil de pauvreté". Il peut varier dans le temps, et selon le contexte géographique et social. Malgré les limites de l'approche monétaire, il est souvent admis que le pauvre est celui qui a un revenu inférieur à 1 dollar US par jour.
Cependant, Sen (2012) dans son ouvrage sur « Repenser l'inégalité », souligne que le concept pertinent qui définit la pauvreté doit être l'inadéquation pour assurer les capabilités minimales acceptables et non de la faiblesse de revenu, indépendamment des caractéristiques personnelles. Et ce manque de capabilité est dû à des moyens économiques inadéquats. Si l'on choisit d'exprimer la pauvreté dans l'espace de revenu, il faudra établir une liaison de cause à effet entre exigences des capabilités minimales et des revenus nécessaires. Les fonctionnements pertinents pour cette analyse pour aller d'accomplissements physiques élémentaires comme être bien nourri, être convenablement vêtu et logé, échapper à la morbidité évitable, etc., jusqu'à d'autres de nature sociale et plus complexes, comme prendre part à la vie de la communauté, pouvoir se montrer en public sans honte, etc.
En 1990, le PNUD avait développé l'Indice du Développement Humain (IDH) dans son rapport mondial. La pauvreté ne se caractérisait plus uniquement par le revenu, mais également par un faible niveau d'instruction, une santé précaire ou un vieillissement précoce. Bien que l'IDH semble être un pas important dans la définition de la pauvreté, il ne traduit pas les disparités entre les genres. C'est ainsi qu'en 1991, le PNUD va tenter de pallier cette insuffisance avec la mise au point d'Indicateur Sexospécifique du Développement Humain (ISDH).
Le rapport de 1998 va consacrer les réflexions d'Amartya Sen sur la pauvreté avec l'introduction du concept « pauvreté humaine » : la

pauvreté se définit maintenant comme la négation des opportunités de choix les plus essentielles du développement humain : longévité, santé, créativité, mais aussi les conditions de vie décente, la dignité, le respect de soi même et des autres, l'accès à tout ce qui donne valeur à la vie.
Cependant, comme soulevé précédemment, la pauvreté est avant tout une privation des capacités élémentaires. Néanmoins, cette définition ne vise en aucune manière à nier l'évidence : un faible revenu constitue bien une des causes essentielles de la pauvreté, pour la raison que l'absence de ressources est la principale source de privation des capacités d'individus. Sur la base de cette approche, ont été développés des concepts multidimensionnels de la pauvreté.
En revanche, la pauvreté n'est plus comme une fatalité inscrite dans la nature des choses, mais plutôt comme un processus. Quand les personnes sont dépossédées de leurs moyens de production, quand elles ne peuvent pas recourir aux instruments de leur culture, et lorsqu'elles ne sont pas reconnues dans leur identité, elles perdent alors toute autonomie et ne sont plus capables de se situer dans l'existence. C'est pourquoi, l'on parle plutôt d'appauvrissement et des mécanismes qui créent la pauvreté en chacun d'entre nous. La pauvreté n'est pas seulement une affaire d'argent ou de revenu moyen inférieur à une norme quelconque, c'est aussi un état de dévalorisation de soi, de son milieu, de sa culture, et de ses croyances : on est pauvre parce qu'on se sent comme tel, et que les autres paraissent vous désigner ainsi. Bouyo (2012) distingue multiples visages de la pauvreté, entre autres :

- ✓ La pauvreté économique détruit les capacités des individus et des groupes à subvenir à leurs besoins, et à ceux des personnes qui sont à leurs charges. Le temps est alors occupé par le travail de survie et l'on exclut la production.
- ✓ La pauvreté relationnelle désintègre le tissu social et isole les individus. Le sentiment d'appartenir à une communauté proche de soi et sensible à son bien-être disparaît. Chacun se découvre orphelin social.
- ✓ La pauvreté sociale dévalorise les savoirs et les savoir-faire populaires, disqualifiant ainsi les capacités de recherche et d'innovation sociale.
- ✓ La pauvreté symbolique disqualifie les capacités des personnes et des groupes à s'expliquer le monde, et à se situer en intégrant l'ensemble des savoirs.

La figure 5 indique les dimensions et variables simplifiées du concept de la pauvreté.

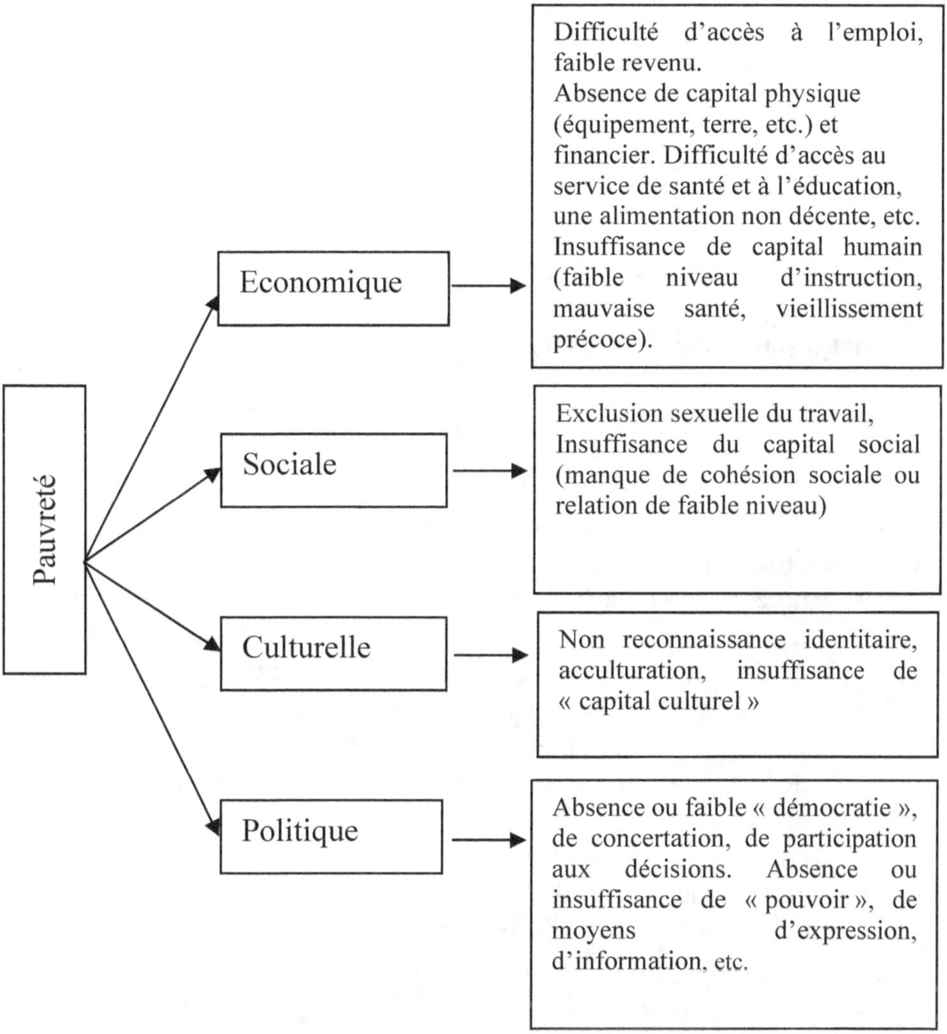

Figure 5 : Dimensions et variables simplifiées du concept de la pauvreté.

2.3.2 Profil de pauvreté (ou forme de pauvreté)

La pauvreté est souvent abordée en fonction d'autres concepts, comme ceux de la croissance, du bien-être, de l'exclusion ou encore de l'équité. Il n'est donc pas aisé d'identifier clairement les éléments clés du concept de pauvreté, d'autant plus qu'il ne se définit généralement que par rapport à son contexte spécifique, qu'il soit mondial, régional, national ou encore local. C'est pourquoi, il est nécessaire de comprendre les concepts ayant trait, de loin ou de près, à la pauvreté, et utilisés dans la littérature. Ces concepts sont entre autres : la pauvreté absolue et relative, l'indicateur de pauvreté humaine (IPH), les seuils de

pauvreté destinés aux comparaisons internationales, les seuils de pauvreté nationaux, l'indicateur de développement humain (IDH), la dimension sociale d'ajustement (DSA), l'acuité ou profondeur de la pauvreté, etc.
Principalement, l'on distingue deux formes de pauvreté : la pauvreté monétaire et la pauvreté non monétaire.

2.3.2.1 La pauvreté monétaire

Il s'agit de définir le seuil de la pauvreté selon le revenu des individus. Cette mesure peut être relative ou absolue.

1. **La pauvreté monétaire relative**

C'est la situation d'une personne (ou d'un ménage) dont le niveau de vie se trouve inférieur au seuil de pauvreté du pays dans lequel il se trouve, l'empêche de vivre une vie normale et de participer aux activités économiques, sociales et culturelles courantes. Elle dépend ici du niveau de vie de l'ensemble de la population. Le seuil généralement pris en compte est situé à 60% de la médiane des niveaux de vie, mais il existe d'autres seuils (40%, 50% ou encore 70%).
Les pauvres ne seront alors pas les mêmes selon les pays. Par exemple, en France, un individu vivant avec 600 euros de revenus disponibles par mois (donc, hors impôts et prestations sociales) sera considéré comme pauvre, car vivant sous le seuil de pauvreté, évalué à 795 euros par mois en 2009 (si l'on prend un seuil à 50% de la médiane) d'après l'observatoire des inégalités. Alors qu'un habitant d'un pays en développement, quel qu'il soit, vivant avec 600 euros par mois sera, lui, considéré comme riche.

2. **La pauvreté monétaire absolue**

La pauvreté monétaire peut aussi être définie avec une référence absolue. Il s'agit alors de la situation d'un individu qui ne dispose pas du revenu suffisant pour disposer des biens de première nécessité qui assurent sa survie. Ce seuil dépend du coût moyen de toutes les ressources entrant dans la vie d'un individu en un an, il est donc différent selon les pays. C'est en fait une évaluation de la dépense minimale pour assurer un niveau de vie tolérable. Il est désormais fixé à 1,25$ par jour et par personne, donc toutes les personnes vivant avec moins de 1,25$ par jour sont donc considérées comme pauvres.

Afin de pouvoir effectuer des comparaisons internationales, ce seuil est exprimé en parité de pouvoir d'achat (PPA), car les différentes monnaies n'ont pas les mêmes valeurs, donc pas les mêmes pouvoirs d'achat, et les biens considérés comme nécessaires à la survie ont des prix différents selon les pays. Pour cela, on considère un « panier de référence » normalisé, contenant tous les produits et services permettant un niveau de vie tolérable, le dollar américain étant la monnaie de référence. La PPA permet donc, plus généralement, de mesurer quelle quantité une devise permet d'acheter de biens et services (constitutifs du panier).
L'Afrique Subsaharienne est la partie du monde qui est la plus pauvre, par rapport à sa population totale, étant donné que dans la majorité de ces pays, le taux de pauvreté de la population est de 50% au minimum. Mais, si on regarde les chiffres, ce n'est pas en Afrique Subsaharienne qu'il y a le plus de pauvres, mais en Asie, avec des concentrations de près de 675 millions, comme en Inde. Dans ce pays, la part de la population vivant avec moins de 1,2 5$ par jour est seulement comprise entre 20 et 50%.

2.3.2.2 La pauvreté non-monétaire

Elle traduit le côté multidimensionnel de la pauvreté, dans le sens où elle ne se focalise plus seulement sur l'aspect revenu, mais prend en compte le bien-être dans sa totalité, introduisant plusieurs composantes. C'est donc plus une conséquence, un résultat de la pauvreté monétaire. Il existe alors deux sortes de pauvreté non monétaire : la pauvreté des conditions de vie, et la pauvreté humaine.

1. **La pauvreté des conditions de vie**

Elle fait référence aux besoins élémentaires pour mener un train de vie tolérable, et certaines personnes ont des difficultés à satisfaire, tels que l'accès à l'eau potable, à un logement décent, à un centre de santé, etc. Ces besoins sont différents selon les pays, ceux pris en compte pour les pays développés sont plus évolués que ceux pour les PED. La pauvreté des conditions de vie varie alors selon le milieu de résidence, la région, le sexe, l'âge, etc.

2. La pauvreté humaine

C'est une notion développée par le PNUD qui caractérise la satisfaction des besoins essentiels ou l'évolution du développement humain durable. Il a alors mis en place un indicateur de pauvreté humaine, l'IPH, afin de pouvoir la mesurer. Il donne le pourcentage de pauvreté humaine du pays considéré.
Il en existe deux, l'IPH-1 et l'IPH-2, respectivement pour les pays en développement, et pour les pays riches. Tous les deux se calculent donc à partir des indicateurs suivants exprimés en pourcentage : l'indicateur de longévité ou encore l'espérance de vie (P1), l'indicateur d'instruction (P2) et celui des conditions de vie (P3). A la différence que l'IPH-2 compte un quatrième indicateur : celui de l'exclusion (P4). Bien évidemment, ces indicateurs ne sont pas pris au même niveau, ils sont chacun adaptés au type de pays. La figure 6 résume les deux formes de pauvreté.

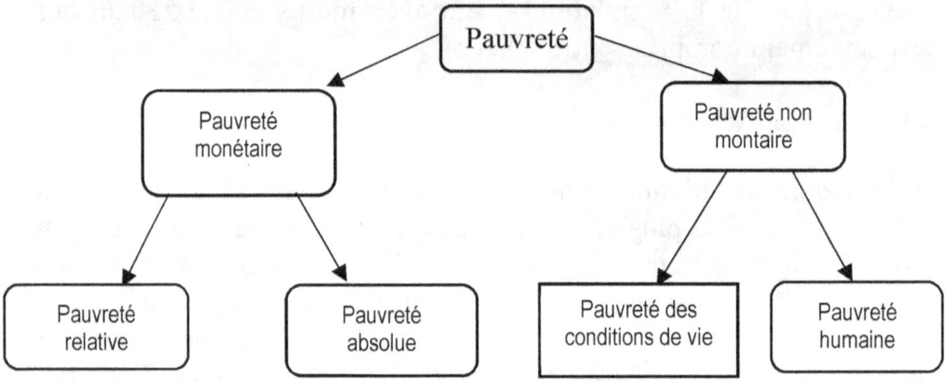

Figure 6 : Résumé de deux formes de pauvreté.

2.3.2.3 Les indicateurs

Nous avons clairement mentionné les indicateurs susceptibles d'être utilisés pour connaître le taux de pauvreté d'un pays : le seuil de pauvreté monétaire relatif (à partir du revenu médian) et le seuil de pauvreté monétaire absolu (1,25$ par jour) pour la pauvreté monétaire et l'IPH pour la pauvreté non monétaire.
Cependant, dans le cadre de la pauvreté non monétaire, deux autres indicateurs peuvent être utilisés :

A. L'indicateur de développement humain (IDH).

Il a été créé par le PNUD en 1990, car l'indicateur anciennement utilisé pour rendre compte du développement d'un pays, le PIB par habitant, ne prenait en compte que l'aspect économique, et pas du tout l'aspect de bien-être des individus vivant dans le pays. Et le PNUD considère que le développement est un processus relevant plus de l'élargissement du choix des personnes que d'une simple croissance du PIB. L'IDH est donc mesuré sur la base de trois indices :

- ✓ La santé des habitants du pays considéré, mesurée par leur espérance de vie à la naissance, renvoyant indirectement à la satisfaction des besoins matériels nécessaires à la survie (accès à l'eau, aux soins...) ;
- ✓ Le niveau d'éducation pris en compte par la durée de scolarisation moyenne des adultes de plus de 25 ans et celle qui est attendue pour les enfants d'âge scolaire, rendant compte de la satisfaction des besoins immatériels (capacité à participer à une discussion ou à des prises de décision) ;
- ✓ Le niveau de vie calculé par le revenu brut par habitant en PPA absolue, permettant quant à lui d'englober les autres éléments de la qualité de vie qui ne sont pas pris en compte par les deux précédents indices (mobilité, accès à la culture...).

Le PNUD a même étendu cet indicateur, en tenant compte des inégalités de la société considérée, en créant l'IDH ajusté aux inégalités (IDHI). « Sous condition d'égalité parfaite, l'IDH et l'IDIII sont égaux. L'IDH d'une personne « moyenne » dans une société est inférieur à l'IDH global lorsqu'il y a une inégalité dans la distribution de la santé, de l'éducation et du revenu. Plus l'IDHI est bas (et plus sa différence avec l'IDH est grande), plus l'inégalité est forte ».

Il a été constaté que les sociétés avec un développement humain faible ont tendance à avoir de plus fortes inégalités dans un plus grand nombre de domaines, et par conséquent, des déficits en développement humain plus importants. Ce qui est le cas des PED, puisque leur IDH se trouve parmi les plus faibles.

Le PNUD classe les pays en fonction de leur IDH, allant de très élevé, à faible, en passant par élevé et moyen. Les PED sont alors considérés comme ceux ayant un IDH moyen ou faible (compris entre 0,798 et 0,340 ; les PMA ont un IDH inférieur à 0,499) ; l'IDH très élevé et élevé étant approprié aux pays développés.

L'on peut également noter qu'il existe, depuis 1995, un indicateur dérivé de l'IDH (également crée par le PNUD), le Gender-related Development Index (GDI) qui s'intéresse aux disparités liées au genre, c'est-à-dire, les différences que peuvent rencontrer un homme et une femme en termes de situation de vie dans un même pays. Il évalue donc les disparités entre les groupes d'une même société dans les trois indices utilisés par l'IDH.

B. **Indice de Pauvreté Multidimensionnelle** (IPM)

Le PNUD a distingué ces dernières années un autre indicateur : Indice de Pauvreté Multidimensionnelle. Les populations défavorisées manquent souvent de capabilités et de possibilités dans plusieurs dimensions. L'indice de pauvreté multidimensionnelle (IPM), calculé pour 102 pays en développement, est plus révélateur de la gravité et du chevauchement des privations autres que celles liées au revenu que les mesures unidimensionnelles de la pauvreté.

L'IPM recense les ménages qui sont profondément défavorisés par leur santé, leur éducation et leur niveau de vie. Près d'un milliard et demi de personnes, dans les pays en développement pour lesquels l'IPM est calculé, vivent dans une pauvreté multidimensionnelle, 53,9 % d'entre elles en Asie du Sud et 33,5 % en Afrique subsaharienne. Les privations existent aussi dans les pays développés. Quelques modèles systématiques de privations peuvent être déduits des mesures de la pauvreté. Les populations des zones rurales risquent beaucoup plus que les populations urbaines de vivre dans une pauvreté dimensionnelle (29 % contre 11 %), même si des variations existent d'une région à l'autre. Près de la moitié des habitants des zones rurales à l'échelle mondiale, n'ont pas accès à des installations sanitaires améliorées, contre un sixième dans les zones urbaines. Deux fois plus d'enfants des zones rurales que d'enfants des zones urbaines ne sont pas scolarisés. En même temps, les habitants des taudis représentent 48 % de la population urbaine des pays en développement et sont privés d'un grand nombre de services et de chances, ceux mêmes en quête desquels ils ont migré des zones rurales.

Bahati (2006) a relevé dans ses recherches d'autres indicateurs de la pauvreté, notamment :

1. Taux de pauvreté ou incidence de la pauvreté

Le taux de pauvreté ou incidence de la pauvreté est simplement une estimation en pourcentage de personnes vivant en deçà du seuil de pauvreté. Cette grandeur ne renseigne en aucune manière sur l'acuité ou la profondeur de la pauvreté, et ne peut donc rendre compte d'aucune aggravation des conditions de vie touchant des personnes déjà pauvres par ailleurs.

2. Acuité ou profondeur de la pauvreté

L'acuité ou profondeur de la pauvreté se calcule par la distance moyenne qui sépare une personne pauvre du seuil de pauvreté. Elle est exprimée en pourcentage par rapport à ce seuil. Cette moyenne se calcule sur l'ensemble de la population : pauvre ou non. Puisque cet outil de mesure que l'on appelle aussi écart au seuil de pauvreté, représente la distance moyenne à laquelle se trouvent les pauvres par rapport au seuil de pauvreté, elle est à même de rendre compte d'une aggravation de leurs conditions de vie.

3. Pauvreté temporaire ou transitoire et pauvreté chronique

Comme son nom l'indique, la pauvreté temporaire frappe à court terme, de manière transitoire ou saisonnière, tandis que la pauvreté chronique représente les formes durables ou structurelles de la pauvreté. Sur le seuil de pauvreté, il s'agit du groupe de personnes qui, en fonction des saisons, se retrouvent en dessous ou au-dessus de la ligne de pauvreté.

4. Gravité ou sévérité de la pauvreté

La gravité de la pauvreté peut être considérée comme une moyenne pondérée du carré des distances par rapport au seuil de pauvreté, et exprimée par rapport à ce seuil. Les pondérations correspondent aux différentes distances individuelles. Là encore, cette moyenne se calcule sur l'ensemble de la population.

5. Vulnérabilité

Deux réalités sont à souligner : vis-à-vis de l'extérieur, ce concept représente le manque de moyen de défense face aux chocs, aux tensions et au risque et, intérieurement, la fragilité, c'est-à-dire, ici, l'absence de possibilités de faire face à des crises sans dommages dévastateurs.

2.3.3 Les différentes représentations de la pauvreté par les pauvres

Les études linguistiques sont éclairantes sur les représentations de la pauvreté et permettent de saisir la diversité de ces définitions. Tout d'abord, il est souvent plus facile de désigner la richesse. Il est en effet délicat de comprendre la situation des pauvres sans la mettre en relation avec celle des riches.

Des enquêtes menées dans certains milieux ethniques en Afrique apportent une perception en partie différente des causes de la pauvreté, et montrent que les principales causes de la pauvreté seraient :

- ✓ D'abord le statut social, la position par rapport à l'exercice du pouvoir, par analogie, ce serait l'état de servitude et de dépendance ;
- ✓ Ensuite la marginalisation, celui qui est seul et sans soutien. Les relations sociales étant la finalité de tout dans la société, la richesse s'apprécie autant en termes de relations sociales que de possession de biens. L'homme riche est celui qui entretient une clientèle de dépendants qui bénéficient de ces libéralités et lui rendent des services qui contribuent à accroître sa richesse. A l'inverse, le riche qui refuse d'aider les autres risques de se retrouver *pauvre en hommes* et donc marginalisé.

2.4 Conclusion

Ce chapitre a présenté au lecteur les concepts de la microfinance de façon globale, qui a comme soubassement la pauvreté. En ce qui concerne la microfinance, il a été question de ses différentes perceptions, son historique, les modèles ainsi que les sortes de microfinance. Pour ce qui est des sortes de microfinance, il a été distingué la microfinance formelle et celle informelle, et les MUSO ont été classées dans la forme informelle de la microfinance, car constituées de l'ensemble des transactions effectuées en marge des règles établies par des intermédiaires non agréés et non enregistrés par la comptabilité nationale.

Il a également été question des produits de la microfinance, dont les principaux sont le microcrédit et l'épargne, mais il y a aussi d'autres

produits tels que la microassurance et le microcrédit habitat qui sont proposés par les institutions de microfinance.
En effet, les perceptions concernant le concept de pauvreté ont été passées en revue, et il n'a pas été aisé d'avoir un seul entendement, car la pauvreté est un concept multidimensionnel. L'approche la plus commune est basée sur le niveau de revenu ou sur le niveau de consommation. La question relative aux formes de pauvreté : la pauvreté monétaire et la pauvreté non monétaire. Cependant, le PNUD a ajouté d'autres indicateurs de la pauvreté, notamment l'IDH, l'IDHI, l'IPH, IPM.
A la fin du chapitre deux, il est nécessaire de passer en revue les MUSO, qui constituent le chapitre trois.

TROISIEME CHAPITRE : MUTUELLES DE SOLIDARITE : MICROFINANCE SOCIALE DE PROXIMITE

3.1 Introduction

Pour pallier les insuffisances ou les échecs des politiques étatistes de développement, de nombreux experts et même chercheurs lancent aujourd'hui de vigoureux plaidoyers en faveur de l'essor des initiatives privées. Un intérêt croissant est porté aux gisements locaux d'épargne et de crédit. Il est par conséquent indispensable, en particulier en matière financière, de reconnaître les formes existantes d'initiatives privées et informelles, et d'envisager les moyens d'encourager le dynamisme d'éventuels modes autonomes de financement.

Depuis le début des années 1995, une nouvelle forme de microfinance sociale de proximité a vu le jour, les « Mutuelles de Solidarité », afin de pallier le problème d'exclusion financière des personnes à revenu faible par les institutions formelles.

Ce chapitre trace le portrait, de façon globale, des Mutuelles de Solidarité, une innovation sociale en microfinance de proximité. Son but est particulièrement de faire la lumière sur les différents concepts autour de ce thème principal, « la Mutuelle de solidarité », en tant qu'initiative d'économie populaire et solidaire. C'est ainsi que ses différentes notions seront présentées aux lecteurs, ainsi que son mode de fonctionnement, son objectif, et ses caractéristiques.

3.2 Généralités sur la Mutuelle de Solidarité (MUSO)

3.2.1 Notions sur les MUSO

La Solidarité Internationale pour le Développement et l'Investissement (2009) considère la Mutuelle de Solidarité comme un système d'épargne et de crédit populaire, autogéré et adapté au milieu rural, mais qui peut aussi fonctionner dans les quartiers informels des villes. Elle s'inspire de la tontine, tout en introduisant des règles comptables simples. Mais, plus que la tontine, elle est un outil de gestion des flux d'argent au village et d'auto-organisation des membres d'une communauté.

En revanche, l'USAID (2005) note que les MUSO sont des groupes de personnes, homogènes socialement, cotisant à échéances régulières une même somme d'argent. Les Mutuelles de Solidarité emploient une méthodologie hybride qui contient des éléments d'approche empruntés à la fois aux banques communautaires et aux caisses populaires. Pendant qu'une banque communautaire est une technique de microfinance qui implique une méthodologie de crédit solidaire regroupant, en général 20 à 35 individus (le plus souvent des femmes), qui, avec l'aide d'une IMF qui les encadre, se mettent ensemble pour fonder une « banque communautaire ».

Rossier et Taillefer (2005) considèrent, quant à eux, la MUSO comme une structure de financement adaptée au milieu rural, mais qui peut aussi fonctionner dans les quartiers informels des villes, notamment entre artisans ou petites commerçantes d'un marché. Elle s'inspire de la tontine tout en introduisant des règles comptables simples. Mais, plus que la tontine, elle est un outil de gestion des flux d'argent au village et d'auto-organisation des membres d'une communauté. La Mutuelle de Solidarité est d'abord un groupe de personnes qui choisissent de cotiser ensemble pour couvrir une partie de leurs besoins économiques ou sociaux.

Pour ASIENA (2018), la Mutuelle de Solidarité est un outil pédagogique qui permet à des hommes et des femmes, ayant librement choisi de se regrouper pour atteindre des objectifs semblables, d'avancer ensemble sur le chemin de l'auto prise en charge, grâce à la mise en commun d'argent et au partage d'expériences aux niveaux social, économique et financier.

Cependant, Chéreau (2015) soutient que la MUSO est un groupement de personnes d'une même localité, ou même quartier, qui ont décidé de s'unir pour gérer un système simple, souple et solidaire, articulé autour de trois caisses clairement identifiées : une caisse verte qui recueille les cotisations récupérables, dont le montant accumulé constitue le fonds de crédit, une caisse rouge qui recueille des cotisations non récupérables et sert de fonds de secours, et une caisse bleue qui peut accueillir des financements de l'extérieur.

C'est cette dernière définition qui est retenue dans cet ouvrage, car abordant dans le sens d'un système de microfinance souple, simple et solidaire, regroupant des personnes vivant ensemble dans une localité ou quartier de la ville, partageant les mêmes réalités (niveau de revenu, exclusion financière) et ayant le même besoin en financement. C'est un système microfinancier simple de proximité, pouvant fonctionner facilement dans les villages où il n'y a pas des infrastructures viables, et réunir la catégorie des petits entrepreneurs qui ne peuvent pas disposer des garanties matérielles à présenter auprès des structures financières classiques. Ce système peut mobiliser les épargnes dans les milieux ruraux, et contribuer à la circulation de la monnaie.

3.2.2 Objectifs de la MUSO

La MUSO poursuit les objectifs suivants :

1. **Permettre aux populations de s'organiser et d'échanger sur les problèmes qui les concernent :** difficultés liées à la vie, choix de cultures agricoles, choix d'investissement, questions de santé, etc.
2. **Introduire un outil financier de proximité au village** : aujourd'hui, l'économie du monde rural est directement connectée aux marchés urbains, et la monétarisation des échanges prend de plus en plus d'importance. C'est pourquoi, l'accès à des outils financiers adaptés est un enjeu important pour ces populations.
3. **Financer des activités créatrices de revenus** : l'accès aux crédits de la MUSO permet à ses membres de financer des activités productives ou commerciales qui compléteront utilement les revenus directs de l'agriculture et/ou de l'artisanat.
4. **Réduire les coûts d'intermédiation :** la MUSO rend le petit crédit rapide et pas cher. En outre, elle permet à une institution financière qui la refinancerait de réduire ses coûts d'intermédiation, et par-là même, le coût du crédit au niveau des clients, car elle s'adresse, non plus à des clients individuels ou à de petits groupes, mais, à une institution financière autonome, la MUSO, qui peut regrouper plusieurs dizaines de personnes.
5. **Renforcer la solidarité de la communauté :** autour de la caisse rouge de secours, s'exprime la solidarité de la communauté face aux fréquents aléas de la vie en milieu rural : maladie, décès, sécheresse, etc.
6. **Favoriser la circulation de l'argent dans le milieu :** l'argent arrive difficilement au village, car les financiers disent que les villages sont trop loin et que les transferts de fonds coûtent trop chers. Alors, ils proposent aux paysans de venir en ville, là où est la banque. Mais, ces déplacements sont également onéreux pour les paysans. La Mutuelle de Solidarité permet à une

population donnée de réduire les coûts dans les transferts financiers avec l'extérieur. De plus, les membres peuvent, avec la caisse bleue, faire des économies d'échelle en achetant des semences en gros, par exemple.

3.2.3 Principes de base de la MUSO

L'on distingue, de façon globale, cinq principes de base pour la MUSO :

- ✓ **Des cotisations uniformes et régulières :** conformément à l'esprit de la tontine, les cotisations versées par les membres sont uniformes et régulières, ce qui permet de réunir des personnes de « force » équivalente.
- ✓ **Des ressources en progression constante :** la collecte continue des cotisations est le signe que les membres font confiance à leur MUSO.
- ✓ **Des décisions collectives et autonomes :** contrairement à la majorité des systèmes de « microfinance », seuls les membres prennent part aux processus de décision au sein de la MUSO. De plus, les membres déterminent eux-mêmes le montant des crédits, leur durée, le montant du coût du crédit, les procédures à suivre en cas de retard ou de non-remboursement, le montant des cotisations, leur fréquence, le nombre de membres à l'intérieur de la mutuelle, la possibilité ou non d'accueillir de nouveaux membres. Toutes les décisions sont prises en Assemblée Générale.
- ✓ **Une comptabilité simplifiée :** un minimum de comptabilité est nécessaire, mais la notion de taux d'intérêt, compliquée et contradictoire avec certaines cultures, est remplacée par celle de PAF (Participation Aux Frais), exprimée sous forme de chiffres ronds, et les supports comptables sont traduits en langue locale. Les termes techniques comme « débit », « crédit », sont remplacés par des expressions plus explicites comme « ce qui entre ou ce qui sort de la caisse », imagées avec des logos au graphisme explicite. Enfin, la comptabilité est « visible » et « transparente », et toutes les transactions (en espèces ou en nature) sont clairement enregistrées sur les supports comptables. Un tableau de bord est régulièrement actualisé par le secrétaire de la MUSO.

- ✓ **La séparation des caisses et des clefs :** en milieu populaire, les principaux détournements sont effectués par les dirigeants des caisses qui manipulent la comptabilité (à laquelle personne ne comprend rien), ou, plus simplement, se servent dans la caisse. En ce qui concerne ce dernier point, les caisses (verte, rouge et bleue), sont uniquement ouvertes en public. Entre-temps, les caisses et les clés des cadenas sont gardées par des personnes différentes, n'ayant pas de relations de parenté proches (épouse et mari, parents et enfants, frère et sœur, ...).

3.2.4 Historique de la MUSO

Le concept des Mutuelles de Solidarité a vu le jour en 1995 au Sénégal, à la suite des longues réflexions sur la question du financement populaire menées par le CNCR, avec l'appui d'une personne ressource, *Bernard Taillefer*. Il fut mis en pratique dès la même année au sein de la FENAGIE-pêche et de l'UGPM (Union des Groupements Paysans de Meckhe).

Un des enjeux était de déterminer l'outil financier à développer pour offrir des services financiers adaptés, qui n'impliquent pas l'installation d'un coffre-fort dans chaque village (il y avait 13.000 villages au Sénégal). De plus, une étude de terrain avait montré que si les populations sont organisées autour d'outils financiers (caisses villageoises, banque populaire, tontines, caisses de solidarité, etc.), il arrive que le président ou le gestionnaire des fonds détourne de l'argent. Enfin, la capitalisation est souvent faible, car les ruraux, solidaires des autres, ont vite tendance à utiliser des fonds initialement prévus à des fins économiques pour résoudre un problème social. C'est à la suite de ce constat que l'idée d'une séparation et d'une matérialisation des caisses s'est imposée.

Les premières MUSO ont vu le jour en 1995 au Sénégal, et on en dénombre plus de 1 000 (mille) dans ce pays. En Haïti, à la suite d'un séminaire d'un mois organisé par le Collectif de Financement Populaire (KOFIP) en 1997, on a dénombré en 2005 plus de 1 000 MUSO en Haïti, mises en œuvre par de nombreuses organisations qui avaient développé un réseau de banques communautaires sur le modèle FINCA, les a réorientées par la suite sous une forme proche de celle de la Mutuelle de Solidarité.

Le Conseil National de Financement Populaire (KNFP), qui regroupe 8 réseaux de financement solidaire, a même créé un Institut Mobile de

Formation (l'IMOFOR), dont la fonction essentielle est de diffuser l'idée de Mutuelle de Solidarité à travers le monde, et d'en former les acteurs. On trouve aussi des MUSO au Madagascar avec TITEM, au Burkina Faso avec VARENA, en République Démocratique du Congo avec ADI-KIVU et LIDE, au Rwanda avec le PREFED, IMPUYAKI, AVEKI. Chaque mois, de nouvelles institutions suscitent la création de Mutuelles de Solidarité, et il est difficile d'en tenir la liste à jour.

3.3 Aux origines de la Mutuelle de Solidarité : la tontine

L'intuition originale repose sur le constat qu'à travers le monde, la tontine reste l'outil financier privilégié des milieux populaires. Toutefois, si la notion de cotisation versée à échéance régulière et de montant uniforme et constant est très largement partagée et assimilée dans les pays du Sud, la limite principale de la tontine est la suivante : chaque membre doit patiemment attendre son tour pour « ramasser » sa mise. De plus, le montant de la mise « ramassée » est limité par la difficulté de cotiser des montants importants. La principale variable d'ajustement reste le nombre de participants, mais ceci a pour incidence de rallonger la durée d'un « cycle » de la tontine. En outre, tous les participants ne peuvent pas bénéficier ensemble de l'argent au moment le plus propice pour investir.

En revanche, la MUSO permet de contourner ces contraintes. En effet, les cotisations ne sont pas « ramassées » par un membre à chaque tour, mais capitalisées au sein de la MUSO et redistribuées sous forme de crédits. Par ailleurs, avec ses outils de gestion, la Mutuelle de Solidarité permet de donner une visibilité à l'effort fait par les populations pour se doter d'outils financiers fiables. Cette visibilité manque à la tontine : sinon, comment expliquer que cet outil qui fonctionne correctement depuis des décennies, voire des siècles ait été rarement refinancé par des bailleurs de fonds ou des institutions financières formelles ? Sinon, la Mutuelle de Solidarité est une émanation de la tontine, qui a donc tenu à améliorer les faiblesses relevées dans cette dernière.

3.4 La MUSO et la tontine : une finance informelle

Bien qu'elles soient très différentes et qu'elles n'aient en commun que leur nom, ces deux sortes de pratiques permettent aux personnes qui n'ont pas de comptes en banque d'épargner, de prêter et d'emprunter. On est bien en présence de pratiques financières, mais de pratiques

vraiment très originales. C'est pourquoi, il s'agit bien de finance, certes, mais plutôt de finance informelle.
La finance informelle a été définie comme étant l'ensemble des transactions financière qui ont lieu au-delà des règlements bancaires et des autres secteurs financiers. Selon les théoriciens de la libéralisation financière, la présence du secteur informel s'explique par l'existence d'une politique de répression financière et de l'inefficacité du secteur financier formel. Cependant, plusieurs études économiques et sociologiques ont montré l'importance de ce secteur en termes financier et social. En effet, le secteur financier informel présente différentes vertus qui peuvent être concises dans « la financiarisation des rapports sociaux ». Les fournisseurs informels sont prêts à accepter des garanties dans différentes formes qui sont incapables pour les fournisseurs formels. Elles font parties de l'intermédiation financière qui a la meilleure information concernant les activités et les caractéristiques des emprunts.
La finance informelle a été également définie comme « un des mécanismes non officiels, mais originaux, qui permettent de faire circuler la monnaie à travers des créances et des dettes. Elle est constituée de l'ensemble des transactions effectuées, en marge des règles établies par des intermédiaires non agréés et non enregistrés ». Et c'est généralement la caractéristique fondamentale des Mutuelles de Solidarité dans la plupart des pays en développement, notamment en République Démocratique du Congo, plus précisément à l'est du Congo (Ituri, Nord et Sud-Kivu).
Les associations d'entraide dont l'initiative, la gestion et le contrôle démocratique relèvent de la base, attestent de la vitalité des institutions économiques et sociales, informelles certes, mais, capables d'une constante adaptation. On a longtemps pensé qu'il n'y avait pas d'épargne dans les pays sous-développés, compte tenu du fait que celle-ci n'était pas déposée auprès des banques. Cette hypothèse n'est plus valable aujourd'hui. En effet, la finance informelle permet à l'ensemble de la population non bancarisée, de trouver des circuits pour épargner et avoir accès au crédit.
Les populations ont inventé des organisations et des pratiques nécessaires à la résolution de leurs problèmes financiers spécifiques. Ces pratiques entrent dans cette vaste catégorie d'activités que certains qualifient d'activités informelles. Certaines de ces méthodes existent depuis toujours, assimilées en Afrique à des systèmes d'entraide ou d'assistance.

Pendant longtemps, les populations se sont organisées entre elles pour faire face collectivement à leurs besoins, pour se prêter les uns les autres au sein des associations qu'elles ont elles-mêmes constituées. L'originalité de ces attitudes et de ces comportements mutualistes se perçoit mieux quand on sait que les institutions financières classiques n'ont pas cherché à s'adapter à leurs besoins. Les systèmes de finance informelle évoluent continuellement au fur et à mesure que la société et l'économie se modifient. « Ce domaine de la finance informelle témoigne d'une flexibilité et d'une grande créativité, ce qui rend quasi impossible une classification exhaustive de ses différentes méthodes. » Nous pouvons cependant les reconnaître à travers quelques systèmes qui sont plus perceptibles : les Mutuelles de Solidarité et les tontines.

3.4.1 Economie informelle

L'économie informelle est définie comme un ensemble d'activités extrêmement hétérogènes (artisanat, réparation, restauration, petit commerce, etc.), partiellement conduites en dehors des réglementations étatiques. Elle est notamment caractérisée par l'absence d'un système de protection sociale formel, et offre donc un terrain pertinent pour l'étude des réseaux comme moyens ex-post de gestion des chocs.
Un certain nombre de travaux se sont intéressés au rôle du capital social comme amortisseur de crise dans une optique statique, mesurant si le stock de capital social de l'acteur au moment de la crise permet ou non de faire face au choc. Cette approche est utilement complétée par l'étude dynamique des réseaux sociaux, mettant l'accent sur le processus de constitution du capital social et la forme des réseaux sociaux. Suivant cette optique, des études proposent d'explorer dans quelle mesure les différents réseaux sociaux peuvent jouer un rôle atténuateur de crise.

3.4.2 Secteur informelle d'activités

Le secteur informel de l'économie ne fonctionne pas selon les normes et les mécanismes du secteur dit formel, ou encore moderne. C'est un rapport publié par le Bureau International du Travail sur le Kenya en 1972 qui utilise pour la première fois cette expression. Il s'agit là des activités non recensées, exercées avec peu de capital, et beaucoup de main-d'œuvre non qualifiée, à une échelle très restreinte, sans respect d'aucune réglementation, sans contrainte initiale qui génèrerait l'entrée sur le marché.

Les travaux sur le secteur informel se sont multipliés, ils ont surtout permis de mesurer son importance, ce qui a conduit à parler du dualisme de l'économie dans le cas des pays en voie de développement. Ce dualisme de l'économie va de pair avec le dualisme de la finance. Le secteur moderne est financé par les banques, le secteur informel est financé sans institutions, par les agents eux-mêmes, d'une façon informelle. L'économie et la finance vont naturellement de pair. C'est dans cette optique que le secteur informel d'activités est financé par la finance informelle, notamment les Mutuelles de Solidarité et autres.

3.5 MUSO : Outil ou modèle

La Mutuelle de Solidarité n'est pas un modèle d'institution financière, mais un outil. A la différence d'autres systèmes prévus pour fonctionner dans des communautés de base (banques villageoises, banques communautaires…), les règles financières et les règles d'organisation ne sont pas fixées par le promoteur, mais par les acteurs eux-mêmes, et ce principe est au cœur même de l'idée de Mutuelle de Solidarité.
La Mutuelle de Solidarité est simple pour sa mise en œuvre, et pourtant efficace, facilement reproductible, car elle repose sur trois principes fondateurs qui étaient au centre des préoccupations des concepteurs : l'appropriation, l'accumulation et la structuration du milieu.

1. **L'appropriation** : on parle d'appropriation d'une idée, d'un type de structure financière, lorsque les bénéficiaires sont acquis au projet, et ont bien intégré dans leur entendement, leur raison et leur cœur, toutes les composantes et règles de la proposition. Il ne peut y avoir d'appropriation que si les bénéficiaires sont associés dès le démarrage d'un projet à son entière conception ou, mieux encore, s'ils sont eux-mêmes les concepteurs du projet.

2. **L'accumulation** : c'est un processus par lequel, un individu ou un groupe de personnes augmente progressivement un *capital* de départ lui appartenant en propre, lui permettant de faire face, sans recours à l'usure ou à l'endettement, à des évènements imprévus, et lui permettant de réaliser d'autres investissements qui permettront à leur tour l'accumulation.

3. **La structuration du milieu :** est la résultante d'un ensemble de modes d'organisation choisis et appropriés par des populations, pour atteindre un objectif ou résoudre un problème commun. La

forme de cette structuration peut être indifféremment moderne ou traditionnelle, sans qu'on puisse dire que l'une vaut plus que l'autre a priori.

3.6 Fonctionnement des MUSO

Une MUSO est un cercle de 15 à 50 personnes qui se connaissent, se font mutuellement confiance, et qui décident de fonder un groupe d'épargne et de crédit. La MUSO est organisée autour de trois caisses : une caisse pour la collecte de l'épargne et l'octroi de petits crédits (appelée caisse verte par les membres), une caisse de secours (dite caisse rouge) également financée par les membres de la MUSO, et une caisse de crédit de refinancement (dite caisse bleue).

Au départ, seules les caisses verte et rouge sont actives. Cette phase de crédit basée uniquement sur l'épargne des membres (caisse verte) a un objectif pédagogique, avec l'apprentissage de l'épargne et la gestion des crédits.

La MUSO est un système décentralisé, son fonctionnement est extrêmement simple, permettant à ses membres de la gérer de manière parfaitement autonome. Cela signifie qu'ils définissent eux-mêmes les règles de fonctionnement comme les montants cotisés, la fréquence des réunions, la politique des crédits (montant, durée, PAF, etc.). Ils assument par ailleurs la gestion administrative et comptable de la MUSO. La figure 7 résume les trois caisses ainsi que leur rôle selon le modèle de KOFIP (2012).

- **Les différentes caisses**

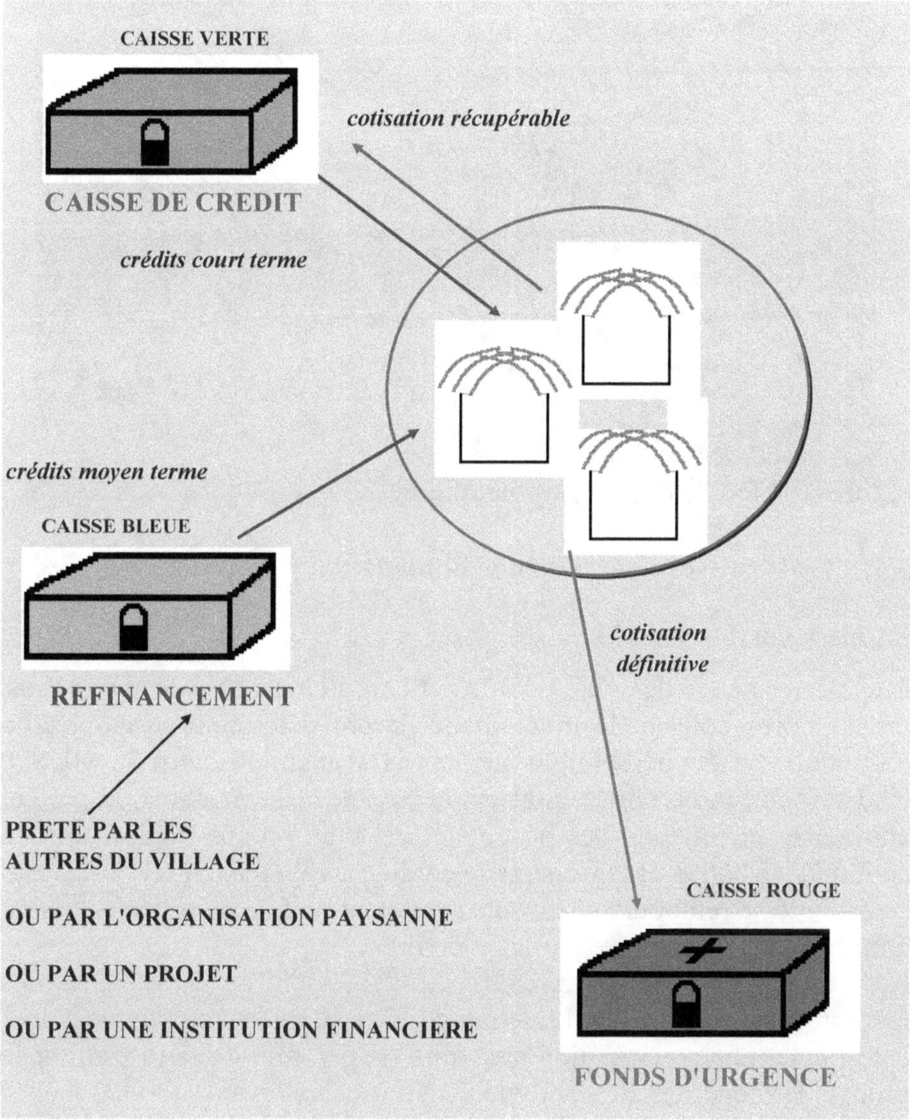

Figure 7 : Fonctionnement des différentes caisses.

La gestion de la MUSO sera simplifiée au maximum. Pour que les paysans évitent de mélanger les fonds (à ressources et finalités différentes), un système très pédagogique, constitué de caissettes métalliques de couleurs différentes sera constitué. Les animatrices donneront aux groupements une formation simple, en langue locale, de manière à leur apprendre à gérer au mieux ces différents fonds. Et la figure 8 indique un exemple concret des caisses utilisées par les MUSO.

Figure 8 : Modèle des caisses métalliques.

3.6.1 Trois caisses : verte, rouge et bleue

1 Caisse verte

Elle est une caisse de crédit pour le petit crédit local. A dates régulières, les membres cotisent le montant qu'ils ont déterminé ensemble. La cotisation est récupérable uniquement si le membre quitte la MUSO. Une fois qu'un certain capital est accumulé, les membres se prêtent entre eux, en fonction des besoins et de leurs propres règles, tout en continuant à cotiser. La décision de crédit est collégiale. La PAF (ce qui sera ajouté au remboursement sur le montant prêté), exprimée en valeur nominale, est déterminée par les membres.
L'argent cotisé est ensuite réparti équitablement en crédits entre les membres qui en ont fait la demande. Ces derniers remboursent leur crédit avec une participation aux frais (PAF), afin de faire profiter le groupe des bénéfices de l'activité génératrice de revenus (AGR) menée grâce au crédit. Ainsi, les ressources de la caisse verte sont en progression constante. L'intérêt de la caisse verte pour les membres est double : d'avoir des fonds pour travailler, tant qu'ils en ont la force, puis de les retirer lors de la vieillesse, afin de ne pas dépendre uniquement de leur famille.

1 La caisse rouge

Elle est une caisse de secours ou d'assurance. Elle améliore la MUSO, mais, n'en est pas un rouage indispensable. Son existence est fonction du choix des membres. Elle est alimentée par des cotisations définitives et non récupérables, dont le montant est aussi fixé par les membres. Son utilisation est décidée par les membres, en fonction d'une grille d'intervention fixée par eux. La caisse de secours ne peut, dans un premier temps, qu'apporter une petite contribution à un membre dans une situation difficile : décès d'un parent, enfant à emmener à l'hôpital, etc.

Mais, l'implantation d'une caisse de secours dans les villages peut conduire, à terme, les populations à mieux comprendre le fonctionnement de l'assurance, et déboucher sur des systèmes d'assurance plus sophistiqués, couvrant plus largement les besoins, en matière agricole notamment. Mais, l'assurance agricole ne peut se développer que si au départ les éventuels bénéficiaires ont une bonne compréhension des mécanismes. Sinon, l'assurance peut être considérée comme une subvention avec toutes les dérives d'utilisation que cela peut engendrer.

La caisse rouge a été surnommée par les MUSO, la « caisse aux yeux rouges », qui peuvent exprimer un grand bonheur, tout comme un grand malheur. La caisse rouge est la caisse de la solidarité.

2 Caisse bleue

Elle est une caisse de refinancement et d'échanges avec l'extérieur, qui se justifie par le fait que les besoins de financement en milieu rural, généralement délaissés par les pouvoirs publics, sont immenses : commercialisation des produits, aménagement des terroirs, équipement de l'exploitation agricole. Ils sont également importants dans le milieu urbain chez les petites commerçantes, ou les artisans notamment. L'argent collecté dans le milieu ne peut suffire à lui seul à satisfaire tous ces besoins.

C'est donc par cette caisse que transiteront les fonds de crédit rural, qu'ils soient destinés au financement de campagne ou au financement d'investissements. La caisse de refinancement de la MUSO ne devra être alimentée par les tiers que si la caisse de crédit (caisse verte) a fonctionné correctement pendant une certaine période. Au départ, les fonds versés dans la caisse bleue sont utilisés pour renforcer les capacités de la caisse verte. La caisse bleue sert en outre à des achats individuels ou collectifs à l'extérieur. La figure 9 ci-après indique les mouvements d'encaissement et de décaissement dans une MUSO.

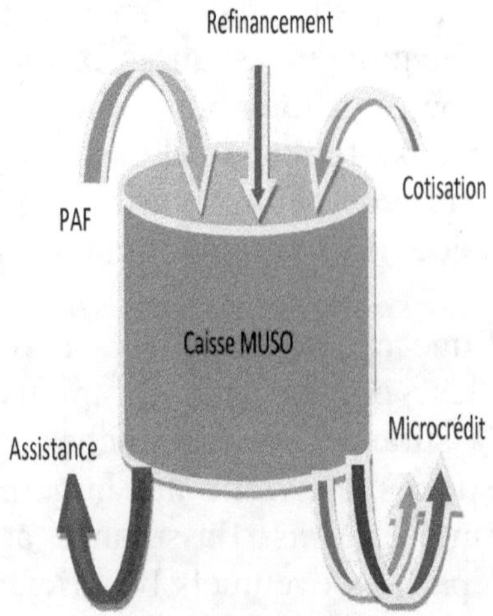

Figure 9 : Processus d'encaissement et de décaissement des MUSO.

3.6.2 Sécurité

Ces petites caisses peuvent paraître bien « fragiles » pour y garder de l'argent. Toutefois, en milieu rural, la « criminalité » est plutôt rare, et la séparation des caisses et des clefs permet de lutter contre le danger le plus fréquent dans les institutions financières populaires, le détournement par celui ou celle qui gère l'argent. De plus, dans les milieux pauvres, où on a tendance à confondre l'économique et le social, l'existence de caisses distinctes permet de bien dissocier les flux financiers à fonctionnalité différente.
Enfin, la caisse verte ne contient de l'argent que pendant un temps très court, car le capital accumulé est aussitôt redistribué sous forme de crédit. Toutefois, si l'environnement est troublé, les membres de la MUSO peuvent décider de changer régulièrement de caissiers pour éviter que d'éventuels agresseurs ne localisent le lieu de conservation de la caisse.
En outre, il est important pour la sécurité que :

- Les caisses utilisées soient de qualité et soient équipées de bons cadenas ;
- Que le trésorier n'utilise jamais de blanco dans les cahiers et ne fasse pas de surcharge sur les chiffres. S'il se trompe, il doit rayer la ligne et écrire sur une nouvelle ligne ;

- Bien faire les reports de page dans les cahiers et les vérifier régulièrement.

Pour des raisons de sécurité des fonds de la Mutuelle de Solidarité, trois règles incontournables doivent être respectées par la Mutuelle de Solidarité :

1. Toutes les décisions financières concernant l'utilisation des caisses doivent être prises par l'assemblée générale de tous les membres de la MUSO ;
2. Il y a séparation des caisses et des clefs : entre deux réunions de la Mutuelle de Solidarité, les caisses sont conservées par une ou plusieurs caissières, tandis que les clefs et les journaux sont conservés par la trésorière qui peut être la même pour toutes les caisses.
3. Toutes les opérations sont enregistrées dans un cahier de comptabilité par caisse.

3.7 MUSO : un outil financier populaire

Dans le milieu rural, les populations sont organisées en villages ou en groupements. C'est le lieu naturel de vie, c'est aussi le lieu des plus grandes convivialités possibles, du moins là où la pauvreté n'a pas déjà complètement déstructuré les familles. A ce niveau, l'animateur peut proposer aux personnes qui le souhaitent de se constituer en MUSO.

Le nombre de membres de la MUSO est fixé par le groupe lui-même, et il peut y avoir plusieurs MUSO au sein d'un même village, ou d'un même groupement. La cotisation y est de deux natures : récupérable ou définitive :

- ✓ La cotisation récupérable est utilisée pour un fonds de crédit et la constitution d'un capital « vieillesse ». Elle est versée dans la caisse verte ;
- ✓ La cotisation définitive est utilisée comme fond d'assurance, et sert à couvrir des besoins sociaux : fonds d'urgence médicale, fonds d'entraide pour les décès, etc. Elle est versée dans la caisse rouge.

Après une période d'accumulation, dont la durée est fixée par le groupe, la MUSO octroie des crédits à ses membres à partir des cotisations versées dans la caisse verte. Elle octroie aussi des dons effectués sur base des cotisations définitives versées dans la caisse rouge, aux

membres qui rencontrent des difficultés clairement exprimées devant le groupe.
La totalité des règles de fonctionnement de la MUSO est déterminée librement par les membres. Les règles sont évolutives pour tenir compte de la croissance des ressources de la MUSO. Chaque MUSO se donne un nom, significatif des objectifs qu'elle veut atteindre.
La pratique de la cotisation est généralement largement répandue dans les organisations paysannes ou féminines et en milieu urbain. L'idée de MUSO ne fait que repartir de cette pratique en l'enrichissant.
Créer une MUSO, c'est encourager des groupements à :

- ✓ Créer un fonds interne de petit crédit à partir des cotisations récupérables des membres ;
- ✓ Créer, s'ils le souhaitent, un fonds d'urgence qui servira, de manière très limitée au début, d'assurance santé ;
- ✓ Créer un outil de communication financière avec l'extérieur de la communauté qui pourra être alimenté par des ressources externes (d'autres membres du village, une institution financière, un projet classique), ou par les membres eux-mêmes, lorsqu'ils voudront financer un projet d'acquisition individuelle de biens ou de services à l'extérieur (cotiser pour la construction d'un puits, acheter ensemble des semences ou des engrais, etc.). Cet argent venant de l'extérieur ou destiné à l'extérieur est conservé dans la caisse bleue.

3.7.1 Intérêt de la MUSO pour les populations

L'intérêt est quadruple :

- La MUSO introduit la banque de manière pédagogique et simple dans le village ;
- Elle permet une solidarité immédiate, en prenant en compte les difficultés de vie des membres ;
- Elle donne une structure d'accueil locale de refinancements externes, gérée par les populations elles-mêmes, sécurisant ces fonds venus d'ailleurs par le fait que le volume octroyé est fonction de la qualité de gestion des deux autres caisses qui doivent préexister.
- Enfin, la MUSO permet une accumulation rapide dans le village ou le groupement.

3.7.2 Dynamisme des MUSO

Il y a une vision plus dynamique d'ensemble des MUSO, la SIDI a distingué en 2009 : 50.000 (cinquante mille) membres, 2.500 (deux mille cinq cents) MUSO, dans les différents pays en développement : Burundi, Rwanda, RDC, Madagascar, Haïti, Sénégal, Mali, Burkina Faso. Il est probable qu'il en existe à peu près le quadruple de ce qu'on connaît, en termes de dynamique, en nombre de membres concernés, en nombre de MUSO.
Par exemple en Haïti, les MUSO existent depuis 1997, on estime en 2009 à environ 200 000 (deux cent mille) le nombre de personnes impliquées dans cette démarche, dans différents lieux de la planète.

3.8 MUSO : une microfinance sociale

Comme son nom l'indique, la MUSO développe la solidarité (aide d'urgence, don, subvention, etc.) entre les membres. Cette solidarité est financée par des mécanismes choisis et définis par les membres eux-mêmes, et elle est mise en œuvre par la caisse rouge, sans interférence extérieure, puisque c'est l'argent des membres qui est en jeu.
La MUSO n'intervient pas seulement dans les coups durs. Elle s'intéresse aussi à la vie de ses membres, et à leurs difficultés d'obtenir des revenus. Elle en débat régulièrement au cours de ses réunions. L'animateur aide les MUSO à organiser leurs discussions sur la vie dans la communauté, sur les problèmes économiques rencontrés, etc.
Les aides offertes par la caisse rouge de la MUSO seront clairement précisées dès le départ et là encore, l'animateur appui les membres dans la définition des modalités d'octroi, en proposant l'idée d'un barème à appliquer en cas de décès d'un membre de la famille, d'une hospitalisation, d'une perte de cheptel, d'une agression extérieure, etc.
Enfin, le plafond d'intervention sera défini : ce n'est pas parce qu'un membre a connu un décès dans sa famille qu'il faut aussi tuer la MUSO, en vidant sa caisse rouge. Celle-ci ne peut être solidaire qu'à la dimension de ses ressources.
A terme, il est possible d'envisager que les caisses rouges de plusieurs MUSO cotisent ensemble pour constituer une sorte de fonds de réassurance, qui permettra de couvrir de plus gros risques (longue maladie, accident grave de la circulation, etc.).
Les trois caisses dans une MUSO matérialisent un peu l'outil. C'est la première image de l'outil. Maintenant cet outil, si personne ne l'utilise, ou

si les gens l'utilisent mal, ça ne sert pas à grand-chose. Donc, autour de cet outil, il y a des membres, tout un groupe qui utilise cet outil. Et on peut se servir de cette image-là pour illustrer le fait que la MUSO est un outil, c'est une dynamique sociale, et les deux vont ensemble.

En fait, le plus important, ce sont les membres qui se mettent ensemble. Une MUSO c'est d'abord ça, des gens qui se mettent ensemble, des gens qui veulent cotiser, des gens qui veulent s'entraider, des gens qui veulent réfléchir à leurs activités, qui veulent construire quelque chose ensemble. C'est la base du choix des membres, par rapport à d'autres systèmes.

La Mutuelle de Solidarité n'est pas simplement un lieu de cotisation ou un outil de transfert de fonds dans le milieu rural. La MUSO est d'abord et avant tout un outil de structuration du milieu : des producteurs individuels s'organisent en se rassemblant. Avec la Mutuelle de Solidarité, ils deviennent une organisation de base. Structurés en organisation de base, les producteurs seront mieux à même de définir leurs points de vue, et de défendre leurs positions vis-à-vis de l'administration, dans le cadre de la décentralisation notamment. Durant la réunion, cotiser et octroyer des crédits ne dure pas nécessairement longtemps. Les membres de la Mutuelle de Solidarité peuvent profiter de ce temps pour échanger sur trois thématiques : le quotidien des familles, la production, l'environnement. C'est aussi l'occasion de se rappeler le savoir des anciens, et de se redire ensemble les valeurs culturelles et religieuses qui constituent les fondements de la société dans laquelle vivent les membres de la Mutuelle de Solidarité. Ces échanges peuvent recevoir l'appui de l'animateur. Mais, son principal travail sera d'apprendre aux membres des Mutuelles de Solidarité à dialoguer entre eux, sans nécessité d'assistance externe.

La microfinance sociale est celle qui a des objectifs mesurés et mesurables de performance sociale et financière, mais aussi environnementale. Au-delà de ce triple objectif, la microfinance sociale se définit aussi par les services qu'elle propose. Elle doit aller au-delà du crédit pour répondre véritablement aux besoins des populations. On doit pouvoir suivre la performance sociale, donc il doit y avoir des systèmes de mesure fiables.

- ✓ Le premier élément, c'est d'adapter au mieux les produits offerts aux besoins des populations. Il faut personnaliser le produit à la fois aux capacités de payer, et à la fois aux capacités de se représenter ce produit.
- ✓ Le deuxième élément, c'est de ne pas s'imaginer que le microcrédit est une nouvelle poule aux œufs d'or qui permettrait des retours extraordinaires sur les placements.

- ✓ Le troisième élément, c'est de ne pas s'imaginer que le microcrédit est uniquement destiné à lutter contre la pauvreté. Le microcrédit est destiné à l'inclusion financière, qui est une nécessité, compte tenu du contexte de financiarisation. La microfinance peut aussi s'adresser à des publics qui ne sont pas pauvres mais qui n'ont pas accès à des services financiers.

3.9 Caractéristiques des MUSO

3.9.1 Souplesse

Les membres des MUSO se choisissent de manière complètement libre. La Grameen Bank de Muhammad Yunus, donne moins le choix et fixe les effectifs des groupes à l'avance autour de 5 ou 10 membres. La préférence est de leur laisser le choix, ils connaissent leur milieu, ils savent avec qui ils peuvent travailler, en qui ils peuvent avoir confiance.
Les gens se choisissent, se sélectionnent et fixent eux-mêmes leurs règles de fonctionnement, et l'animateur n'a pas son mot à dire. C'est une règle fondamentale dans la MUSO. Le fait de laisser le groupe s'organiser fait partie de la méthodologie, ça force les gens à réfléchir sur comment ils veulent fonctionner ensemble. Il y a beaucoup d'inventivité et beaucoup de pratiques de ce genre. Il revient donc aux membres de décider avec qui ils veulent travailler, combien ils vont cotiser, la fréquence de réunions, etc.

3.9.2 Simplicité

C'est un outil assez simple. Il y a trois caisses, des clés, et des cadenas. Les caisses sont fermées et ne sont ouvertes qu'au moment de l'assemblée générale. Toutes les décisions de crédit, tous les mouvements de cotisations, se font en assemblée générale.
Là aussi, c'est quelque chose qui n'est pas tout à fait courant dans les associations de microfinance, même celles qui ont un montage coopératif où le plus souvent, les personnes délèguent les choses à un comité de crédit, puis à un Conseil d'Administration, ou à un Conseil de surveillance. Ici, ce n'est pas le cas, tous les membres prennent les décisions. Il y a certains rôles : président, secrétaire, trésorier. Ce ne sont pas des fonctions salariées, normalement ça ne procure pas d'avantages particuliers.
Est-ce que cette idée-là correspond à une banque ? Oui ? Non ? Il y a des nuances. Et pourtant, en RD Congo, on « vend » et on promeut cette

Mutuelle de Solidarité, en disant : « Faites votre banque au village ». C'est l'organisation locale qui a développé ce slogan. Ils disent : on va former la banque au village. Et ça marche. Ils s'appuient sur leurs convictions, leur expérience, leurs convictions religieuses aussi. C'est à la fois leur source d'inspiration, mais aussi de pratique. Ce n'est pas la source d'inspiration dans tous les pays.
Les MUSO sont nées au Sénégal dans une organisation où la plupart des gens sont des Musulmans. Là, ce n'était pas leur source d'inspiration. Voilà : une relative simplicité, avec des caisses qui sont ouvertes en assemblée générale, et tous les mouvements se passent à ce moment-là. En général, il reste peu d'argent dans les caisses. Il y a des cadenas, toujours. Quelquefois, certains membres mettent des cahiers dedans pour les conserver, les gens n'osent pas toujours les garder par devers eux, ça dépend des pays aussi. Souvent ces caisses sont confiées à des caissières, à tour de rôle, ça dépend aussi du climat de sécurité dans le pays.

3.9.3 Rigueur

Les caisses sont une matérialisation de cette rigueur, qui passe d'abord par la tenue des comptes. La tenue des comptes, c'est quelque chose qui est toujours un peu difficile, surtout au début. Bien sûr, on est dans des milieux où il y a un analphabétisme majoritaire. Il arrive qu'on ait même quelquefois du mal à trouver une personne qui peut tenir le cahier. L'animateur dans ces cas-là joue un peu le rôle de secrétaire pour essayer de tenir les cahiers, mais ces choses-là doivent évoluer, parce que le but de la MUSO c'est que les membres gèrent leur affaire.
L'idée c'est que la MUSO vive sur elle-même, même si elle doit rester en transparence par rapport à la structure de promotion qui l'a formée. La rigueur, c'est aussi une des raisons pour lesquelles il y a des caisses différentes.

3.10 Produits de la MUSO

3.10.1 Activité d'épargne

L'épargne se fait sous forme de cotisations récupérables dans la caisse verte. Le terme de cotisations indique que chaque membre met la même somme d'argent, à une fréquence régulière, déterminée par le groupe. Dire que les cotisations sont récupérables, signifie que les cotisations n'appartiennent pas à la MUSO, mais continuent d'être la propriété de ceux qui les ont apportées. Ils pourront les reprendre lorsqu'ils quitteront la MUSO. Il est important que le montant de la cotisation soit fixé par le groupe. Aucune personne extérieure au groupe ne peut savoir ce qui est bon pour le groupe d'une région donnée, et encore plus, pour l'ensemble des régions du pays.

L'animateur se refusera donc à fixer un montant de cotisation. Il attirera cependant l'attention des futurs membres sur le fait que si la cotisation est fixée à un montant trop élevé, elle écartera certaines personnes dès le départ, ou pire encore, certains membres quitteront la MUSO au bout de quelques mois. Le temps de discussion sur le montant de la cotisation doit être suffisamment long pour que les membres réfléchissent bien aux conséquences de leur choix.

La MUSO n'est pas faite pour battre des records de montants épargnés. Ce n'est pas sur le montant épargné qu'on pourra évaluer sa qualité, mais *sur la cohésion de ses membres, la fidélité aux engagements tenus, la bonne gestion des opérations.*

La régularité des cotisations ne doit pas être un dogme. Si des femmes qui se livrent en toute saison à des activités de petit commerce peuvent cotiser chaque mois, on peut rencontrer des ruraux qui n'ont pas ces opportunités, et sont confrontés à de longues périodes de soudure, où ils ne trouvent même pas de quoi manger. Dans ce cas, l'apport de ressources à la caisse verte pourra être issu des fruits d'un champ collectif, ou de cotisations qui sont faites seulement à certains moments de l'année.

Un membre qui tombe malade peut ne pas pouvoir cotiser régulièrement. Dans ce cas, c'est à la MUSO de définir quelle mesure adopter. L'animateur rappellera aux membres qu'ils disposent d'un cahier de bord, qui leur permet de garder une trace écrite des événements et décisions marquants de la vie de la MUSO.

Cette épargne sous forme de cotisation n'est pas rémunérée comme le serait un placement à terme dans une banque, ou un compte sur livret dans une caisse d'épargne et de crédit. Toutefois, les membres peuvent décider que les profits retirés par la MUSO, sur son activité crédit et déduction faite des dépenses, seront partagés entre les membres. Cette pratique permet de valoriser l'épargne, et de faire en sorte que l'inflation ne l'érode pas. Le partage n'est pas la seule manière d'utiliser les profits retirés de l'activité crédit. Certaines MUSO décident d'investir collectivement.

3.10.2 Activité de crédit

Les crédits sont octroyés dans un premier temps uniquement sur base des cotisations récupérables des membres mises dans la caisse verte. Au fil du

temps, le crédit se fera sur les cotisations, mais aussi sur les revenus des premiers crédits. Par la suite, la caisse bleue, alimentée par des ressources externes, pourra compléter le potentiel de crédit de la caisse verte, voire octroyer elle-même des crédits, de préférence à moyen ou long terme pour les différencier de ceux de la caisse verte.
Les décisions de crédits sont prises par l'ensemble des membres de la MUSO. Les crédits sont octroyés en fonction des besoins des membres. Ils ne sont pas d'un montant égal comme dans les tontines. Les crédits ne sont pas fonction d'un objet prédéterminé par la MUSO, mais fonction des besoins des membres qui sont, cependant, tenus d'expliquer aux autres membres comment ils vont rembourser le crédit.
Le niveau de rémunération des crédits (PAF), calculé en valeur nominale et non en pourcentage, est fixé par les membres. Le montant individuel de chaque crédit est plafonné par décision de la MUSO, pour permettre de servir le maximum de membres, en tenant compte des ressources de la MUSO. Le plafond individuel est fixé par les membres.
L'animateur a comme mission principale de respecter les choix des membres en matière de gestion des crédits. Mais, il doit expliquer en détail les risques que présente un crédit. L'animateur aide aussi à la définition de la période bloquée d'accumulation de cotisations, pour que la MUSO puisse prêter des sommes significatives. Il indique, enfin, la nécessité de définir un plafond individuel de crédit, ainsi qu'une période maximale de remboursement. Plus le plafond individuel sera élevé, plus petit sera le nombre de membres qui pourront bénéficier simultanément du crédit, et plus grand sera le risque.

3.10.2.1 Echanges financiers avec l'extérieur

La MUSO ne peut couvrir tous les besoins de financement de ses membres. Au début de son existence, sa capacité de prêt sera limitée et ne pourra financer que du fonds de roulement et non de l'investissement. L'outil prévoit donc que la MUSO pourra être refinancée via la caisse bleue, dans le cas, bien sûr, où elle aura prouvé sa capacité à bien gérer son propre argent.
Echanger avec l'extérieur ne se fait pas que dans un seul sens. Les membres de la MUSO peuvent vouloir acheter des biens (engrais, semences, transport de la production, moulin, une pompe à eau, prise de participation dans une institution financière, dans une entreprise de transformation…), et des services (réparation du puits, conseils d'un agronome et/ou d'un vétérinaire, cotisation à une organisation

professionnelle régionale dans l'espoir d'en retirer des services...) à l'extérieur. La caisse bleue servira à organiser et enregistrer ces mouvements d'argent, que ce soit pour des biens et services achetés collectivement ou individuellement par les membres de la MUSO. Dans ce cas, l'opération ne pourra se faire que si les membres font un apport d'argent spécifique pour cette finalité.

3.10.2.2 Organisme de refinancement

L'organisme de refinancement peut être le promoteur lui-même, mais aussi une institution financière (caisse d'épargne et de crédit, banque agricole), ou encore une ONG.

Les premiers refinancements via la caisse bleue ne peuvent avoir lieu qu'après quelques mois, le temps que la MUSO démontre son bon fonctionnement, notamment au niveau du remboursement des premiers crédits octroyés à partir des cotisations des membres.

De manière générale, le premier refinancement ne doit pas se faire dans la précipitation, et il faut laisser le temps à une MUSO de trouver son équilibre (cohésion des membres, taux de remboursement, rythme de capitalisation, ...).

C'est au vu des résultats du fonctionnement de la MUSO autour de la caisse verte et de la caisse rouge éventuellement, qu'une institution de financement peut se décider à refinancer une Mutuelle de Solidarité. L'évaluation n'est pas difficile : dans la Mutuelle de Solidarité tout est écrit, tout doit être transparent.

3.10.2.3 Modalités des crédits

Chaque groupe-MUSO, décide le taux qu'il veut appliquer et la durée du crédit. Souvent, au début, les montants de cotisation sont faibles, l'argent accumulé n'est pas très important, l'argent circule assez rapidement.

La durée du prêt dépend aussi des activités des membres, mais elle peut changer. Si les membres sont des agriculteurs qui cultivent le café, la durée sera un peu plus longue que pour des femmes qui font du petit commerce. D'une manière générale, jusqu'à maintenant, le crédit est remboursé en moins d'un an. Ça reste limité.

On ne peut pas tout faire avec la MUSO. Ce serait le rôle d'une structure de refinancement d'un stade supérieur, dont les MUSO peuvent être partie prenante, de développer un autre type de crédit, pour d'autres

investissements, plus importants et à plus long terme. Mais globalement, les MUSO fonctionnent mieux pour des petits investissements.
En effet, si tout le monde veut accéder au crédit, une seule personne ne pourra pas mobiliser l'entièreté du capital pour acheter un camion, transporter des bananes, ou d'autres choses du genre. Ils se fixent entre eux des intérêts, parfois relativement élevés. Mais, les intérêts reviennent dans la caisse commune, ce qui veut dire que les intérêts versés par chacun servent à nourrir la caisse qui appartient au groupe, et à laquelle chacun peut emprunter à son tour.
Au Nord Kivu, ils ont envisagé de créer leur propre banque, mais pourquoi ce projet puisque qu'il en existe ailleurs, les membres ont répondu que les intérêts de cette banque-là leur appartiendraient.

3.11 Responsabilités au sein de la MUSO

Les membres de la MUSO doivent se répartir les fonctions : qui préside les réunions, qui assure le secrétariat, qui garde les caisses et reçoit les remboursements de prêts, qui décide du montant des cotisations de la caisse rouge, qui contrôle les détenteurs de fonds et les emprunteurs.
Cette dernière fonction de contrôleur doit retenir l'attention de l'animateur : le niveau de pauvreté des membres les soumet à de fortes tentations permanentes pour subvenir à leurs besoins. A la différence de la tontine, il y a dans la MUSO de l'argent qui dort. Ces fonds doivent être régulièrement contrôlés par l'animateur, du moins dans les premiers mois d'existence de la MUSO. Parallèlement, il formera les membres à exercer cette fonction de contrôle.
La MUSO pourra créer de nouvelles fonctions, mais celles de président, trésorier, secrétaire, caissier, contrôleur sont indispensables, et ne peuvent en aucun cas être cumulées par une même personne. Elles ne peuvent non plus être assumées par des personnes qui ont des liens de parenté trop proches (épouse et mari, parents et enfants, frère et sœur).

3.11.1 Acteurs

Cette partie vise à bien identifier tous les protagonistes impliqués, de près ou de loin, autour d'une MUSO, afin d'en définir les rôles, responsabilités, etc.

3.11.1.1 Membres de la MUSO

Une Mutuelle de Solidarité peut être créée par des personnes :

- ✓ Qui se choisissent librement ;
- ✓ Qui se connaissent bien entre elles ;
- ✓ Qui partagent des conditions de vie identiques ;
- ✓ Qui ont les mêmes niveaux de revenus.

Le nombre de membres de la Mutuelle de Solidarité peut être fixé par les membres eux-mêmes. Il est toutefois recommandé de se situer dans une fourchette de 5 à 50 membres. Au-delà de 50 membres, la Mutuelle de Solidarité pourrait être difficile à gérer, et des conflits pourraient naître entre les membres.

La Mutuelle de Solidarité se dote d'une présidente, d'une trésorière et de plusieurs caissières :

- ✓ La présidente préside les réunions et conserve le double des clefs des caisses dans trois enveloppes scellées, qui doivent être présentées à chaque réunion, et n'être ouverte qu'en cas de nécessité grave. Dans ce cas, les membres doivent être informés à la réunion suivante des raisons d'ouverture de l'enveloppe, et une nouvelle enveloppe doit être constituée dès que le problème est réglé.
- ✓ La trésorière tient les journaux des trois caisses et conserve les clefs des caisses ;
- ✓ Les caissières (ou caissiers) conservent les caisses en dehors des réunions à domicile, et les tiennent cachées.

Taillefer (2001) recommande vivement que les responsables n'aient pas de liens de parenté entre eux. Ils doivent, en outre, être choisis par l'assemblée générale du groupe.

Comme dans toute structure démocratique, l'assemblée générale des membres est souveraine. Elle a entre autres pour fonction d'élire un président, un trésorier, un secrétaire, un contrôleur et trois caissiers. C'est également le lieu où se prennent toutes les décisions. De ce fait, chaque réunion de la MUSO est une assemblée générale.

1. Sélection des membres : les membres eux-mêmes se choisissent. Personne d'autre ne doit interférer dans ce choix essentiel. En effet, la cohésion des membres doit être forte si l'on veut que la MUSO soit solide.
2. Taille de la MUSO : le nombre de membres d'une MUSO varie en fonction du contexte local. En Haïti, où les relations sociales

sont parfois tendues, la taille des MUSO est plutôt faible (environ 20 personnes), alors qu'au Sénégal, où la « sociabilité » est plus large, il n'est pas rare de trouver des MUSO de plus de 100 personnes, tout le village voulant être rassemblé dans la même MUSO.

3. Responsabilités des membres : trop souvent, on observe que les membres se font « déposséder » de leur caisse de base par des élus plus malins que les autres. Avec ses principes, l'ouverture des caisses en public et la séparation des caisses et des clés entre les assemblées générales, l'outil financier MUSO donne à ses membres la possibilité d'exercer un véritable contrôle sur les activités de leurs caisses.

3.11.1.2 Responsables

1. **Président**

La présidence dans une MUSO est plutôt honorifique. Toutefois, le président se charge de :

- ✓ Convoquer et animer les réunions ;
- ✓ Prendre toutes les mesures nécessaires au bon fonctionnement de la caisse ;
- ✓ Conserver les doubles des clefs dans une enveloppe cachetée et signée par les membres. Cette enveloppe doit être présentée à chaque réunion.

Il ne doit pas toucher physiquement à l'argent, car c'est le rôle du trésorier.

2. **Trésorier**

Le trésorier exerce une double fonction : il tient les écritures et encaisse les espèces. Il s'occupe de :

- ✓ Enregistrer les écritures comptables sur les supports comptables prévus à cet effet ;
- ✓ Effectuer les transactions financières (encaissement des cotisations et des remboursements, déblocage des crédits, paiement des dépenses) ;
- ✓ Garder une clef de chacune des trois caisses.

Les supports comptables sont conservés dans les caisses entre les réunions de l'assemblée, car la fraude commence aussi avec la manipulation des écritures comptables.

Le (ou la) trésorier (e) ne conserve pas les doubles des clefs, car il peut avoir un empêchement et bloquer la vie de la MUSO. Les doubles d'une caisse sont donc conservés dans une enveloppe scellée et déposée chez le président de la MUSO.

3. Secrétaire

Le rôle du secrétaire est :

- ✓ De rédiger et conserver les procès-verbaux des assemblées générales ;
- ✓ D'inscrire dans le cahier de bord, tous les événements marquants de la vie de la MUSO, et notamment les anomalies : défaut de cotisation, retard dans le remboursement, etc. ;
- ✓ D'actualiser le tableau de bord en collaboration avec le trésorier.

Afin de suivre l'évolution de la MUSO, un tableau de bord de suivi mensuel permet de collecter les données statistiques essentielles. Ces statistiques contribuent à la visibilité de l'activité de la MUSO.

4. Contrôleur

Le contrôleur est désigné par l'assemblée générale, et a pour fonction de contrôler les activités de la MUSO. Pour cela, il doit être en mesure de comprendre et d'analyser les supports comptables de la MUSO. L'assemblée générale peut lui désigner des adjoints si nécessaire. Le contrôleur ne peut pas exercer d'autres fonctions au sein de la MUSO.
La présence d'un contrôleur ne peut pas limiter la vigilance de l'assemblée générale, notamment lors des temps d'ouverture et de fermeture des caisses, qui doivent être l'occasion d'un comptage public de l'argent.

5. Caissiers

Les trois gardiens des caisses ont pour unique fonction de garder la caisse entre chaque réunion de la MUSO, et de l'apporter aux réunions. Ils seront évidemment choisis par l'assemblée générale pour la confiance et la sécurité qu'ils inspirent. Ils doivent prendre toutes leurs précautions pour que la caisse qui leur est confiée soit en sécurité dans la maison.

3.11.2 Organes de la MUSO

3.11.2.1 Assemblée générale

Elle est constituée de l'ensemble des membres et se tient donc chaque fois que les membres sont réunis pour cotiser. A la différence de structures comme les caisses d'épargne et de crédit, il n'y a donc pas de processus de convocation ni de notion d'assemblée générale ordinaire ou extraordinaire. Les fonctions de l'assemblée générale sont les suivantes :

- ✓ Elire un président, un trésorier, un secrétaire, un contrôleur et trois caissiers ;
- ✓ Décider des règles financières de la MUSO concernant : le montant et la fréquence de la cotisation récupérable (caisse verte) et de la cotisation définitive (caisse rouge), l'octroi des crédits, ainsi que le montant des PAF ;
- ✓ Octroyer les crédits ;
- ✓ Octroyer les secours ;
- ✓ Décider de l'affectation des profits issus des PAF, déduction faite des dépenses de la caisse.

L'assemblée générale se réunit à la fréquence décidée par les membres. A la différence de structures plus classiques, toute réunion de la MUSO a statut d'assemblée générale.

3.11.2.2 Bureau

Le bureau est composé de trois personnes : le président, le secrétaire et le trésorier. Il est élu par l'assemblée générale. Il est recommandé de ne pas constituer un bureau qui aurait, en tant que tel, des fonctions particulières. Si la MUSO compte 20 personnes, il n'y est pas difficile de prendre les décisions tous ensemble. Toutefois, si les membres de la MUSO sont nombreux, alors ils peuvent donner des mandats particuliers au bureau (Président, trésorier, secrétaire), et notamment, celui d'attribuer les crédits et de donner les dons en cas de difficultés. Mais, le principe de l'ouverture des caisses en public demeure.
La Mutuelle de Solidarité doit décider, dans ses statuts, à quelle fréquence elle veut renouveler les membres de son bureau. Là encore, il n'y a pas de règles intangibles et universelles. Il peut être démocratiquement correct de renouveler le bureau à échéances régulières. Mais, en même temps, si peu de personnes sont alphabétisées dans la zone, il sera difficile de trouver un autre trésorier. De même, si les notables du village sont

inamovibles ou se succèdent de père en fils, il ne sera peut-être pas facile de faire changer régulièrement un président de MUSO.

3.12 Mutuelle de Solidarité, une méthodologie adaptée au milieu rural

Comment accéder à des services financiers en milieu rural vulnérable, lorsqu'on est confronté à une offre inadaptée aux besoins (du fait des conditions d'octroi, des délais, des coûts, etc.), voire inexistante (zones reculées, en crise politique, etc.) ?

La Mutuelle de Solidarité (MUSO) est une réponse originale à cette problématique, à la fois un outil de financement populaire et un groupe d'entraide. En 1995, l'organisation paysanne sénégalaise Union des Groupements Paysans de Méckhé (UGPM) a développé ce système de caisses, inspiré de la tontine, mais qui permet en plus une accumulation de l'épargne, des octrois de crédits adaptés aux besoins, l'accès à une caisse de prévoyance et à des financements externes.

Les règles concernant la sécurité des fonds (ouverture des caisses en assemblée, tenue des comptes, séparation des rôles, des caisses et des clés) sont intangibles. Toutes les autres décisions sont prises en assemblée générale : fréquence et montant des cotisations, attributions de crédits, participation aux frais, utilisation de la caisse rouge.

Les avantages de cet outil (simplicité, décentralisation, autogestion et appropriation aisées) et l'implication, avec des institutions « promotrices » locales ont facilité sa diffusion : en 2011, plus de cinq milles (5000) MUSO regroupant environ cent milles (100 000) membres sont répertoriées dans huit pays (Sénégal, Burkina, Mali, Rwanda, Burundi, RDC, Madagascar, Haïti).

Ce succès permet d'établir plusieurs constats. Sur le plan financier, la possibilité d'épargner répond à une demande très forte qui, avec la caisse de secours, diminue la vulnérabilité des membres. L'octroi d'un crédit, parce qu'il est rapide, simple, sans exigence de garantie, répond bien aux besoins (même si les montants ne les couvrent pas encore tous, notamment pour les investissements à moyen terme par exemple). Les taux de remboursement sont très élevés.

La dynamique financière ainsi créée est parfois impressionnante : au Kivu, région en conflit de l'Est de la RDC, les trente milles (30 000) membres des MUSO ont pu épargner deux millions de dollars américains en huit ans. Les MUSO sont même devenues actionnaires majoritaires de leur caisse de refinancement, créée avec la SIDI.

Sur le plan social, la MUSO est un outil dont les principes de fonctionnement et l'activité régulière permettent apprentissage et organisation. La gestion décentralisée permet d'utiliser l'outil en réponse à des problèmes identifiés localement. Ainsi en Haïti, les MUSO se sont concertées et mobilisées pour pouvoir disposer localement de médecins pour faire face au choléra. Organisation humaine gérant de l'argent, la MUSO n'est évidemment pas exempte de risques : la mise en place ou l'évolution inadaptées, ou le détournement des objectifs peuvent être sources de conflits et d'échecs. Ces risques sont cependant limités par une formation suffisante, et un suivi externe régulier et rigoureux. Grâce à leur connaissance du milieu et à leurs animateurs de terrain, les institutions locales promotrices de l'outil ont permis le succès durable de la MUSO.

3.12.1 Epargne informelle : moteur de développement pour le secteur informel

L'épargne est une réalité dont les économistes ont actuellement pris conscience et qui n'est plus à prouver. Donc, conscient de son rôle et de son importance déterminante dans la mise en place de toute politique de développement, il reste néanmoins à préciser comment cette épargne est générée, mobilisée et quelles en sont les contreparties réelles.

Des travaux économiques ont permis de mettre en évidence la dualité de l'économie africaine, formant deux sphères structurées selon des logiques autonomes :

- ✓ La sphère de l'officiel gravitant autour de l'Etat, et représentant les grandes entreprises industrielles ou commerciales et les administrations ;
- ✓ La sphère de l'informel, regroupant tout le reste de l'activité productrice urbaine, l'artisanat et le petit commerce.

Tentant de grandir à la marge de l'activité officielle d'un secteur économique dominant, l'informel échappant à toutes contraintes fiscales et réglementaires, est une puissante manifestation d'une libre économie de marché, dont dépend la survie d'une très large part de la population des récentes mégapoles africaines.

Or, comme l'on peut distinguer pour l'activité productive, l'officiel et l'informel, nous reconnaîtrons aussi deux types d'épargne. En matière de financement, l'officialité est représentée par les établissements de crédit bancaires, institutions s'identifiant aux pouvoirs publics, qui gèrent sur leurs comptes une épargne à vue ou à terme.

Mais, parallèlement s'épanouissent, en dehors de tout cadre légal, des circuits informels de collecte de l'épargne privée. Ces circuits sont contrôlés par les agents eux-mêmes, parfois par le biais de groupements, qui définissent leurs règles particulières de collecte et d'allocation de ressources. C'est le cas pour les Mutuelles de Solidarité.
La structure bancaire, performante dans le financement de l'activité publique et parapublique, est réputée être inadaptée dans ses procédures au financement de l'activité informelle. Les règles de la production informelle et de sa répartition étant si particulières, il en résulte des besoins de financement spécifique, en volume, durée, risque et garanties offertes, rendant impossible tout rapprochement avec le système bancaire. Ainsi, deux sphères nettement distinctes doivent être dégagées : au secteur officiel un financement bancaire, au secteur informel un financement informel. Très nette au niveau théorique, cette distinction souffre néanmoins dans les faits d'un certain brouillage. De nombreuses passerelles sont jetées par les acteurs eux-mêmes entre ces sphères, permettant à chacune de bénéficier du dynamisme de l'autre. Notamment, les circuits informels d'épargne bénéficient des liquidités nouvelles générées par le système bancaire.

3.12.2 Les MUSO, solution au financement des AGR et dans la lutte contre la pauvreté

L'accent est mis sur les activités génératrices de revenu (AGR) offrant une vision sur le long terme du développement économique. Dans la région (l'est de la RDC), les revenus sont encore généralement basés sur l'agriculture, et ils varient donc drastiquement d'une saison à l'autre. Si la météo est mauvaise, c'est tout le village qui peine aux champs sans résultat. De plus, de nombreux jeunes préfèrent travailler à la mine, délaissant les bancs de l'école et les bienfaits d'une éducation.
Grâce à l'approche des MUSO, les membres sont incités à favoriser des activités fiables qui assurent un revenu sûr, stable et durable, comme des dépôts pharmaceutiques ou d'autres petites boutiques.

3.13 Conclusion

Ce chapitre basé sur les MUSO, avait pour objectif de tracer le portrait, de façon globale, des Mutuelles de Solidarité, une innovation sociale, un outil microfinancier de proximité. La MUSO a été entendue comme un

système de microfinance souple, simple, populaire et solidaire, regroupant des personnes vivant ensemble dans une localité ou quartier de la ville, partageant les mêmes réalités et ayant le même besoin en financement.
La MUSO, un outil financier qui est né vers les années 1995 au Sénégal, est une microfinance sociale, car elle développe la solidarité au sein du groupe et s'intéresse à la vie des membres. La MUSO est également un outil financier populaire, car constituant un lieu de plus grande convivialité. En effet, par ses principes et ses objectifs bien clairs, la MUSO est un système pédagogique constitué des caisses de couleurs différentes qui symbolisent les différentes opérations financières. Et ses principaux produits sont le microcrédit et l'épargne. C'est aussi un outil financier informel et adapté dans les milieux défavorisés par les banques classiques et les IMF formelles, et qui peut aider dans le financement des activités agricoles et paysannes. La MUSO offre une large gamme des services financiers personnalisés pour des personnes vivant dans la pauvreté, avec des revenus potentiellement irréguliers et imprévisibles. Et ces personnes parviennent à économiser, à accéder au crédit, à s'assurer, à réaliser des paiements.
Au terme du chapitre trois de la première partie de cette étude, nous entamons le chapitre cinq de la deuxième partie qui porte sur l'inclusion financière, la performance sociale de la microfinance et de la réduction de la pauvreté.

QUATRIEME CHAPITRE : INCLUSION FINANCIERE ET PERFORMANCE SOCIALE DE LA MICROFINANCE

4.1 Introduction

Le chapitre présente aux lecteurs l'inclusion financière de la microfinance en tant qu'offre de services financiers, répondant effectivement et efficacement aux besoins des personnes vivant avec un revenu faible. Il indique également le bilan social concernant la réalisation concrète de la mission sociale d'une organisation de microfinance, c'est-à-dire, la mise en pratique efficace de la mission sociale d'une institution, conformément à des valeurs sociales reconnues.

Les services d'épargne et/ou de crédit, ainsi que tous les services connexes, contribuent certes, à améliorer le niveau de vie des bénéficiaires, et d'accéder à un développement humain durable, en vue d'une meilleure intégration sociale. Alors, comment la microfinance parvient-elle à fournir un ensemble de produits financiers adaptés aux personnes exclues du système financier classique ou formel, et à lutter contre la pauvreté ?

Cette partie fait un lien entre la microfinance, sa capacité à fournir des services financiers adaptés aux personnes à revenu faible, et donc, son rôle dans la réduction de la pauvreté.

4.2 Inclusion financière

Vivre dans la pauvreté signifie notamment avoir des revenus potentiellement irréguliers et imprévisibles. Les gens vivant dans la pauvreté ont besoin de pouvoir accéder à une large gamme de produits et services financiers personnalisés en fonction de leur situation. Les services financiers peuvent aider ces populations à accumuler des actifs par le biais de l'épargne ou en finançant des activités génératrices de revenus (AGR), ainsi qu'à surmonter les chocs ponctuels (maladie, décès, vol, catastrophe naturelle, etc.).

Des études montrent que, malgré toutes leurs difficultés, de nombreuses personnes survivant avec moins de deux dollars par jour parviennent à économiser, à accéder au crédit, à s'assurer et à réaliser des paiements et des transferts d'argent en utilisant tous les moyens à leur disposition. Mais, ces moyens peuvent leur coûter cher à plusieurs égards : pour accéder aux produits financiers les plus basiques, les pauvres doivent payer des frais élevés et recourir souvent à des solutions peu sûres, imprévisibles et proposées par des personnes sans scrupules. C'est pourquoi, les mouvements en faveur de l'inclusion financière s'efforcent de promouvoir la fourniture d'une gamme complète de produits financiers à des prix raisonnables et ne présentant pas les multiples risques auxquels les pauvres sont confrontés.

L'ancien paradigme des finances rurales développé durant les années 1950 à 1980 dans les pays en développement était fondé sur la volonté des pouvoirs publics de faciliter l'accès au financement rural, car la plupart des pauvres y vivaient, et l'agriculture était leur principale activité de production. L'objectif était clairement la promotion du développement de l'agriculture par une modernisation des conditions de production et de commercialisation.

L'approche privilégiée avait pris la forme d'une intervention directe de la part des États par l'intermédiaire de banques publiques de développement et des bailleurs de fonds sur le marché du crédit, à des conditions favorables (taux d'intérêt bonifiés, absence de garantie, appuis techniques complémentaires, etc.). La logique de guichets, les défauts de remboursement et la corruption ont entraîné un large rejet de l'intervention publique, tant dans le secteur financier que dans celui de l'agriculture.

La période des années 1990 à 2000 a été marquée par la fermeture de la majorité des banques publiques de développement, la libéralisation du secteur, et corrélativement l'essor de la microfinance. L'enjeu de cette évolution n'est plus le financement d'un secteur d'activité considéré comme central, voire prioritaire pour le développement économique et social des pays. La démarche vise dorénavant à favoriser l'inclusion financière des populations, c'est-à-dire, l'accès et l'usage par ces populations exclues de services financiers fournis par des intermédiaires financiers formels : banques, coopératives financières, institutions de microfinance, etc.

Ce qui pouvait être initialement le projet d'une organisation de la société civile ou d'un programme public, se trouve graduellement transformé en un établissement financier de plein exercice, sur lequel pèsent les injonctions de rentabilité formulées par les bailleurs de fonds, les organismes internationaux et les politiques publiques nationales.

En effet, l'inclusion financière doit être entendue comme l'offre de services financiers répondant effectivement et efficacement aux besoins des différentes catégories de la population, à un coût devant rester compatible avec leurs capacités de le couvrir. Elle est considérée aussi comme l'ensemble des dispositifs mis en place pour lutter contre

l'exclusion bancaire et financière. Elle englobe toute une gamme de produits et services financiers et non financiers rendus accessibles aux populations pauvres.
Cependant, le développement par l'économie permet à des millions de personnes dans le monde d'avoir accès au système bancaire, alors qu'elles en sont exclues. Les banques, surtout en ce moment, n'ont pas très bonne presse, pourtant, il est clair qu'une personne exclue du système bancaire, n'a pas la possibilité de recevoir des fonds pour mettre en œuvre ses projets, et ne peut rien faire.

4.2.1 Inclusion financière et lutte contre la pauvreté

L'inclusion financière a pour but d'élargir l'accès à des produits et services bancaires et financiers abordables et responsables, pour les populations exclues du circuit bancaire classique. Pour parvenir à inclure le plus grand nombre dans le système financier, et leur faire bénéficier de services bancaires adaptés, toute une gamme de produits et services ont été développés, le plus connu étant le *microcrédit*.
Mais, il existe aujourd'hui des services financiers qui répondent à des besoins qui vont bien au-delà du microcrédit : transferts d'argent, micro-épargne, microassurance, micro-pension. Bien conçus, ces produits ont un potentiel énorme en termes de développement.
L'inclusion financière permet aux populations pauvres de financer leurs activités, d'épargner, de subvenir aux besoins de leur famille et de se protéger contre les risques de la vie courante. Leur distribution sur le marché est assurée par divers organismes financiers : institutions de microfinance (IMF), coopératives, prestataires de microassurance, banques, ONG, Associations, etc. Il est essentiel que ces distributeurs inscrivent leurs activités dans une démarche responsable et sociale, pour remplir l'objectif premier de l'inclusion financière : lutter contre la pauvreté. De nombreux défis restent cependant à relever pour ces distributeurs : tout l'enjeu est de servir les intérêts des populations pauvres, tout en assurant leur propre viabilité économique.
La première raison primordiale de l'inclusion financière est la prise en compte des pratiques usuraires. Dans la plupart des villages du Tiers Monde, mais plus en Asie qu'en Afrique, les paysans empruntent, en argent ou en nature, surtout dans les mois qui précèdent la récolte à leur propriétaire, à un commerçant, à un « prêteur professionnel », à des taux exorbitants pouvant atteindre 50 à 100% pour une durée qui n'importe pas, mais qui est toujours courte. On observe la même chose en ville.

4.2.2 Bases de fonctionnement de l'inclusion financière

Historiquement, la microfinance s'est construite comme outil d'inclusion des exclus du système bancaire classique, offrant des services aux "non bancables", à ceux qui ne peuvent offrir des garanties physiques ou qui résident dans des zones reculées, enclavées, isolées des services financiers. Pour répondre à ce souci d'inclusion, les bases de fonctionnement des institutions de microfinance (IMF) ont reposé sur les liens sociaux, et la proximité avec les bénéficiaires :

1) La solidarité et la participation : on trouve ces ressorts dans le fonctionnement des groupes de caution solidaire. Dans les systèmes coopératifs, chacun est membre et participe à la gestion de l'institution. Au sein des banques villageoises, l'ensemble du village est partie prenante et responsable du bon fonctionnement de la caisse pour le bien du village, etc.
2) Des services pour les exclus : les services ont été pensés et adaptés pour les besoins d'une population marginalisée économiquement ou socialement (petites sommes, remboursements réguliers, ciblage des activités des ménages pauvres, contacts directs avec des agents de crédits locaux, etc.).
3) Les services reposent sur la proximité avec les bénéficiaires : proximité géographique avec le développement d'agences rurales ou les services des "banquiers ambulants" qui se déplacent vers les clients ; proximité sociale dans la recherche d'une réduction des barrières entre les clients et l'institution (agents locaux, services adaptés au contexte culturel et religieux, etc.) ; proximité temporelle se traduisant par des contacts fréquents entre l'institution et ses clients par des remboursements réguliers ou de fréquentes séances de formation et d'échanges. La proximité accroît la confiance, réduit les asymétries d'information et atténue les barrières sociales entre les clients et l'institution.

4.2.3 Inclusion financière, source d'innovation

Un ajustement des stratégies d'inclusion financière des ménages pauvres est cependant déjà perceptible dans les milieux où la microfinance, informelle comme formelle, est plus rependue. On assiste à une remise en cause du tout "microcrédit", laissant la place à une vision plus diversifiée. Sans chercher l'exhaustivité, les principales innovations ou domaines en fort développement concernent les activités suivantes : liaison avec les schémas de protection sociale (sécurisation des revenus et de la consommation face aux chocs), technologies de crédit différenciées, produits d'épargne (précaution, long terme), microassurance (crédit décès, santé, logement...), financement de l'éducation (frais de scolarité), financement du logement, transfert de fonds des travailleurs migrants, microequity (capital risque, dons pour *startup*).

S'il convient de mettre en lumière les atouts de cette perspective renouvelée, il faut aussi se convaincre que l'inclusion financière par les IMF est un outil parmi d'autres (transferts monétaires conditionnels, Self Help Group...). On peut alors percevoir un nouveau champ d'analyse qui se fonderait à la fois sur une meilleure connaissance des besoins exprimés par les ménages pauvres (ils ne cherchent pas forcément du crédit), et sur l'application d'un principe de spécialisation (ou de subsidiarité)

4.2.4 Responsabilité sociale

Par responsabilité sociale, nous faisons référence aux conséquences des choix opérés par une institution dans son champ spécifique d'intervention. Autrement dit, ce qui de fait constitue son corps de métier, en l'occurrence, pour ce qui est de la microfinance, il s'agit du processus d'inclusion financière.

C'est le fait de prendre en compte les besoins financiers des personnes marginalisées par les banques classiques. C'est ainsi que ce genre d'institutions choisissent d'œuvrer dans les milieux défavorisés (les faubourgs, les villages), avec des personnes communément appelées, à revenu faible (les pauvres).

4.2.5 Inadéquation de l'inclusion financière

Les politiques d'inclusion financière reproduisent essentiellement les modalités de la microfinance contemporaine en milieu urbain (prêts de faible montant et à court terme, où le capital doit commencer à être remboursé, alors que l'activité n'a pas encore dégagé de revenus additionnels).

Elles sont inadéquates pour répondre aux besoins de financement de la plupart des productions agricoles. Elles tendent à favoriser en zones rurales les activités non agricoles au détriment des productions agricoles. Il est illusoire de penser qu'en favorisant une microfinance à but lucratif, et en permettant une massification de l'offre de petits prêts et de services annexes qui rendent ce service financier rentable, ces prestataires auront

ensuite la volonté de diversifier l'offre et d'aller dans des zones à faible densité de population et de rentabilité moindre.
Cependant, cette façon de faire a aussi un côté positif qui est celui de la diversification des activités génératrices des revenus dans les milieux ruraux, et de faire face à des périodes de mauvaises récoltes, et/ou des calamités naturelles. La diversification des activités préserve les ruraux des chocs liés à la nature (climat).

4.3 Performances sociales de la microfinance

Le secteur de la microfinance est à la croisée des chemins. Les IMF ont montré leur capacité à offrir, de façon durable, aux exclus des systèmes bancaires classiques, des services financiers diversifiés et adaptés (petites sommes, remboursements réguliers, ciblage des activités des ménages pauvres, contacts directs avec des agents de crédits locaux, etc.). Elles ont imaginé des garanties non traditionnelles et ont développé des systèmes basés sur la solidarité, la proximité et la participation pour accroître la confiance, et pour atténuer les barrières sociales et informationnelles entre les clients et l'institution. Les bénéficiaires apprécient ces services et remboursent généralement bien les prêts.
Les IMF poursuivent avant tout des objectifs économiques et sociaux en faveur de leurs clients, et le renforcement de leurs performances sociales constitue un des fondements de leurs activités. Mais, cela peut représenter également un atout pour elles, favorisant la fidélisation des clients et bons taux de remboursements.
La valorisation des efforts des IMF dans ce sens peut constituer, en outre, un aspect important pour leur image (marketing et recherche de financement) jouant, dans un contexte de concurrence accrue, pour leur différentiation et l'attraction d'investissements. Ainsi, pour beaucoup d'IMF, une idée majeure se dessine selon laquelle, renforcer les performances sociales permet de s'assurer de la satisfaction et des bénéfices économiques et sociaux pour leurs clients, tout en étant un moyen de renforcer leurs propres performances financières.

4.3.1 Spécification de la performance sociale de la microfinance

La performance sociale ou le bilan social, de quoi s'agit-il ? Elle désigne la réalisation concrète de la mission sociale d'une organisation. C'est la mise en pratique efficace de la mission sociale d'une institution,

conformément à des valeurs sociales reconnues. Elle considère la totalité du processus et l'impact des efforts en faveur de l'inclusion financière.
La performance traduit pratiquement les objectifs sociaux d'une institution, servir durablement un nombre croissant de pauvres et d'exclus, améliorer la qualité et l'adéquation des services financiers, améliorer la situation économique et sociale des clients, et engager la responsabilité sociale de l'institution envers les clients, les employés et la communauté servie.
Les performances sociales d'une institution de microfinance sont la traduction effective de sa mission sociale en pratique (actions, mesures correctives, suivi des résultats). La mission sociale de la microfinance est liée à l'amélioration de la vie des clients pauvres et exclus, de leurs familles et à l'élargissement de la gamme d'opportunités socioéconomiques pour la communauté.
Pour atteindre sa mission sociale, les objectifs d'une institution de microfinance peuvent reposer sur les principes suivants :

- ✓ Servir un nombre croissant de pauvres et d'exclus sur une base durable ;
- ✓ Améliorer la qualité et l'adéquation des services proposés aux clients ciblés ;
- ✓ Créer des bénéfices pour les clients de la microfinance, leur famille et leur communauté tels que l'amélioration du capital social et des liens sociaux, l'augmentation des actifs, des revenus, la réduction de la vulnérabilité, l'amélioration de l'accès aux services et la satisfaction des besoins de base.
- ✓ Engager la responsabilité sociale de l'institution vis-à-vis de ses employés, de ses clients et de la communauté dans laquelle elle s'insère. »

Une IMF qui se fixe une mission sociale retrouve dans cette définition les lignes directrices de son action, construites autour des quatre dimensions : du *ciblage*, de *l'adaptation des services*, des *bénéfices pour les clients*, de *la responsabilité sociale*.

Encore faut-il qu'elle puisse suivre les effets de son action et alimenter ses prises de décision à partir des informations qu'elle aura collectées, pour améliorer encore son impact social.
Le fonctionnement d'une organisation suit une chaîne logique entre intention - actions - effet. On définit les performances d'une institution comme les résultats obtenus à chaque maillon de la chaîne selon Lapenu et al. (2004) :

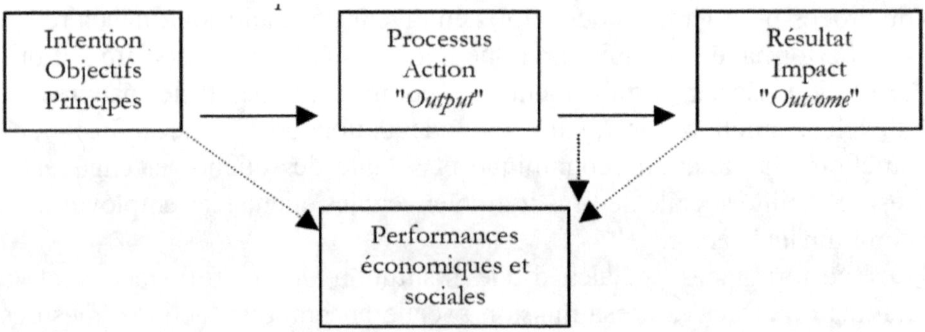

Figure 10 : Schéma des défissions des Performances sociales d'une IMF.

Les performances correspondent aux possibilités optimales de l'organisation, aux résultats obtenus en termes de définition de principes, d'actions et d'impact. Ainsi, différentes options peuvent être choisies pour mesurer les performances, selon un processus d'évaluation qui gagne en complexité à chaque option :

- ✓ Evaluer les principes et les intentions ;
- ✓ Analyser les processus et évaluer les actions ;
- ✓ Comprendre les relations entre les principes et les actions (en vérifiant que l'organisation se donne les moyens d'atteindre les objectifs qu'elle s'est fixés, mais sans nécessairement arrêter une norme pour ce que devrait être la mission sociale) ;
- ✓ Vérifier que les principes, les actions et les résultats se rapprochent de normes sociales déterminées antérieurement ;
- ✓ Mesurer l'impact, c'est-à-dire, dans le cas des IMF, les changements survenus chez les clients (et les non-clients) du fait de l'activité de l'IMF.

Plus globalement, on peut entendre par ***performance sociale*** les effets de l'institution sur les conditions sociales de ses clients : effet sur le niveau de vie (pauvreté), logement, santé, éducation, etc. Le tableau 11 ci-après indique donc les dimensions d'une évaluation des performances sociales.

Tableau 11 : Dimensions des performances sociales, économiques et financières

		Dimension sociale	Dimension économique et financière
Performances globales de l'institution	Evaluation des Performances (Intentions et actions de l'IMF)	1. Ciblage des pauvres et des exclus : qui sont les clients ? 2. Adaptation des services et des produits à la clientèle cible. 3. Amélioration du capital social et politique des clients/ Empowerment : participation dans les prises de décisions ; prise de position des bénéficiaires pour éviter la dérive de mission. 4. Responsabilité sociale de l'IMF : relation avec les clients et/ou membres et la communauté. Outil d'audit des performances sociales	1. Qualité du portefeuille 2. Efficacité et productivité 3. Gestion financière 4. Profitabilité 5. Qualité et diversité des services financiers offerts - Outil d'audit des performances financières
Evaluation de l'impact (outcome)		- Création d'emploi pour la population exclue. - Empowerment : position des individus dans leur famille et dans la communauté ; construction du capital social. - Amélioration de la santé. - Education des enfants, etc. Outil de mesure de l'impact social.	- Changement dans les revenus et les dépenses. - Changement dans les actifs et dans les conditions de vie. - Sécurité alimentaire. - Création d'emploi au niveau de la communauté. Outil de mesure de l'impact économique et Financier.

Source : *Lapenu et al. (2004)*

4.3.2 Réduction des coûts

De nombreuses IMF, engagées dans une stratégie active de promotion de leurs objectifs sociaux, émettent l'hypothèse que sur le long terme, les performances sociales des IMF renforcent leur pérennité. Bien sûr, cette stratégie implique à court terme des coûts spécifiques pour l'IMF : formation des clients et/ou membres, animation de groupes, partage de l'information et volonté de transparence, prise en compte des liens sociaux et des valeurs locales, ce qui demande une connaissance approfondie des zones opérationnelles de l'IMF, apports de services sociaux non financiers, etc.

Mais, cette approche peut aussi générer des réductions de coûts à plus long terme. Transparence, échange d'information et connaissance réciproque vont créer la confiance, renforcer les relations sur le long terme, permettre le partage de normes et de valeurs, et ainsi fidéliser les clients et/ou membres, et favoriser les remboursements. La formation et la participation des clients et/ou membres peuvent aussi accroître la productivité des agents, et limiter les coûts de transaction pour l'institution, en réduisant le coût du suivi et du contrôle sur les transactions financières.

4.3.3 Innovations

Dès lors que l'on s'appuie sur des échanges complètement prédéterminés par des règles, des contraintes, des systèmes normalisés, la nature des échanges économiques et le champ des produits possibles de la transaction sont limités. Si l'on fonctionne sur la base de la confiance, il est possible d'imaginer d'autres productions, d'autres types de valeurs, d'autres types de bénéfices, et donc, le champ des possibles s'élargit en termes de modalités d'échange et de production. Pour les IMF, cela peut permettre d'innover en termes de produits, de services et de relations avec leurs clients et/ou membres.

Les objectifs sociaux d'une IMF peuvent également avoir des conséquences positives sur les clients/membres et la communauté : ciblage d'une population exclue, mais aussi le renforcement du capital social des bénéficiaires à travers la création et le renforcement de liens communautaires, le renforcement des capacités individuelles et ce que les anglo-saxons qualifient d'"*empowerment*", et qui correspond au gain de confiance en soi, à la prise de nouvelles responsabilités, à la reconnaissance des autres, etc.

Face à ces demandes et à ces interrogations, un certain nombre d'initiatives ont vu le jour. Certaines démarches ont consisté à développer des outils qui permettent d'évaluer le ciblage des pauvres (*"depth of outreach"*). Cependant, les performances sociales dépassent le ciblage des pauvres et portent plus largement, comme évoqué précédemment, sur la façon dont l'IMF poursuit sa mission sociale : intégration des exclus, amélioration des conditions de vie des clients/membres, intégration de l'institution au sein de la communauté où elle fonctionne, etc.

Dans ce cadre plus large des performances sociales, deux approches peuvent être distinguées :

- ✓ Une approche centrée sur les clients et/ou membres et l'impact de l'institution ;
- ✓ Une approche centrée sur l'institution et l'analyse des procédures suivies pour réaliser ses objectifs sociaux.

1. Impact sur la vie des clients et/ou membres

Les bailleurs de fonds s'étant engagés à poursuivre la réalisation des Objectifs de Développement du Millénaire (*Millenium Development Goals* [MDG]), l'approche par l'impact sur les clients consiste à évaluer les performances sociales des IMF en termes de réalisations en faveur de ces objectifs.

Freedom From Hunger (FFH) s'est concentrée ainsi sur les progrès en termes de santé et de nutrition pour les enfants des clients et/ou membres et de ses partenaires. L'outil utilisé cherche à démontrer le retour sur investissement pour ceux qui financent les IMF.

Le CGAP cherche à développer des indicateurs d'impact qui puissent évaluer les performances sociales des IMF selon les 5 dimensions principales des Objectifs de Développement du Millénaire :

- ✓ Proportion de clients en dessous du seuil de pauvreté ;
- ✓ Amélioration des conditions économiques des clients ;
- ✓ Augmentation de la présence à l'école des enfants et réduction de l'analphabétisme ;
- ✓ Amélioration de l'accès aux services de santé ;
- ✓ Progrès en termes de responsabilisation "*empowerment*" des femmes.

Lorsqu'on touche aux questions d'impact, on reste cependant rapidement confrontés aux questions d'attribution des effets et de mesure précise des champs étudiés : comment attribuer à l'IMF seule un meilleur accès à la santé des clients de l'IMF, une meilleure sécurité alimentaire ou une plus grande fréquentation scolaire des enfants ? La question se pose d'autant plus que l'impact sur la santé et l'éducation, par exemple, ne représentent pour l'IMF qu'un objectif indirect qui peut être atteint grâce aux bénéfices de services financiers.

2. Objectifs sociaux et réalisations effectives des IMF

La fondation Argidius[1] et un groupe de chercheurs européens ont travaillé en 2003 sur un cadre d'évaluation des réalisations sociales des institutions de microfinance. Le choix de l'équipe a été de définir un jeu d'indicateurs simples et facilement vérifiables par un auditeur externe, et qui puissent prendre en compte différentes dimensions des performances sociales liées à l'activité des IMF.
L'initiative sur les indicateurs de performance sociale (SPI) se concentre alors sur l'évaluation des intentions, des actions et des mesures correctives mises en place : l'IMF se donne-t-elle les moyens d'atteindre les objectifs sociaux qu'elle s'est fixés ? Ainsi, quatre dimensions majeures ont été retenues dans ce cadre :

1. Ciblage des pauvres et des exclus ;
2. Adaptation des services et des produits à la clientèle cible ;
3. Amélioration du capital social et politique des clients ;
4. Responsabilité sociale de l'IMF.

Les performances sociales reposent sur ces quatre dimensions. Pour avoir une vue d'ensemble, les performances sociales ne peuvent se réduire au ciblage des pauvres, mais d'un autre côté, une IMF peut faire le choix de concentrer sa mission sociale sur une seule de ces dimensions (Lapenu *et al.*, 2004 : 56-59). La figure 10 indique les dimensions de la performance sociale.

---

[1] Fondation familiale d'origine néerlandaise, ayant une tradition de soutien aux initiatives dans le domaine de la microfinance, notamment en Amérique du Sud.

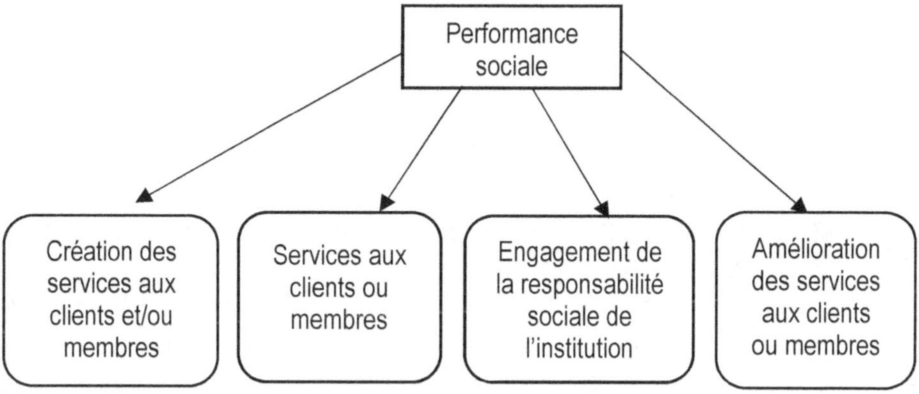

Figure 10 : schéma de quatre dimensions de Performances sociales

4.3.4 Impact de la microfinance

L'examen de l'impact permet de définir dans quelle mesure les services financiers participent à l'amélioration des conditions de vie des clients et de leur entourage. Elle offre une vue d'ensemble des différents comportements des clients, et peut être destinée à faire évoluer les produits et services offerts de façon adaptée aux contraintes et aux besoins des clients.

Les résultats sur le processus mis en œuvre pour atteindre des performances sociales et les résultats de l'étude d'impact peuvent alors être combinés, pour comprendre les liens entre la stratégie et les effets de l'IMF sur ses clients.

Les études d'impact de la microfinance sur la pauvreté s'organisent principalement autour de deux problématiques complémentaires : l'efficacité des programmes de microfinance à atteindre leur public-cible (*outreach*) et à lutter contre la pauvreté. Sur le premier point, il a été maintes fois montré que si les bénéficiaires des programmes de microcrédit font effectivement partie des populations démunies et exclues des systèmes financiers classiques, ils n'appartiennent pas la plupart du temps aux populations les plus vulnérables.

Ceci semble particulièrement le cas en Amérique du Sud, en Afrique et en Asie, où les logiques commerciales de plusieurs réseaux concentrent l'activité sur des segments de clientèle intermédiaires. Dans divers pays d'Asie (Vietnam par exemple), la détention d'actifs préalables (terre, bétail) serait discriminante pour l'accès au crédit.

Un constat globalement positif de l'impact des programmes de microfinance sur la réduction de la pauvreté est dressé, tout en soulignant les précautions méthodologiques nécessaires. La hausse de revenu associée à la participation à un programme de microcrédit fait cependant l'objet d'un certain relativisme :

- ✓ La relation n'est pas toujours significative, en particulier lorsque la taille du crédit favorise plutôt la consommation que l'investissement ;
- ✓ L'accroissement du revenu est parfois corrélé positivement au revenu initial ;
- ✓ L'impact est plus douteux en termes de vulnérabilité face à des chocs (instabilité du revenu et de la consommation).

Par ailleurs, des doutes récents se font jour et jettent un nouveau regard sur la validité de ces études d'impact. En élargissant le débat à d'autres aspects des OMD (promotion de l'éducation des enfants, amélioration de l'état de santé et émancipation des femmes), il semble que les faits suivants émergent. Les quelques études consacrées à l'impact de la microfinance sur la scolarisation indiquent plutôt une amélioration de la situation scolaire des enfants des familles clientes ou membres. Ces tendances sont observées selon des intensités variables en fonction des régions et des modalités de fonctionnement des programmes.

La discrimination vis-à-vis des jeunes filles ne semble pas significativement réduite, et les résultats peuvent différer entre scolarisation primaire et secondaire (effet plus important dans le second cas).

Concernant la santé, il s'avère que les ménages clients ou membres connaissent une meilleure situation du point de vue de la nutrition, de l'hygiène et de l'état de santé, par rapport aux ménages non-clients comparables. Ainsi, les bonnes pratiques d'allaitement des nourrissons et la participation à des campagnes de vaccination sont mieux intégrées par les participants aux institutions de microfinance. Cela peut se traduire par des écarts significatifs et favorables des rapports poids-âge et taille-âge pour les enfants de ces ménages.

Il en est de même pour la diffusion des moyens contraceptifs. Pour ce qui concerne l'émancipation économique et sociale des femmes, les principales observations relèvent plus de changements psychologiques et d'attitude que d'une réelle autonomisation. Il est question de rééquilibrage des processus de décision au sein du foyer, d'une confiance et d'un amour-propre accrus pour les bénéficiaires, ou d'une meilleure appropriation des actifs productifs (terres, par exemple). D'autres travaux se montrent nettement plus critiques, soulignant que parfois la microfinance peut aussi générer des effets nettement plus discutables sur les populations visées.

4.3.5 Objectifs stratégiques poursuivis par la microfinance

Fondamentalement, la microfinance poursuit trois objectifs stratégiques que l'on peut énoncer en termes de portée, d'impact et de viabilité. L'objectif affiché par une institution de microfinance est d'atteindre le maximum de clients. Cela suppose des efforts de mobilisation de ressources et d'encadrement de cette clientèle qui peut être de plus en plus importante.
L'impact est de permettre à chaque client et/ou membre d'accéder à un service qui correspond à ses besoins, en lui offrant une satisfaction, tout en maintenant le ciblage spécifique que l'institution de microfinance s'est donné.
Enfin, la viabilité vise à construire une structure viable sur le plan financier et social, de manière à être durablement opérationnel. Reprenons dans la figure 11 ci-dessous, la représentation des relations entre une IMF et les trois objectifs spécifiques tels que définis plus haut. Dans le schéma ci-dessous, l'IMF est représentée par le triangle et chaque angle est un objectif (portée, impact, viabilité).

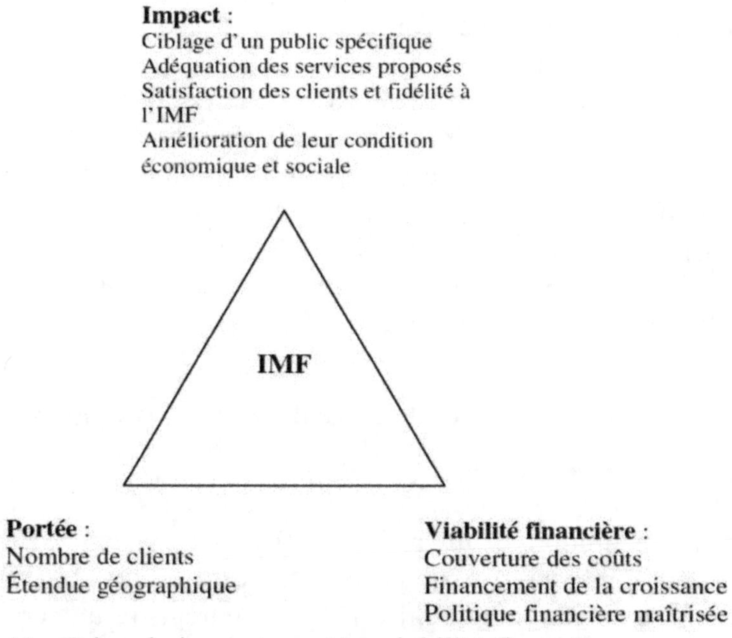

Figure 11 : Triangle impact, portée, viabilité financière.

De cette figure, il se dégage que si l'impact de la microfinance sur le client est positif, alors un effet d'entraînement s'installe et plusieurs personnes cherchent à devenir client ou membre, d'où un renforcement de la portée et sa progression. En d'autres termes, si les affaires des clients marchent, ceci renforce non seulement leur volonté, mais aussi leur capacité à rembourser les crédits reçus. Cette croissance entraînera des économies d'échelle (coûts opérationnels par unité monétaire prêtée en baisse), élément de renforcement de la viabilité financière. Celle-ci permettra alors d'accéder à des financements, ce qui accentuera la croissance.

Les clients et/ou membres deviennent encore plus nombreux, notamment les épargnants, dès que l'institution de microfinance se consolide et donne des gages, par son organisation et son fonctionnement, qu'elle continuera dans la durée à servir leurs besoins respectifs. Les bons résultats financiers qu'obtient une IMF, la placent en position de renforcer ses performances, par l'amélioration de ses propres produits ou le lancement de nouveaux, avec l'objectif d'accroître l'impact.

De même, en termes d'objectifs de croissance, si l'accent est mis sur la captation d'un plus grand nombre de clients et/ou membres en vue de renforcer la viabilité financière, sans que ne suivent les efforts d'organisation interne, de formalisation des procédures et de structuration des équipes internes, alors on fait face rapidement à une crise de croissance. Ceci peut-être à l'origine de dysfonctionnements liés à une perte de contrôle et une dégradation des taux de remboursement. En fin, en termes d'objectif de viabilité financière, on pourrait octroyer des crédits plus importants à des personnes de moins en moins pauvres, ce qui aboutirait à détourner l'IMF de sa mission originelle et de sa stratégie, l'entraînant dans une activité qui ne correspond pas à son savoir-faire

4.3.6 Les chiffres globaux de la microfinance : les dynamiques du secteur

En 2016, les institutions de microfinance (IMF) ont atteint 132 millions de clients et/ou membres, et un portefeuille de crédit de 102 milliards de dollars. Au niveau mondial, les IMF ont enregistré une croissance annuelle du portefeuille de crédit de +9,4% et du nombre d'emprunteurs de +9,6%.

Les 100 (cent) plus grandes institutions (classées par portefeuille de crédit) représentent 76% du marché global, avec un portefeuille de crédit s'élevant à 77,1 milliards de dollars et une portée de 81,1 millions de clients dans le secteur de la microfinance.
Au cours de l'exercice 2016, les institutions financières non bancaires (IFNB) ont regroupé la plus large concentration d'emprunteurs avec 35%, suivis par les banques avec 33%. Les ONG ont enregistré la croissance d'encours la plus élevée avec +17,7%, bien que les banques continuent d'avoir la plus grande concentration de prêts (51%).

4.3.6.1 Zoom sur les régions

L'Asie du sud est au premier rang concernant le nombre d'emprunteurs (59%), et a enregistré la plus grande croissance en termes de prêts (+23,5%) et de clients (+13,4%). Bien que la région ait enregistré une croissance élevée, elle est restée plus basse qu'en 2015 qui a connu une croissance de +45,6% de prêts et +19% de clients.
L'Amérique latine et les Caraïbes ont réalisé 42% de l'encours, avec une croissance de (+9,2%) et enregistré une croissance de +8% en termes de clients. Les IMF de cette région ont connu d'importantes fusions qui ont eu des conséquentes différentes selon les pays.
En 2015 et 2016, les IMF d'Europe de l'est et d'Asie centrale ont vu leur portefeuille de crédit et leur nombre d'emprunteurs diminuer (-11,1% et -2,5% respectivement), en raison de la crise économique et de la fluctuation des taux de change, impactant les activités des IMF dans la région.
En Afrique, les IMF ont accusé une croissance plus lente de leurs emprunteurs (+2,3%) et un déclin de leur portefeuille de crédit (-0,6%), en comparaison de deux dernières années. Le prêt moyen dans la région s'élevait à 425 dollars (le deuxième le plus bas après l'Asie du sud avec 220 dollars).
De tous les pays d'Afrique, le Kenya, la Tanzanie et le Nigeria ont eu l'encours le plus élevé, alors que le Nigeria, l'Ouganda et le Bénin ont connu la plus large clientèle.

4.3.6.2 Zoom sur les clients des IMF

Les femmes continuent d'être une cible privilégiée dans le secteur de la microfinance au niveau mondial, avec une couverture de 84% en 2016. L'Asie de l'est et le Pacifique ont eu la couverture de clients la plus

élevée (94%), suivie de près par l'Asie du sud (92%). Les femmes représentaient 60% des clients dans les régions d'Amérique latine et de Caraïbes, du Moyen-Orient, et d'Afrique du nord ; tandis que l'Europe de l'est et l'Asie centrale ont eu la couverture la moins élevée avec 46%. En 2016, les emprunteurs vivant en milieu rural ont représenté 60% du marché global. Les ONG ont eu 81% de clients ruraux, suivies par les IFNB avec 63%. Enfin, les banques ont continué d'enregistrer la plus faible concentration de clients ruraux, avec 26% en 2016.
Le tableau 12 ci-après indique le top de dix pays emprunteurs et par encours (dollar US) en 2016.

Tableau 12 : Top de 10 pays emprunteurs et par encours en 2016 en million (m) et milliard (md)

Rang	Pays	Nombre et croissance des emprunteurs en 2016	Encours et croissance de l'encours en 2016
1	Inde	47 m (+18.4%)	14.7md (+24.4%)
2	Vietnam	7.6m (0.0%)	7.4md (+0.2%)
3	Bangladesh	25.2m (+5.1%)	6.9md (+19.7%)
4	Pérou	4.6m (+12.4%)	10.8md (+16.3%)
5	Mexique	7.0m (+3.2%)	4.4md (-6.4%)
6	Cambodge	2.3m (-0.1%)	6.4md (+20.7%)
7	Colombie	2.8m (+0.4%)	6.0md (+12.5%)
8	Bolivie	1.3m (+2.4%)	7.4md (+13.1%)
9	Brésil	3.2m (0.0%)	1.9md (+11.8%)
10	Equateur	1.3m (-10.0%)	5.1md (-7.2%)

Source : Khamar et Stephens (2017).

Le top 10 des pays répertoriés est défini en fonction de la taille du portefeuille de prêts et des emprunteurs enregistrés dans chaque pays en 2016.

4.3.6.3 Au-delà des crédits : les services non financiers des IMF

Les produits non liés aux crédits les plus courants sont les services non financiers, les services de dépôts et les assurances. En effet, 42% des

IMF offrent globalement au moins un service non financier, portant en particulier sur l'éducation, les services de santé, l'entrepreneuriat et l'autonomisation des femmes. Les banques ont une meilleure offre en termes d'assurance (30%) et de dépôts (92%) pour les clients.
Au Moyen-Orient et en Afrique du nord, la proportion des services non financiers représente environ 56% de l'offre des IMF, tandis que l'Asie de l'est et le Pacifique ont le plus grand nombre d'établissements offrant des produits d'assurance. Les dépôts sont offerts à grande échelle dans les régions d'Afrique, Asie de l'est et Pacifique, avec 85% des IMF offrant au moins un service de dépôt à leurs clients.

4.4 Microfinance et réduction de la pauvreté

La microfinance a pour objectif de fournir des services financiers aux personnes à faible revenu. Elle s'inscrit dans une démarche envisageant un monde où les ménages à faible revenu disposeraient d'un accès permanent à des services financiers abordables et de qualité, pour financer des activités génératrices de revenus, accumuler des actifs, stabiliser leurs dépenses de consommation, et se prémunir contre les risques.
À l'origine, le terme était étroitement lié au microcrédit, mais il a depuis évolué pour couvrir toute une gamme de produits financiers (épargne, assurance, paiements, transferts d'argent, etc.).
Au cours des dernières décennies, les institutions de microfinance et les autres prestataires de services financiers se sont efforcés d'élaborer des produits et des modes de prestation susceptibles de répondre aux besoins très divers des populations à faible revenu. Contrairement aux autres formes de prêt, la microfinance a recours à des mécanismes tels que les prêts de groupe et les garanties collectives, des conditions d'épargne préalables et un accroissement graduel du montant des prêts pour évaluer la solvabilité des clients.
Aujourd'hui, les prestataires de services de microfinance continuent de chercher à mieux comprendre les besoins financiers de leurs clients potentiels, et de concevoir des produits répondant à ces besoins.
Un des enjeux majeurs pour la microfinance est de cibler les pauvres. Pour les institutions de microfinance (formelles ou informelles), il est

essentiel de définir la population cible à laquelle ces différents produits sont destinés. Les critères permettant de segmenter les populations sont multiples. De la localisation géographique des poches de pauvreté des individus, au développement des activités des clients et/ou membres, ou encore à des groupes spécifiques (les femmes, les petits entrepreneurs, les paysans), la cible principale mérite d'être identifiée. En effet, certains programmes de microfinance se fixent comme objectifs spécifiques de toucher des populations pauvres, parfois les plus pauvres. Pour ceux-là, même les familles démunies peuvent améliorer leurs situations par le biais de la microfinance qui est considérée comme un outil de lutte contre la pauvreté. Une telle affirmation soulève plusieurs interrogations :

- La microfinance qui prétend cibler les pauvres, les atteint-elle réellement ou alors n'affiche-t-elle pas une simple intention, afin de plaire aux bailleurs de fonds et de susciter leur intérêt ?
- La microfinance par son microcrédit, est-elle véritablement adaptée aux pauvres ? N'entraîne-t-elle pas l'endettement des familles pauvres qui n'ont pas toujours les capacités de développer une activité économique pérenne, et subissent une forte pression de remboursement ?
- N'est-il pas plus indiqué de cibler un public moins pauvre, avec un potentiel plus fort, en mesure d'initier une dynamique économique et des opportunités d'emploi qui bénéficieraient indirectement aux pauvres ? Mais, même si la microfinance n'atteint pas les pauvres, elle est capable d'offrir des opportunités à une partie de la population, mais en le faisant, ne risque-t-elle pas de contribuer à accroître les inégalités et à marginaliser les pauvres ?

Pour donner suite aux nombreuses études d'impact et d'observations empiriques, l'on admet que l'accès des populations pauvres à des services financiers durables contribue à réduire leur vulnérabilité. Lorsque le contexte économique et politique est favorable, la microfinance semble constituer un outil adapté pour améliorer les conditions de vie des pauvres qui, faute de moyens financiers, ne sont pas en mesure d'exploiter les opportunités économiques du milieu dans lequel ils se trouvent. En favorisant l'augmentation des revenus ou la création de revenus nouveaux, la microfinance aide à réduire la dépendance des populations pauvres vis-à-vis des prêteurs informels, des usuriers, en particulier qui pèsent très fortement sur eux et aggravent leur vulnérabilité, notamment, pendant les périodes dites de soudure.

Les produits et services de la microfinance, notamment le crédit, constituent, quand ils sont adaptés, un levier de l'activité économique des ménages. Plus spécifiquement, ces produits et services financiers (crédit, épargne, assurance, etc.) constituent des outils de gestion des budgets familiaux, de réduction et de partage de risques, mais également, ils contribuent au renforcement des liens sociaux dans certains contextes, comme dans celui des Mutuelles de Solidarité.

Comme instrument de lutte directe contre la pauvreté, la microfinance peut aussi être un instrument de lutte indirecte contre la pauvreté. En effet les personnes et les microentrepreneurs qui bénéficient d'opportunités de croissance grâce au microcrédit sont susceptibles de créer des opportunités économiques pour les plus pauvres qu'eux, à travers la création d'emplois ou d'activités génératrices de revenus.

Le débat entre pauvreté et microfinance s'appuie sur l'étude de deux concepts : la pauvreté en tant que situation structurelle dans les pays en voie de développement et la microfinance, nouvel outil pour combattre la pauvreté.

4.4.1 Microfinance : un outil efficace contre la pauvreté

Les microcrédits permettent aux clients de démarrer ou de faire prospérer leur activité : le plus souvent, ils financent l'avance d'argent nécessaire pour acheter les marchandises de la microentreprise, c'est-à-dire, le fonds de roulement, parfois ils financent un investissement (outil, équipement). Les services financiers en général permettent aux clients de mieux gérer leurs revenus et de réduire leur vulnérabilité face aux aléas de la vie.

L'objectif de lutte contre la pauvreté a été à l'origine de la création des institutions de microfinance (IMF) qui ont ainsi drainé des

financements publics, et créé des attentes fortes, tant pour leurs clients qu'au niveau macroéconomique.
Malgré les obstacles méthodologiques, la majorité des études sérieuses, menées à des années d'écart et sur différents continents, ont montré un impact significatif sur l'amélioration de la situation économique des clients. A quelques exceptions près, la majorité des études d'impact ont observé un impact fort de la microfinance sur le niveau de revenus, le niveau d'épargne et le patrimoine (actifs productifs et biens d'équipement personnels). La microfinance favorise la bancarisation de la population, et l'on estime que les IMF représentent jusqu'à 5% de la collecte d'épargne et 10% du crédit à l'économie dans certains pays. Dans ces conditions, il est clair que la microfinance contribue significativement, à son échelle, au financement de l'économie.

4.4.2 Système financier développé et lutte contre la pauvreté

Puiseurs chercheurs définissent le système financier développé par ses déterminants qui permettent d'identifier un secteur financier développé :

- ✓ Amélioration des niveaux d'efficience et de compétitivité ;
- ✓ Accroissement des services financiers disponibles ;
- ✓ Augmentation des institutions financières, pour un secteur donné ;
- ✓ Amélioration de la régularité et de la stabilité de ce secteur financier ;
- ✓ Accroissement du montant de liquidité disponible à travers le secteur financier et de l'allocation des crédits privés ;
- ✓ Meilleur accès aux services financiers par une grande partie de la population.

Nous allons donc voir dans les lignes qui suivent qu'il existe un lien entre un secteur financier approfondi, qui comprend notamment la microfinance, et la croissance économique d'un pays, ainsi que le lien entre croissance économique et réductions de la pauvreté.

4.4.2.1 Lien entre développement financier et croissance économique

La croissance économique d'un pays fait référence à l'accroissement de la production de biens et services dans le pays considéré. L'indicateur le plus couramment utilisé afin de la mesurer est le PIB. Il est reconnu qu'un approfondissement du système financier agit sur la croissance de manière positive, et ce, par l'intermédiaire de deux canaux :

1. Augmentation de l'investissement (accumulation du capital)

Dans les PED en particulier, les agents économiques, et notamment les ménages, ont une préférence absolue pour la liquidité, pour des raisons de précaution. Ils préfèrent alors investir dans des placements liquides plutôt que dans des projets d'investissements, même si ces derniers sont plus productifs. Par conséquent, en assurant une liquidité de l'épargne des ménages, les institutions bancaires augmentent les taux d'investissement. En outre, les habitants de ces pays ont peu de ressources, et donc une faible épargne. Par le fait de pouvoir percevoir un intérêt en plaçant cette épargne à la banque est un stimulant à l'investissement.
De plus, dans une économie sans système financier, les ménages ne pourraient investir leur épargne que dans leurs propres projets. Des ménages sans une épargne suffisante ne verraient pas leurs projets aboutir par manque de financement, et ceux avec une épargne considérable se retrouveraient avec de la liquidité non-investie. Elles ajustent donc l'offre et la demande de financement des agents à un niveau supérieur, augmentant le volume de l'épargne investie.

2. L'augmentation de la productivité des facteurs de production.

Rien n'assure que ce seront forcément les projets les plus valables qui auront une chance de voir le jour. Les institutions financières permettent donc de sélectionner et financer les projets rentables, et par là, on entend évidemment les innovations technologiques. Ces dernières réduiraient les coûts de production et, de ce fait, feraient varier la productivité à la hausse. Mais, cela n'est possible que dans une économie où le système financier est assez développé, car ces investissements requièrent des sommes d'argents assez conséquentes, et seul un système financier développé permettrait de mobiliser aussi facilement de grosses sommes d'argent.

Et nous savons que la production de biens et services est une fonction positive des facteurs de production (capital et travail) ainsi que du progrès technique, c'est-à-dire, l'ensemble des améliorations techniques ou technologiques qui entrent dans le processus de fabrication et qui permettent une meilleure productivité.

$Y = F(K, L, A)$, où Y : la production, K : le facteur capital, L : le facteur travail et A : le progrès technique. Pour ainsi dire que la production est fonction des facteurs travail, capital et du progrès technique.

Pour cela, en faisant des investissements techniques ou technologiques, cela influe positivement sur le progrès technique et améliore la productivité des entreprises, leur permettant de produire plus, avec autant de facteurs augmentant la production globale. Il est clair que le développement financier agit sur la croissance économique favorablement, en stimulant les investissements, mais également en augmentant la productivité, puisque ces investissements sont choisis afin d'être les plus rentables et favorables à l'économie. Il existe effectivement un effet positif entre le développement financier et la croissance économique, mais il provient plus de l'augmentation de productivité globale des facteurs de production que du canal d'accroissement de l'investissement.

4.4.2.2 Lien entre croissance économique et baisse de la pauvreté

La pauvreté d'un pays peut être réduite par sa croissance économique, appelée alors croissance pro-pauvres, car, il s'agit d'une croissance améliorant l'aptitude des hommes et des femmes pauvres à y participer, et donc, à en tirer avantage, faisant diminuer leur nombre. Cela est possible grâce à une intervention redistributive de l'Etat, notamment via la protection sociale. Cette dernière est donc un

investissement fondamental, englobant les mesures qui ont été prises par les pouvoirs publics, et réalisés par les services de l'Etat ou des organismes privés, dans le but de faire face aux risques, à la vulnérabilité et à la pauvreté chronique.
La croissance économique est une condition nécessaire à la baisse de la pauvreté, mais elle n'est pas suffisante, c'est pour cette raison que les pouvoirs publics mettent souvent en place la protection sociale. En effet, elle permet d'améliorer la dimension qualitative de la croissance : sa durabilité, sa composition, sa répartition, etc.
La vulnérabilité représente à la fois une cause, un facteur et un élément constitutif de la pauvreté chronique ; alors, la protection sociale doit également pouvoir lutter contre ce phénomène si elle veut réussir son objectif de croissance pro-pauvres. L'on distingue généralement cinq mécanismes qui permettent à la protection sociale d'être favorable à la croissance pro-pauvres :

1. L'investissement dans le capital humain

La protection sociale permet d'offrir un plus grand accès aux services publics, et d'augmenter l'investissement dans le capital humain, notamment en termes de santé et d'éducation. Il est alors plus facile pour les pauvres de trouver un emploi rémunéré et d'améliorer leurs conditions de vie, d'où un impact sur la pauvreté monétaire et la pauvreté humaine, ayant respectivement le revenu et le niveau de vie comme indicateur.

2. La gestion des risques

La protection sociale permet aux pauvres d'avoir des moyens de protection et de préservation de leurs biens en cas de choc. Ils gardent ainsi leur potentiel de création de revenus à long terme, et peuvent même réaliser des investissements, alimentant la croissance. Par exemple, la protection sociale de santé évite des dépenses catastrophiques en cas de maladie pouvant appauvrir un ménage. Cet argent non dépensé est sauvegardé et peut être alloué à d'autres utilités, ou investissements.

Cela empêche notamment les éleveurs de vendre leur bétail de façon précoce et brutale, qui est leur source de travail et ce, de revenu.

3. L'amélioration de l'autonomie et des moyens de subsistance

La protection sociale et les dispositifs qu'elle met en place permettent de lutter contre la discrimination féminine. En effectuant les transferts vers les femmes, cela augmente leur autonomie et la survie des enfants, car la proportion des ressources consacrée aux enfants est d'autant plus grande dans un ménage où la femme joue un rôle important dans la prise de décision. L'épanouissement des enfants passe d'abord par celui de leur mère, ainsi que par le niveau d'instruction et de santé de celle-ci.
La recherche d'un emploi est coûteuse et risquée, et elle l'est d'autant plus pour les pauvres. La protection sociale va régler ce problème dans le sens où les bénéficiaires de transferts sociaux font plus d'efforts, afin de trouver un emploi, et que leurs efforts sont plus et mieux récompensés par rapport à ceux qui ne sont pas titulaires de ce genre de prestations, même si les ménages sont comparables. De plus, la productivité du travail augmente grâce à la protection sociale en termes de santé, car cette dernière améliore l'état de santé de la population. Cela favorise l'emploi et la croissance économique.
Il y a un certain progrès dans l'emploi et l'accumulation d'actifs, et ce, autant pour les bénéficiaires des prestations que les autres. Ces premiers investissent une part des aides qu'ils reçoivent dans des actifs productifs, et se lancent dans des activités le plus souvent entrepreneuriales. Ils sont alors plus aptes à subvenir durablement à leurs problèmes par eux-mêmes.

4. Une stratégie macroéconomique pro-pauvre

Les pensions sociales qui peuvent être accordées par la protection sociale procurent une augmentation du pouvoir d'achat des ménages, ce qui favorise le développement des marchés locaux, et redonne un certain dynamisme à l'activité économique du pays.
En l'occurrence, la redistribution de pouvoir d'achat en faveur des

catégories à faible revenu modifie la structure de la demande et des dépenses nationales. Les produits locaux sont substitués aux importations, d'où une amélioration du solde commercial (exportations-importations), facteur de l'augmentation de l'épargne et de la croissance économique d'un pays.

5. **Le renforcement de la cohésion sociale et du sentiment d'appartenance nationale**

La protection sociale favorise la cohésion sociale et le sentiment de citoyenneté de la population du pays dans lequel elle est mise en place. Il est nécessaire de créer un bon environnement, afin d'attirer les personnes et les entreprises à travailler et à investir, notamment celles qui sont étrangères. De façon générale, la protection sociale amplifie l'effet positif qu'entraine la croissance sur la pauvreté.

4.5 Le concept d'empowerment

Selon Lapenu et al. (2004), « l'empowerment » un mot anglais qui se traduit par le renforcement des capacités individuelles. Ce concept s'applique aux deux genres, mais il s'est féminisé en microfinance, et est devenu l'objectif de toutes les institutions ciblant exclusivement les femmes. La microfinance devient ainsi un outil d'émancipation et de la promotion de la femme.

L'*empowerment* correspond à un droit d'acquisition à la parole et à la reconnaissance sociale, et fait référence à la capacité de comprendre la nature des structures décisionnelles dans les contextes particuliers : qui prend les décisions ? Par quel processus sont-elles prises ? Comment ce processus peut-il être modifié ? Comment les personnes qui étaient autrefois exclues du groupe de décisions font-elles sentir leur influence dans les nouvelles décisions qui émergent ?

D'un point de vue opérationnel, il s'agit en même temps de satisfaire les besoins pratiques et les intérêts stratégiques des femmes, afin qu'elles puissent sortir durablement de leur condition de pauvreté. L'*empowerment* est un processus vers l'égalité entre les hommes et les femmes.

La Banque mondiale et les organisations des Nations Unies font de plus en plus référence au concept genre, et insistent sur la contribution nécessaire des programmes de développement à l'empowerment des femmes. Ce n'est pas par hasard que cette évolution des approches par rapport aux femmes dans le concept de développement s'est produite, parallèlement à l'évolution du concept de pauvreté, retracée plus haut.

4.6 Microfinance et empowerment

L'augmentation durable des revenus contrôlés par les femmes ne représente qu'un indicateur d'*empowerment* parmi tant d'autres, car, elle n'est que la manifestation visible d'une panoplie de changements. En analysant la littérature sur la microfinance, on constate qu'il n'existe pas d'unanimité au sujet de l'*empowerment* visé.
C'est ainsi que l'on distingue trois différentes significations qui peuvent nous aider à éclaircir les mécanismes en jeu :

- ✓ L'*empowerment* individuel : on suppose que le fait d'augmenter l'accès des femmes aux programmes de microcrédit (financièrement viable) va leur permettre d'augmenter leur revenu (éventuellement par la microentreprise), et d'accroître leur contrôle sur le revenu et les ressources impliquées dans leurs activités économiques.
- ✓ L'*empowerment* par l'amélioration du bien-être : l'accès plus large à la microfinance permet aux femmes d'augmenter le bien-être de leur foyer et par là-même, d'améliorer leur statut au sein du ménage et de la communauté. Ceci leur donne une plus grande confiance en elles, une part plus grande dans les dépenses de consommation, et une prise de pouvoir plus importante dans les décisions à l'intérieur du foyer. Par conséquent, on suppose que l'*empowerment* des femmes et la réduction de la pauvreté se renforcent mutuellement et de façon inévitable.
- ✓ L'*empowerment* social et politique implique la capacité de changer et de remettre en cause la soumission des femmes. L'*empowerment* des femmes dépasse alors le domaine économique, et il concerne davantage l'amélioration du bien-être. En revanche, il s'agit de répondre aux intérêts stratégiques de

genre, et de s'attaquer à la subordination des femmes qui est présente dans tous les aspects de la vie (conscience individuelle, foyer, travail, législation, structures étatiques, systèmes économiques et politiques internationaux), etc.

4.7 Conclusion

Ce chapitre, basé sur l'inclusion financière des personnes à revenu faible en tant qu'offre de services financiers, le bilan social concernant la réalisation concrète de la mission de la microfinance, ainsi que la réduction de la pauvreté, avait pour but principal d'établir le lien entre la microfinance, sa capacité à fournir des services financiers adaptés aux personnes à revenu faible, et donc, son rôle dans la réduction de la pauvreté.

L'on peut bien sûr accéder aux ressources financières dont on a besoin à un moment précis, en faisant un emprunt, ou en trouvant un prêt, avoir une garantie qui permette d'emprunter auprès d'une institution financière. Cela permet d'épargner, d'emprunter, et d'exercer son droit d'atteindre l'autonomie économique et sociale par son travail, par une activité génératrice de revenus faite par un individu, une famille ou collectivité.

L'inclusion financière permet aux populations pauvres de financer leurs activités, d'épargner, de subvenir aux besoins de leur famille et de se protéger contre les risques de vie courante. Plus globalement, on peut entendre par performance sociale, les effets de l'institution sur les conditions sociales de ses clients : effet sur le niveau de vie (pauvreté), logement, santé, éducation, etc. Les services d'épargne et/ou de crédit, ainsi que tous les services connexes, contribuent certes, à améliorer le niveau de vie des bénéficiaires, et d'accéder à un développement humain durable, en vue d'une meilleure intégration sociale.

L'accès des populations pauvres à des services financiers durables contribue à réduire leur vulnérabilité. La microfinance constitue un outil adapté pour améliorer les conditions de vie des pauvres qui, faute de moyens financiers, ne sont pas en mesure d'exploiter les opportunités économiques du milieu dans lequel ils se trouvent.

CINQUIEME CHAPITRE : ANALYSE DES RÉSULTATS SUR L'INCLUSION FINANCIÈRE ET LA PERFORMANCE SOCIALE DES MUSO EN ITURI

5.1 Introduction

Ce chapitre propose aux lecteurs l'évaluation de la capacité des MUSO en province de l'Ituri, à offrir des produits microfinanciers adaptés aux spécificités des bénéficiaires, en vue d'améliorer leurs conditions de vie dans les milieux défavorisés, surtout que cette province à caractère agropastoral. Car, la majorité de sa population vit sous le seuil de pauvreté, ayant comme principale activité économique, l'agriculture qui, pour des raisons d'augmentation et de stabilisation des revenus, est couplée à des activités de petit commerce et/ou activités artisanales. Le manque de crédit constitue alors, pour la plupart de temps, l'un des principaux obstacles à la croissance de la production agricole, surtout que les acteurs de ce secteur sont dans l'incapacité de fournir des garanties réelles aux IMF formelles.

Cet ouvrage présente et analyse à travers ce chapitre, les différentes situations relevées en 2018, lors des enquêtes sur terrain auprès des bénéficiaires directs des services microfinanciers offerts par les MUSO en Ituri sur le plan socioéconomique.

La préoccupation fondamentale qui a guidé la réflexion à ce stade est d'analyser la façon dont les produits financiers proposés par les Mutuelles de Solidarité agissent sur la capacité des usagers à améliorer leurs conditions de vie, ainsi qu'à évaluer l'efficacité de l'offre des services microfinanciers des MUSO à répondre aux besoins financiers spécifiques de leurs membres.

5.2 Démarche méthodologique

Le modèle d'analyse utilisé se base sur une combinaison d'approches quantitatives (quantification des résultats) et d'approches qualitatives (explication des mécanismes), et donc, des approches mixtes, afin d'assurer une plus grande fiabilité des données. Cette combinaison de deux approches a permis de fournir une incidence quantifiable de l'outil MUSO, une microfinance sociale de proximité, et d'autre part, de fournir une compréhension plus ample du processus et des interventions qui ont généré ces résultats.

La recherche a été effectuée dans trois de cinq territoires que comporte la province de l'Ituri, auprès des musonniers bénéficiaires des services microfinanciers. La population concernée par cette recherche est constituée des membres des MUSO. Il s'agit d'une population finie, car, aussi bien le nombre des MUSO que celui des membres est connu sur base des listes rendues disponibles par les organisations.

La technique utilisée dans ce contexte, avec une population finie de 213 MUSO constituées de 3013 membres, est un échantillonnage aléatoire simple, constitué sur la base des listes existantes. Le tableau 13 ci-après présente la répartition, ainsi que la taille de la population d'étude, c'est-à-dire, le nombre des MUSO ainsi que le total des musonniers bénéficiaires des services microfinanciers.

Tableau 113 : Répartition des MUSO et de leurs membres en Ituri

Territoire	Nombre de MUSO	Nombre de membres	(%) des membres
Des Aru	13	150	4,98
Djugu	58	658	28,84
Irumu	98	1502	48,85
Bunia	45	700	23,23
Total	213	3013	100

Source : *Rapport annuel de l'ONG AMAB* (2017)

Pour éviter le biais, il a été fait usage de l'échantillon probabiliste, au moyen d'une base de sondage constituée des listes finies de la population (les MUSO encadrées par une organisation non gouvernementale AMAB (Association des Mamans Anti-Bwaki)). Le principe de la règle de tirage au sort (méthode de la loterie) a été

appliqué, afin de faire intervenir le hasard pour désigner les musonniers à interroger. De ce qui précède, les enquête se sont déroulées durant une période de 10 mois, soit de décembre 2017 à septembre 2018, pour une taille de l'échantillon de 700 musonniers des sites de Bunia, d'Irumu, d'Aru et de Djugu.
La carte ci-après indique l'unité de l'échantillonnage (Ituri) et localise les territoires enquêtés : Irumu, Djugu et Aru, en plus de la ville de Bunia.

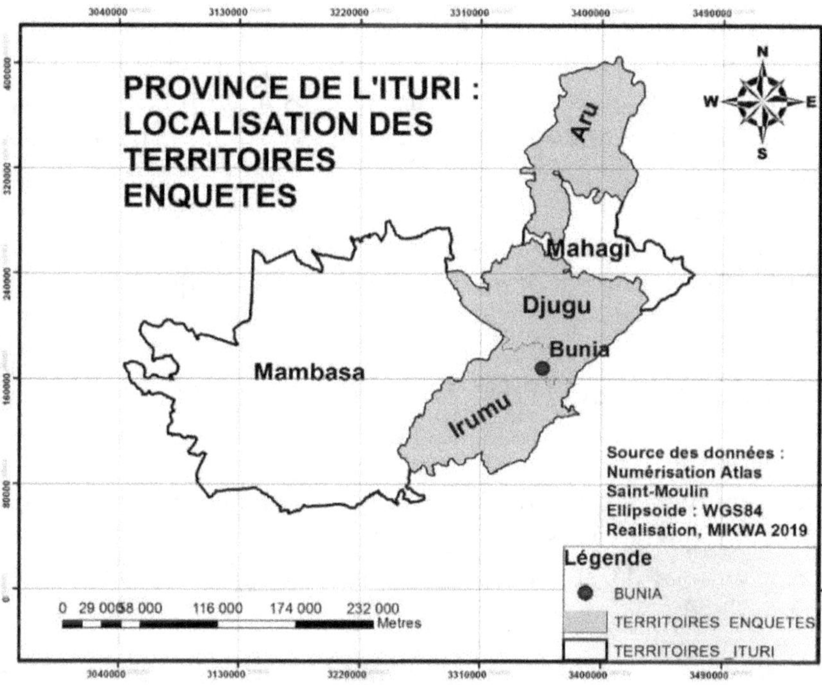

Figure12 : Localisation des territoires concernés par les enquêtes.

5.3 Résultats obtenus

Il est question de vérifier à travers les résultats, la théorie selon laquelle, les services microfinanciers répondent effectivement et efficacement aux besoins des bénéficiaires (musonniers). Les points abordés indiqueront également le bilan social concernant la réalisation concrète de la mission (sociale) des MUSO, un outil de microfinance, conformément à des valeurs sociales reconnues, malgré ses faiblesses et forces relevées précédemment.
Les services d'épargne et/ou de crédit, ainsi que tous les services connexes, contribuent certes, à améliorer le niveau de vie des bénéficiaires, et d'accéder à un développement humain durable, en vue

d'une meilleure intégration sociale. Alors, comment les MUSO parviennent-elles à fournir un ensemble de produits financiers adaptés aux bénéficiaires, et d'améliorer leurs conditions de vie ?

5.3.1 Inclusion financière

Les Mutuelles de Solidarité, constituant un important outil financier dans les milieux défavorisés par les modalités de la microfinance contemporaine, a pour but d'élargir l'accès à des produits et services microfinancier abordables et responsables, pour les populations exclues des milieux ruraux. Pour parvenir à inclure le plus grand nombre dans le système, et leur faire bénéficier de services microfinanciers adaptés, toute une gamme de produits et services sont développés par les MUSO, les plus connus étant le microcrédit et l'épargne. Cette inclusion financière peut permettre aux populations pauvres, de surcroit agricultrices, de financer leurs activités, d'épargner, de subvenir aux besoins de leur famille et de se protéger contre les risques quotidiens de vie.

5.3.1.1 Répartition des enquêtés par tranche d'âge

Cette variable renseigne sur les personnes actives et capables d'entreprendre dans les activités génératrices de revenus, autrement dit, la tranche d'âge des personnes qui sont dans les MUSO. La figure 13 ci-après indique la répartition des musonniers enquêtés selon les tranches d'âge.

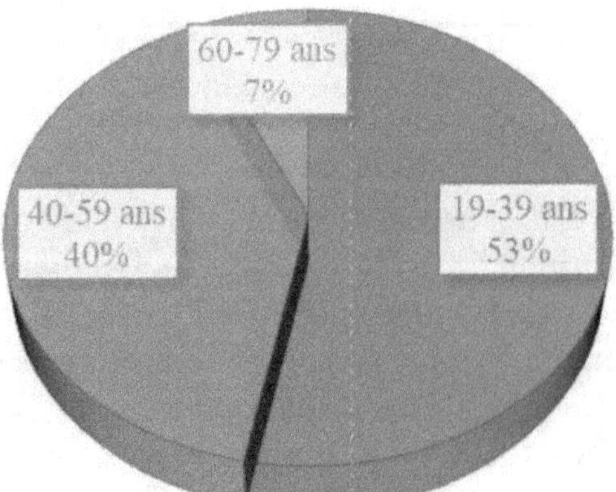

Figure 13 : Répartition des musonniers selon les tranches d'âge

Dans les zones géographiques enquêtées, les analyses renseignent que 53,1% des cas, soit la majorité, ont l'âge compris entre 19 et 39 ans. Les personnes ayant l'âge compris entre 40 et 59 ans représentaient, quant à elles 40,1% des cas enquêtés. En revanche, moins des membres, soit 7% des cas, ont l'âge situé dans la tranche d'âge de 60-79 ans. Les analyses statistiques ont aussi renseigné que l'âge moyen est de 40,46 ans, avec un maximum de 80 ans et un minimum de 18 ans.
Ces résultats peuvent être justifiés par le fait que tous les bénéficiaires des services microfinanciers sont des personnes actives, jeunes pour la plupart, ayant un besoin considérable d'accéder aux outils financiers, en vue d'accumuler les fonds pouvant financer leurs activités économiques, dans un milieu où l'économie informelle prédomine. Bien qu'il y ait des membres qui ont plus de 70 ans, les personnes actives dominent les MUSO, en quête des instruments financiers, dans un milieu post-conflit comme l'Ituri.
Ngoy (2015) qui a effectué ses recherches dans la ville de Kisangani (RD Congo) auprès des vendeuses bénéficiaires des services microfinanciers de la banque communautaire, avait abouti aux résultats selon lesquels la plupart de ses enquêtés, soit 53% des vendeurs de produits agricoles, avaient l'âge compris entre 31 et 45 ans. En revanche, Diop (2014), qui a fait, quant à elle, ses recherches au Mali sur l'impact de la microfinance formelle, la plupart d'enquêtés avaient l'âge situé entre 30 et 49 ans, soit 55% des cas.
Ces résultats démontrent du niveau d'inclusion financière des MUSO de tous lcs âges. L'âge majoritaire qui est de 20-39 ans peut se justifier par le fait que c'est une étape, considérant l'espérance de vie en RD Congo, où les personnes actives recherchent, non seulement les moyens de financement de leurs activités économiques, mais aussi, des outils pour épargner leurs acquis, afin de pourvoir aux besoins substantiels de leurs familles au moment requis.
Une femme âgée d'une septantaine d'années a déclaré lors des interviews : « *La MUSO est pour moi un meilleur moyen pour préparer ma vieillesse comme j'ai encore de la force. Le jour où je manquerai cette force physique de travail, la MUSO sera pour moi un soutien et une sorte de protection sociale (pension), par le fait que cet argent épargné aujourd'hui me sera remboursé demain* ».

5.3.1.2 Genre et états matrimoniaux des bénéficiaires des services microfinanciers

Il est question, dans cette rubrique, de l'état civil des membres enquêtés ainsi que de leur genre (sexe). Car, dit-on, les mariés prennent en charge les autres membres du foyer dans les pays en développement que les personnes vivant seules. Il faut souligner ici le fait qu`être marié et avoir une famille exige assez de ressources, afin d'assurer la subsistance du ménage. Quant au sexe des membres enquêtés, cette variable renseigne sur le genre qui est plus intéressé par les MUSO, et cela nous indique le niveau d'inclusion financière et d'empowerment des services microfinanciers offerts par les MUSO. Le tableau 14 ci-après présente le croisement de ces deux variables, afin de renseigner sur leur niveau de dépendance.

Tableau 14 : Etats matrimoniaux et genre des membres enquêtés

Etat matrimonial		Genre		Total
		Masculin	Féminin	
Marié	Effectif	238	284	522
	%	45,6	54,4	100,0
Célibataire	Effectif	38	60	98
	%	38,8	61,2	100,0
Veuf	Effectif	13	44	57
	%	22,8	77,2	100,0
Divorcé	Effectif	5	18	23
	%	21,7	78,3	100,0
Total	Effectif	294	406	700
	%	42,0	58,0	100,0

Il découle de ce tableau que 74,6% des musonniers bénéficiaires des services microfinanciers enquêtés sont des mariés, avec dans cette tranche, une majorité de femmes mariées, soit 54,4% des cas enquêtés contre 45,6% des hommes mariés. Et d'une façon globale, les membres des MUSO du sexe féminin sont majoritaires dans 58,0% des cas enquêtés par rapport aux hommes (42,0% des cas). L'on remarque aussi la présence des célibataires parmi les cas enquêtés, soit 14%, avec une proportion des femmes de 61,2% des cas. Ces résultats expliquent le

niveau d'autonomisation des femmes qui constituent la catégorie la plus défavorisée, et aussi le niveau d'inclusion financière de tous les sexes, et de chaque état matrimonial, surtout des personnes mariées.
En adoptant le Programme 2030 pour le développement durable, les dirigeants du monde avaient décidé d'affranchir l'humanité de la pauvreté, et de fournir des efforts plus énergiques pour parvenir à l'égalité des sexes et autonomiser les femmes et les filles, notamment sur le plan juridique, afin de lutter contre les discriminations sexistes profondément ancrées, qui sont souvent la conséquence d'attitudes patriarcales et de normes sociales apparentées. Il est aussi établi que les activités économiques détenues par les femmes ont une grande implication sur la survie du ménage. Les personnes mariées ont une responsabilité sociale et économique envers les membres vivant dans leurs ménages dans les pays en développement, car devant assurer leur vécu quotidien. Et ces résultats indiquent le niveau d'inclusion financière, surtout des femmes, qui sont le plus frappées par la pauvreté.
En revanche, on a cherché à connaitre s'il y a une association entre le genre et l'état matrimonial des membres enquêtés. A cet effet, le test de Chi-Carré de Pearson a servi pour réaliser cette comparaison. Ce dernier s'est caractérisé par une valeur de 15,681, ddl =3, et p=0,001, c'est-à-dire, p<0,01. L'hypothèse nulle est rejetée pour dire que le genre est dépendant de l'état matrimonial des membres. C'est dire que l'association de deux variables influence le comportement des membres des MUSO par rapport aux services financiers leur fournis.
En effet, la question relative au genre, quant à l'accès aux outils financiers, a fait couler beaucoup d'encre et de salive, et a été abordée par des institutions bilatérales et multilatérales depuis plusieurs décennies. Cependant, les résultats ont démontré que 74,6% des musonniers bénéficiaires des services microfinanciers des MUSO sont des mariés, avec dans cette tranche, une majorité de femmes mariées, soit 54,4% des cas enquêtés. C'est pour dire que les membres des MUSO du sexe féminin sont majoritaires par rapport aux hommes.
Diop (2014) et Ngoy (2015) ont aussi trouvé dans leurs recherches que la majorité des enquêtés était du sexe féminin et des mariés, jusqu'à la hauteur de 76% et 79% des cas respectivement.
Ces résultats expliquent le niveau d'inclusion financière et d'autonomisation des femmes sur le plan financier, car constituant la catégorie la plus défavorisée et pauvre. A en croire la littérature, la pauvreté frappe plus le sexe féminin, et le fait que les MUSO puissent s'intéresser à cette catégorie, influe sur leur capacité à prendre des

décisions dans la communauté et à développer leurs activités socioéconomiques, en conséquence, l'épanouissement de leurs familles.

Bouyo (2012) a aussi indiqué que l'*empowerment* correspond à un droit d'acquisition à la parole et à la reconnaissance sociale, et fait référence à la capacité de comprendre la nature des structures décisionnelles dans les contextes particuliers : qui prend les décisions ? Par quel processus sont-elles prises ? Comment ce processus peut-il être modifié ? Comment les personnes qui étaient autrefois exclues du groupe de décisions font-elles sentir leur influence dans les nouvelles décisions qui émergent ?

En revanche, la Banque Centrale du Congo dans son rapport sur la microfinance de 2012, avait indiqué que la répartition des membres et clients des Institutions du Système Financier Décentralisé renseignait que les femmes détenaient 52,7 % de l'ensemble des comptes ouverts contre 47,3 % pour les hommes. Mais, dans son rapport sur la microfinance de 2018, le secteur, autrefois attiré par les femmes, a vu la tendance se renverser depuis 2014. En effet, les hommes y ont détenu 56,9 % du total des comptes à la clôture de l'exercice 2018, enregistrant ainsi un accroissement de 5,2 points de pourcentage par rapport à 2017. La Banque Centrale du Congo explique cet état des choses, en indiquant que la baisse du nombre de comptes détenus par les femmes est justifiée notamment par le financement croissant des MPME dans lesquelles les femmes sont marginalisées et l'attrait à l'informel.

A la fin de l'année 2005, plus de 3.133 institutions de microcrédit avaient affirmé desservir plus de 113 millions de clients dans le monde ayant un prêt en cours, dont plus 81 millions étaient considérés comme faisant partie des plus pauvres lorsqu'ils ont contracté leur premier emprunt. Parmi ces clients pauvres, 84,2 % étaient des femmes. Le nombre de femmes bénéficiaires est passé de 10 à 69 millions entre 1999 et 2005, notait un rapport de la campagne du sommet du microcrédit en 2006.

5.3.1.3 Niveau d'instruction

Cet indicateur renseigne sur le niveau d'instruction des musonniers enquêtés, car, le manque d'instruction influe négativement sur le niveau de pauvreté. Cependant, les personnes ayant un niveau d'étude élevé, ont aussi, dans la plupart des cas, une capacité élevée de créativité et d'innovation. La figure 14 ci-après indique le niveau d'études des bénéficiaires des services microfinanciers enquêtés.

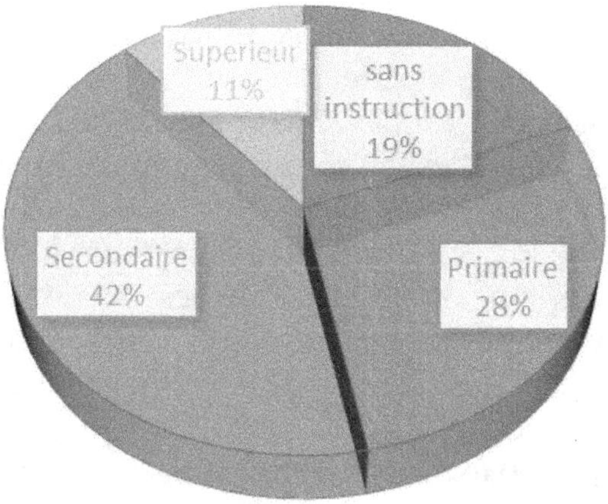

Figure 14: Répartition des musonniers bénéficiaires selon le niveau d'instruction.

A la lumière de la figure 17, il a été observé que 42 % des cas enquêtés constituent la proportion la plus importante des membres bénéficiaires ayant un niveau d'études secondaires, c'est-à-dire, ayant obtenu un diplôme d'Etat (baccalauréat). Ce niveau d'études, dans le contexte des villages, revient surtout aux enseignants des écoles primaires et secondaires qui peuvent avoir une certaine capacité de compréhension et d'appréhension de cet outil financier (MUSO). Cependant, l'on remarque que certains musonniers n'avaient aucune instruction, ou s'étaient limités au niveau des études primaires dans 47% des cas enquêtés, alors que d'autres avaient un niveau supérieur d'études, soit 11% des cas enquêtés.

Ce qui démontre d'un certain niveau d'inclusion financière des MUSO, en offrant des services adaptés et en mettant ensemble autour de l'outil financier des personnes des niveaux différents d'études. Car, l'inclusion financière permet aux populations pauvres de tout niveau, mais habitant ensemble, de financer leurs activités économiques, d'épargner, de subvenir aux besoins de leur famille et de se protéger contre les chocs de la vie.

Comme l'ont renseigné les résultats, 47 % des cas enquêtés constituaient la proportion la plus importante des membres bénéficiaires qui n'étaient jamais allés à l'école, ou avaient abandonné étant au niveau de l'école primaire. Cependant, 42% des cas avaient un niveau d'études secondaires, c'est-à-dire, ayant obtenu un diplôme

d'Etat. Contrairement à Diop (2014) qui a fait des recherches sur les clients d'une microfinance formelle au Mali, et Kabongo (2016) qui a également fait ses recherches en ville de Bunia auprès d'une IMF formelle (province de l'Ituri), avaient relevé que la majorité des clients avait fait des études supérieures, soit 75% et 57% des cas respectivement. Ce qui n'est pas le cas pour les MUSO.
Lorsque des personnes des niveaux d'études différentes peuvent se mettre ensemble autour de cet outil, afin de partager les risques relatifs aux opérations financières, cela démontre son niveau d'inclusion financière. Ce qui revient à dire que les MUSO permettent aux populations pauvres de chaque niveau d'instruction, mais habitant ensemble, partageant les mêmes réalités financières de se mettre ensemble autour de cet outil.
En effet, Servet (2009) avait précisé que dans la plupart des pays dits « en développement », des populations n'ont pas accès aux services financiers de base, à cause notamment d'un degré d'analphabétisme financier élevé, pouvant rendre quasi impossible l'usage de services financiers inadaptés. Mais, les MUSO ont pu contourner cette contrainte, en offrant les mêmes chances à tout le monde.

5.3.1.4 Activité professionnelle

Cette variable a permis d'indiquer la répartition des membres des MUSO enquêtés selon leur emploi, afin de renseigner sur la catégorie des personnes qui ont adhéré à cet outil de microfinance, en ce qui concerne l'emploi de chaque membre enquêté. Les services microfinanciers permettent de financer l'entrepreneuriat, afin de lutter contre la pauvreté. Surtout que pour être membre d'une MUSO, il faut avoir la capacité d'épargner en amont, avant d'accéder au service de microcrédit.

A. Profession principale

Le monde rural regorge la majorité de la population à faible revenu ou des pauvres, qui, généralement pratiquent l'agriculture comme activité principale. Malheureusement, cette catégorie de la population n'a pas accès aux institutions bancaires classiques, ni aux institutions de microfinance formelle, afin d'innover ou de créer sur le plan entrepreneurial, à cause de l'incertitude et du niveau de risque liés à ce secteur. Cette variable, telle que l'indique la figure 15 ci-après, présente la répartition selon la profession principale, afin de renseigner sur l'emploi des membres enquêtés.

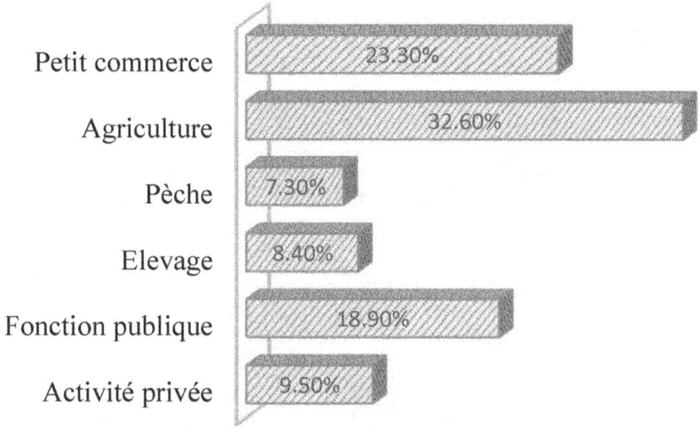

Figure 15 : Répartition des bénéficiaires selon la profession principale

Les résultats sur cette figure renseignent que la plupart des membres des MUSO enquêtés ont comme activité principale l'agriculture et le petit commerce dans respectivement 32,6% et 23,3% des cas. Ceci se justifie par le fait que les personnes souvent rejetées par les institutions formelles de microfinance et qui n'ont d'autres choix que d'adhérer dans les institutions informelles de proximité, sont dans le secteur agricole. Une autre catégorie des membres est constituée des agents de la fonction publique, soit 18,9% des cas enquêtés.
Mais aussi, il faut préciser que l'Ituri est une province à vocation agropastorale. Toutefois, pour les autres catégories des musonniers, quoi que l'activité agricole ne soit pas leur activité principale, ils ont quand même un lien avec l'agriculture comme activité pratiquée à temps partiels pour l'alimentation de la famille. Une fois de plus, cette variable a renseigné sur la capacité des MUSO à offrir des services microfinanciers adaptés à toutes les couches de la population, souvent délaissées par les banques classiques et les IMF formelles : les agriculteurs, les petits commerçants, les artisans, etc.

B. Profession secondaire

Comme abordé au point précèdent, dans les pays en développement, considérant le niveau bas de revenus et la précarité d'emplois dans la majorité des cas, des personnes ont tendance à cumuler des activités. Ce sont des activités qui sont pratiquées à temps partiels par rapport à l'activité principale. Et la figure 16 ci-après présente la répartition des bénéficiaires selon l'emploi secondaire.

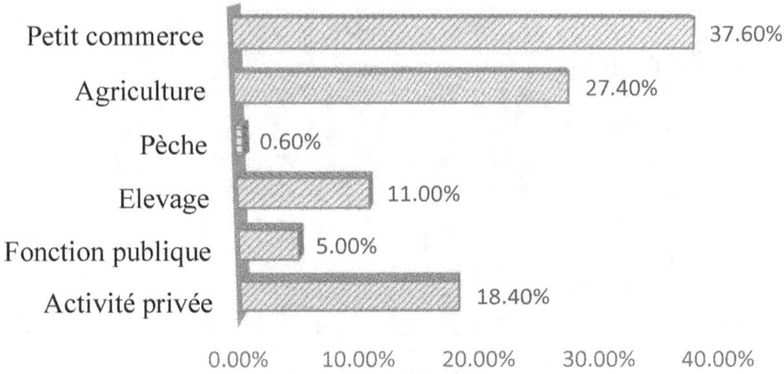

Figure 16 : Répartition des membres selon la profession secondaire

Comme nous pouvons l'observer, le petit commerce reste l'activité secondaire de la majorité des membres bénéficiaires des services microfinanciers des MUSO dans 37,6% des cas. Cela se justifie aussi par le fait qu'une fois le microcrédit reçu, il faut une activité qui génère vite les revenus, afin de faciliter le remboursement et tirer aussi les dividendes du microcrédit.

Nous observons également que l'agriculture constitue l'emploi secondaire de plusieurs membres, soit 27,4% des cas enquêtés. Et cette agriculture se pratiquent pour la plupart, à temps partiel, afin de subvenir aux besoins de la famille. Comme c'est une province à vocation agropastorale, il y a aussi l'élevage qui constitue l'activité secondaire de certains membres, soit 11,0% des cas enquêtés. Quant à l'activité privée (18,40% des cas), il s'agit des activités telles que la conduite d'une moto taxi, la menuiserie, la coupe et couture, qui sont pratiquées après l'activité principale.

En conséquence, toutes les deux catégories de profession ont renseigné sur l'emploi principal des bénéficiaires des services microfinanciers des MUSO en Ituri. Et les résultats ont indiqué que la plupart des musonniers enquêtés ont comme activité principale, l'agriculture et le petit commerce dans respectivement. Une autre catégorie des membres est constituée des agents de la fonction publique, soit 18,9% des cas enquêtés, qui ne font pas confiance aux IMF formelles.

L'Ituri étant une province à vocation agropastorale, l'agriculture comme emploi principal des membres est justifiée. Toutefois, pour les autres catégories des membres, quoi que l'activité agricole ne soit pas leur activité principale, ils ont quand même un lien avec l'agriculture soit par leurs épouses, soit par eux-mêmes, par la pratique de l'agriculture comme activité à temps partiels pour l'alimentation de la famille. Cependant, Diop (2014) a démontré que seulement 1% de bénéficiaires étaient des agriculteurs pour les IMF formelles, alors que Kabongo (2016) a indiqué qu'aucun des bénéficiaires, dans son contexte de la microfinance formelle, n'avait comme profession principale l'agriculture. En revanche, Kudinga (2018) en RDC, commentant les données de la Banque Centrale du Congo, a constaté que par rapport à la distribution par secteur d'activités, 66% des microcrédits en RDC sont alloués au secteur commercial, et seulement 16% à l'agriculture et 18% aux autres secteurs.

Atallah et El Hyani (2009) dans leurs recherches au Maroc, avaient conclu que l'accès au crédit demeurait impossible à de larges franges de la population, ayant de faibles revenus, ou des revenus instables. Longtemps délaissée par le système bancaire, elle a pourtant des besoins de financement importants, notamment pour réaliser de petits projets, mais, elle manque des garanties matérielles.

Cependant, Rossier et Taillefer (2005) précisaient que la MUSO ne fera pas le développement, mais elle y contribuera pour une petite part, et devra s'intégrer dans un ensemble plus complexe de structures financières qui permettront, avec des ressources conséquentes, de financer l'activité de production agricole ou artisanale (fonds d'investissement rural, banques de crédit agricole, banques de développement), tout en protégeant les acteurs (producteurs et financiers) des calamités éventuelles (fonds de garantie, fonds de calamité agricole).

A en croire Lapenu et al (2009), le secteur de la microfinance a montré sa capacité à offrir de façon durable aux exclus des systèmes bancaires classiques des services financiers diversifiés et adaptés (petites sommes, remboursements réguliers, ciblage des activités des pauvres, etc.). Elles ont imaginé des garanties non traditionnelles et ont développé des systèmes basés sur la solidarité, la proximité et la participation pour accroître la confiance, et pour atténuer les barrières sociales et informationnelles.

Par contre Morvant-Roux *et al.* (2010) fustigeaient les politiques d'inclusion financière qui reproduisent essentiellement les modalités de la microfinance contemporaine en milieu urbain. Elles sont inadéquates pour répondre aux besoins de financement de la plupart des productions

agricoles. Elles tendent à favoriser en zones rurales les activités non agricoles au détriment des productions agricoles.
Mais, cette façon de faire a aussi un côté positif qui est celui de diversifier les activités génératrices des revenus dans les milieux ruraux, et de faire face à des périodes de mauvaises récoltes, et/ou des calamités naturelles. La diversification des activités préserve les ruraux des chocs liés à la nature (climat).
Ces résultats ont démontré qu'il est possible d'offrir des microcrédits aux personnes pratiquant l'agriculture comme activité principale, bien qu'elle constitue une activité à haut risque.

5.3.1.5 Formes d'activités (formelle ou informelle) et tenue de la comptabilité

En effet, la principale caractéristique du secteur informel est le fait de ne pas payer les taxes et impôts qui reviennent à l'Etat, mais aussi, la comptabilité n'est pas tenue. La tenue de la comptabilité dans les activités de production est un indicateur parmi tant d'autres pouvant permettre de qualifier une activité de formelle ou d'informelle.
La tableau 15 ci-après montre la répartition croisée de deux variables de l'échantillon selon que les membres payent ou pas des taxes et impôts, et selon qu'ils tiennent ou pas la comptabilité dans leurs affaires.

Tableau 15 : Payement des taxes et impôts et tenue de la comptabilité dans les AGR

			Payement de taxe		Total
			Oui	Non	
Tenue de comptabilité	Oui	Effectif	235	280	515
		%	45,6	54,4	100,0
	Non	Effectif	78	107	185
		%	42,2	57,8	100,0
Total		Effectif	313	387	700
		%	44,7	55,3	100,0

Les résultats affichés dans ce tableau permettent d'affirmer que près de trois quarts des enquêtés, soit 73,6% des cas, tiennent la comptabilité dans leurs activités de production ; alors que plus de moitié, soit 55,3% des cas enquêtés ne payent pas les taxes et impôts de l'Etat.

Quant à savoir s'il y a une association entre le fait de tenir la comptabilité dans l'activité de production et le paiement de taxes et impôts dus à l'Etat, le test de Khi-deux a été mis à contribution. Le résultat du test de Khi-deux révèle une valeur 0,663 pour ddl=1, et p=0,416, c'est-à-dire p>0,05. Ces résultats démontrent qu'il n'y a pas une dépendance entre le fait de tenir la comptabilité dans leur activité de production et le paiement des taxes et impôts dus à l'Etat.

Cette situation peut se justifier par le fait que dans les séances d'animation des MUSO, l'apprentissage de la comptabilité élémentaire aux membres pour leurs activités génératrices des revenus occupe une place importante.

6.3.1.6 Nombre de personnes vivant dans le ménage et les dépenses alimentaires journalières

A l'échelle individuelle, la conception utilitariste dominante en économie préconise l'évaluation du bien-être à partir de la consommation et du revenu qui sont les principaux arguments de la fonction d'utilité. A ce propos, Sirven (2007) indique que dans les pays en développement, pour des raisons pratiques, il est plus judicieux de ne prendre en considération que les dépenses de consommation. L'argument avancé est que les revenus sont susceptibles de fluctuer de manière importante à la suite de chocs externes (perte d'emploi, mauvaise récolte, etc.), alors que le niveau de consommation reste néanmoins stable, ne serait-ce que pour assurer la survie alimentaire des agents.

En effet, les dépenses alimentaires corrélées au nombre de personnes vivant dans un ménage renseignent sur le niveau du bien-être, en conséquence, le niveau de pauvreté. C'est ainsi que ces deux variables sont traitées simultanément, afin de calculer l'indice de pauvreté des ménages des musonniers bénéficiaires enquêtés, tout en considérant le seuil de 1$ US, soit 1600 FC en 2018.

Le tableau 16 ci-après indique les fourchettes des dépenses alimentaires journalières comparées au nombre de personnes vivant dans les ménages des bénéficiaires enquêtés.

Tableau 16 : Dépenses journalières (1$ US = 1600Franc Congolais en 2018) croisées au nombre de personnes dans les ménages des musonniers bénéficiaires enquêtés

Nombre de personnes dans le ménage		Dépenses alimentaires journalières (FC)			Total
		2000-6000	7000-11000	12000-16000	
1-6	Effectif	158	91	19	268
	%	59,0	34,0	7,1	100,0
7-12	Effectif	136	161	95	392
	%	34,7	41,1	24,2	100,0
13-18	Effectif	4	18	17	39
	%	10,3	46,2	43,6	100,0
19-24	Effectif	0	0	1	1
	%	0,0	0,0	100,0	100,0
Total	Effectif	298	270	132	700
	%	42,6	38,6	18,9	100,0

Les résultats apparus dans ce tableau permettent de conclure d'une part que les personnes vivant dans les ménages de membres de MUSO se retrouvent principalement dans les fourchettes de 7 à 12 personnes, soit 56% des cas enquêtés, et de 1 à 6 personnes, soit 38,29% des cas enquêtés. D'autre part, les dépenses pour la consommation alimentaire (au regard des effectifs dans les ménages des membres de MUSO) se présentent à trois niveaux : d'abord, pour 298 ménages, les dépenses vont de 2000Fc à 6000Fc, soit 42,6% des cas ; ensuite, les dépenses alimentaires vont de 7000Fc à 11000Fc pour 270 ménages, soit 38,6% des cas ; et enfin, pour 132 ménages, les dépenses alimentaires sont de l'ordre de 12000Fc à 16000Fc, soit 18,9% des cas enquêtés.

Le test de Chi-Carré de Pearson a été utilisé pour déterminer s'il y a une association entre le nombre de personnes vivant dans le ménage et les dépenses alimentaires journalières. Le test s'est caractérisé par une valeur de 77,522 pour ddl = 6, et p = 0,000, c'est-à-dire, $p<0,01$. L'hypothèse nulle est rejetée pour dire que les dépenses pour la consommation alimentaire sont fonction du nombre de personnes vivant dans les ménages.

Cependant, le tableau 17 ci-après renseigne, quant à lui, sur le nombre moyen des personnes ainsi que la dépense moyenne par ménage.

Tableau 17 : Moyennes de personnes et de dépenses journalières par ménage

Statistiques descriptives						
	Effectif	Minimum	Maximum	Moyenne	Ecart type	Coefficient de variation
Nombre de personnes dans le ménage	700	1	22	7,67	2,977	38,81%
Dépense journalière (FC)	700	2000	16000	8146,43	3185,545	39,10%

Ces résultats renseignent que par rapport aux personnes vivant dans les ménages des membres enquêtés, il y a une moyenne de 8 personnes par ménage, avec une consommation moyenne de 8146,43FC par ménage. Il y a une grande variabilité aussi bien dans les dépenses journalières que dans le nombre de personnes dans le ménage, donc, les distributions sont hétérogènes.

Pour la composition des ménages, le minimum est d'une personne et le maximum est de 22 personnes par ménage, avec une dépense maximale journalière de 16000FC.

Et le croisement de la variable nombre de personnes dans le ménage et la dépense journalière renvoi donc au calcul des indices de pauvreté, afin de renseigner sur le niveau de pauvreté des ménages enquêtés. Le seuil de 1$ US par jour est considéré dans ce cas. Le tableau 18 ci-après indique la proportion des personnes vivant avec moins d'un dollar par jour (les pauvres) et celles vivant avec plus d'un dollar par jour.

Tableau 18 : Calcul des indices de pauvreté (1$ US=1600 FC)

	Effectifs	%	% cumulé
< 1 $	568	81,1	81,1
≥ 1 $	132	18,9	100,0
Total	700	100,0	

Il se dégage de ces résultats que la plupart des membres vivent avec moins de 1$ US par individu et par jour, soit 81,1% des cas enquêtés.

Ce qui peut expliquer pourquoi ces personnes préfèrent les services microfinanciers des MUSO que ceux de banques classiques traditionnelles et les institutions de microfinance formelles. Car, comme abordé dans les paragraphes précédents, des personnes à revenu faible ne peuvent pas accéder aux services financiers des banques classiques, non seulement à cause du manque de garantie, mais aussi à cause des montants faibles sollicités qui augmentent les charges bancaires.

Cependant, moins de membres vivent avec plus de 1$ US par jour et par personne, soit 18,9% des cas enquêtés. Ceci est surtout le cas des centres urbains comme la ville de Bunia.

Un staff membre d'une ONG a révélé : « *Moi j'ai adhéré aux MUSO étant donné que je n'ai pas confiance aux banques classiques et aux microfinances formelles, à cause de leurs tracasseries lorsqu'il faut demander un crédit, des longues procédures inutiles et embêtantes qui font perdre le temps, et des faillites de ces institutions à tout moment, avec perte de notre argent.* »

Ces résultats corroborent les recherches de Ngoy (2015) dans les conditions de Kisangani (RDC), dont la majorité de ménages était constituée de 7-9 personnes.

En ce qui concerne les indices de pauvreté, la plupart des personnes vivent avec moins de 1$ US par personne et par jour, soit 81,1% des cas enquêtés, et donc, des pauvres suivant le seuil retenu pour évaluer la pauvreté « absolue » en Afrique subsaharienne connu sous le nom de « seuil de 1$ US par jour », qui est adapté pour les pays les moins avancés, selon Atallah et El Hyani (2009) et Benicourt (2001). La principale dépense de ces ménages, en majorité pauvres, est la scolarisation de leurs enfants dans 52,60% des cas enquêtés.

En croire le DSCRP de 2011, sept ménages sur dix sont pauvres en RD Congo, avec une disparité entre le milieu rural, où environ huit ménages sur dix sont pauvres, et le milieu urbain, où moins de sept ménages sur dix sont pauvres. L'alimentation représente 62,3% des dépenses totales des ménages congolais.

Sagna (2015) souligne qu'en ce qui concerne les représentations sociales de la pauvreté, trois principales images sont associées au pauvre : une personne qui a un « faible revenu », celui qui est « sans-emploi » et un « paresseux ». Ces images laissent apparaitre que la principale caractéristique de la pauvreté est le manque d'argent, qui peut être total (absence d'un travail rémunérateur), ou partiel (faiblesse des revenus liée à la situation professionnelle). Cette situation engendre une incapacité à satisfaire les besoins de base du ménage.

C'est pourquoi, en mai 2013, le groupe de haut niveau de personnalités éminentes pour le calendrier du développement post-2015, chargé de mettre à jour les objectifs de développement durable de l'ONU, avait publié ses recommandations avec une nouvelle perspective pour la communauté du développement : « Notre perspective et notre responsabilité sont de mettre fin à la pauvreté extrême dans toutes ses formes dans le contexte du développement durable, et d'avoir en place les fondations de la prospérité durable pour tous. » Le groupe avait écrit « Ne laisser personne de côté », « Après 2015, nous devrions passer de la réduction à l'éradication de l'extrême pauvreté sous toutes ses formes ». Cependant, les résultats ont démontré qu'avec les services microfinanciers offerts par les MUSO, les pauvres peuvent, non seulement financer leurs activités économiques de production, mais aussi accéder aux besoins sociaux de base (soins médicaux, scolarisation des enfants, etc.), et ainsi, sortir du cycle de pauvreté.

5.3.1.7 Principale dépense du ménage

Cet indicateur renseigne sur le principal besoin qui consomme plus le budget des ménages des membres des MUSO, et la figure 17 ci-après indique la répartition des enquêtés selon la principale dépense du ménage.

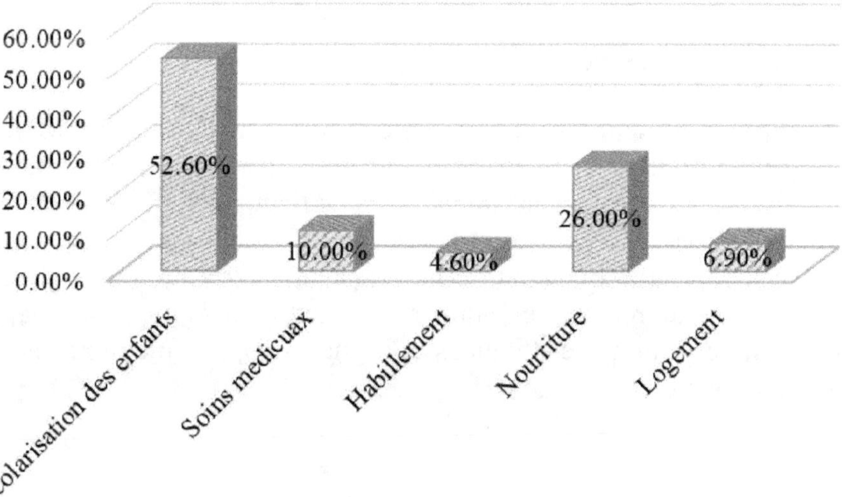

Figure 17 : Principale dépense du ménage

En effet, lors qu'un ménage est pauvre, sa principale préoccupation est la lutte pour sa survie. Ce qui signifie que les besoins sociaux (soins médicaux, scolarisation des enfants, besoins alimentaires, etc.) prennent le dessus sur la création des richesses. Selon les résultats obtenus, il ressort clairement que la principale dépense de ces ménages, en majorité pauvres, est la scolarisation de leurs enfants dans 52,60% des cas enquêtés. Et les dépenses alimentaires viennent en deuxième position avec 26% des cas enquêtés. Ensuite, pour 6,90% des cas enquêtés, le logement constitue une dépense principale.
Les bénéficiaires ont pu démontrer que l'accès aux services microfinanciers a répondu surtout à la question relative à la scolarisation des enfants, car cette question constituait un casse-tête pour une grande majorité de ménages.
Un homme membre des MUSO enquêté a déclaré : « *Je suis à même d'avoir accès à l'argent quand je le souhaite pour payer les frais scolaires de mes enfants, et depuis l'adhésion aux MUSO, mes enfants ne sont plus chassés de l'école* ».
Une femme membre des MUSO à Bunia a déclaré : « *Avant l'avènement des MUSO, j'avais la capacité de scolariser mes enfants, mais avec des revenus irréguliers, je n'étais pas en mesure de payer les frais scolaires au moment où mes enfants en avaient besoin. Ce qui fait qu'ils étaient tous les temps chassés de l'école. Mais, avec les MUSO, je peux contracter un microcrédit au moment opportun pour régler cette problématique.* »

5.3.1.8 Ancienneté dans les MUSO

Cette variable présente la durée des membres enquêtés dans les MUSO, afin de comprendre l'importance que ces membres accordent aux Mutuelles de Solidarité. Car, un membre ne peut pas faire deux ou trois ans dans une MUSO sans donner son consentement ou son accord. La variable répond à la question de savoir, quelle est votre durée dans la MUSO, afin de renseigner sur l'ancienneté. La figure 18 ci-après indique donc le nombre d'années effectuées comme membre dans le système musonnier.

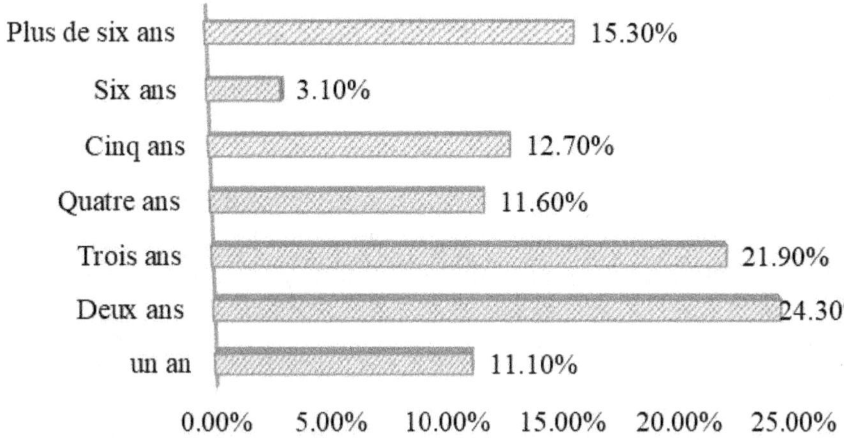

Figure 18 : Répartition selon la durée dans la MUSO

Il se dégage de ces résultats que la plupart des membres enquêtés, soit 57,30% des cas ont réalisé, au plus, trois ans dans le système des MUSO. En outre, 42,70% des cas enquêtés ont réalisé au moins quatre ans dans le système des MUSO. Certains membres ont même déjà réalisé plus de six ans dans le système des Mutuelles de Solidarité, soit 15,3% des cas enquêtés. Ceci justifie l'intérêt que les membres affichent envers les services microfinanciers des MUSO.

Une veuve de Djugu, qui élève sept enfants a affirmé pour justifier sa durée dans le système des MUSO : « *La MUSO m'a aidée à retrouver une place dans la communauté. J'y ai trouvé un lieu d'échanges et de soutien, cela justifie mon attachement à cet outil jusqu'ici* ».

Il s'est dégagé des résultats obtenus que certains membres ont même déjà réalisé plus de six ans dans le système des Mutuelles de Solidarité. Ceci justifie l'intérêt que les membres affichent envers les services microfinanciers des MUSO. Diop (2014) a constaté la même chose que nous dans ses recherches, la majorité avait une ancienneté de plus de trois ans dans le système de microfinance formelle, soit 56% des cas.

Un bénéficiaire de Bunia a déclaré que « *La MUSO est un cadre où il y a un échange des expériences, une résolution des problèmes communautaires, et la solution aux problèmes de financement de mes activités depuis cinq ans, je demeure et demeurerai jusqu'à la fin de ma vie pour assurer ma vieillesse* ». Cependant, les conflits communautaires qui sévissent en Ituri mettent en mal l'existence des MUSO, à cause des déplacements des populations civiles.

5.3.1.9 Conditions pour être membre

Dans les IMF formelles, il y a un certain nombre de préalables pour être membre et/ou client, et ce paramètre est très important, car peut inciter ou désinciter les personnes en besoin des produits financiers d'adhérer à l'IMF, alors qu'elles ne possèdent pas des garanties suffisantes pour en être qualifiées. C'est ainsi que le tableau 19 ci-après présente les conditions majeures pour être membre d'une Mutuelle de Solidarité.

Tableau 19 : Conditions pour devenir membre d'une MUSO

Conditions	Effectifs	%
Être commerçant	28	4,0
Avoir une activité de production	235	33,6
Habiter le même quartier	146	20,9
Etre parrainé par un autre	18	2,6
Être pauvre	51	7,3
Pas de condition	127	18,1
Etre en ordre de cotisation	64	9,1
Volontaire	3	0,4
Etre membre de l'église catholique	11	1,6
Etre enseignant	17	2,4
Total	700	100,0

De ce tableau, les résultats renseignent que pour devenir membre d'une Mutuelle de Solidarité, il y a des prédispositions à respecter, cependant, elles sont flexibles, surtout morales, déterminées par chaque MUSO, selon les réalités du milieu. Il est important d'indiquer que ces prédispositions dépendent d'un milieu à un autre, et elles sont fixées et convenues par les membres. Et le plus souvent sur terrain, les membres se réunissent selon l'appartenance à une classe sociale, et selon leurs conditions socioéconomiques de vie.

Comme on peut le constater, pour devenir membre, la plupart des cas enquêtés, soit 33,6% ont affirmé qu'il faut avoir une activité de production pouvant garantir, non seulement l'épargne, mais aussi le remboursement du microcrédit. En effet, 20,9% des cas ont soutenu qu'il faut tout simplement habiter le même quartier. Il faut noter que 18,1% des cas enquêtés ont aussi affirmé qu'il n'y a aucune condition pour devenir membre d'une MUSO, il suffit d'être sensibilisé et d'adhérer au groupe.

A ce sujet, se fiant aux déclarations d'une maman présidente d'une MUSO de Bunia : « *Les assises des MUSO (les assemblées générales) sont des espaces indiqués pour passer des messages transversaux comme la résolution pacifique des conflits, les aspects liés au genre, la prévention de la santé, la protection de l'environnement, le changement de mentalité, ou la violence sexuelle dans les communautés. Cela m'a permis d'adhérer à cet outil sans aucune condition majeure.* »
Sur terrain, il est également constaté que les membres se réunissent souvent selon l'appartenance à une classe sociale, et selon leurs conditions socioéconomiques de vie, ou selon qu'ils habitent le même quartier ou milieu. Une femme musonnière bénéficiaire a affirmé : « *J'ai été sensibilisée par une amie et voisine, comme j'étais veuve, j'ai constaté que les conditions des MUSO étaient favorables à ma condition, car elles permettaient une vie en communauté et un accès aux financements sans condition, afin d'élever mes enfants orphelins et de me défouler des stress* ».

5.3.1.10 Conditions pour accéder au microcrédit

Le microcrédit est le produit le plus important des institutions de microfinance parmi tant d'autres. La motivation principale d'adhésion à une institution de microfinance est l'opportunité d'accéder, non seulement au microcrédit, mais aussi à l'épargne et à d'autres produits comme l'assurance, car les banques classiques excluent les personnes à revenu faible, à cause notamment de l'irrégularité de leurs revenus. La figure 19 ci-après présente la répartition des échantillons selon les conditions majeures pour accéder aux services de microcrédit.

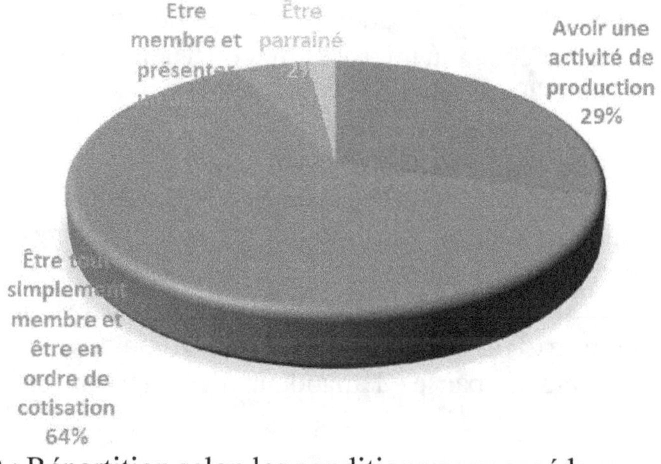

Figure 19 : Répartition selon les conditions pour accéder au microcrédit

Pour accéder au service de crédit dans une institution de microfinance formelle, il y a plusieurs conditions, afin de minimiser les risques liés à ce service. Cependant, dans le cadre des MUSO, d'après les résultats des enquêtes sur terrain auprès des bénéficiaires, il se dégage qu'il faut tout simplement être membre et être en ordre de cotisation dans 63,3% des cas, et avoir une activité de production dans 29,1% des cas, ou encore, présenter un besoin de financement dans 5,3% des cas. Ce qui est vrai est que sur terrain, les MUSO n'ont pas des conditions excluantes, pour accéder à un crédit. Sinon, il a été observé la sensibilisation d'autres populations sur terrain par les animateurs, afin d'adhérer aux Mutuelles de Solidarité.

Une maman musonnière à Bunia a affirmé ceci : « *je ne vois pas personnellement une quelconque condition. J'ai tout simplement été membre, et après une courte période d'épargne, j'ai accédé facilement au microcrédit* sans aucune contrainte ».

Un enseignant musonnier enquêté dans le territoire d'Aru a révélé ce qui suit : « *Avec mon maigre revenu, je n'étais pas en mesure d'accéder à un crédit bancaire pour répondre aux besoins financiers, mais avec les MUSO, il suffisait seulement d'être membre et de cotiser, et après une certaine période, j'ai pu présenter mes besoins en microcrédit, et cela m'a été accordé.* »

Quant à Morvant-Roux *et al.* (2010), Falcucci (2012), Atallah et El Hyani (2009), Kabongo (2016) et Diop (2014), qui ont effectué des recherches dans la microfinance formelle, ont constaté que pour être membre ou client et bénéficier du microcrédit, il faut présenter une activité économique moins risquée, disposer d'un revenu stable, ainsi que d'une garantie réelle.

Mais, dans le cas des MUSO, quel que soit le niveau de risque de son activité, l'on peut accéder au microcrédit, pourvu que le besoin soit bien présenté, ainsi que la volonté de remboursement.

5.3.1.11 Objet du crédit sollicité

Les demandeurs des microcrédits ont des raisons différentes suivant les objectifs poursuivis. C'est ainsi que cette variable répond à la question de savoir, quel est l'objet du microcrédit sollicité par les membres des MUSO ? La figure 20 ci-après indique la répartition des enquêtés selon les objectifs poursuivis par les demandeurs des microcrédits.

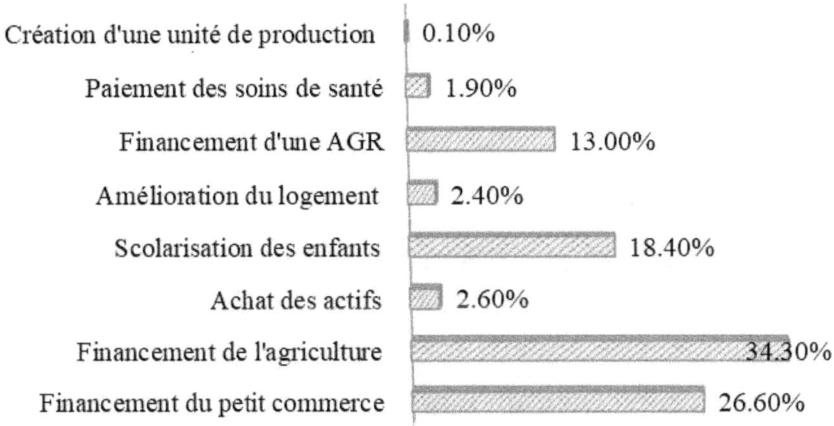

Figure 20 : Répartition selon l'objet du crédit sollicité

L'accès aux instruments de microfinance (épargne, microcrédit, transfert d'argent, etc.) indique le niveau de santé des opérateurs économiques d'un pays, et donc, la santé de l'économie. En possession de ces produits financiers, les bénéficiaires ont plusieurs façons de pouvoir les orienter. Nous référant au produit le plus important de la microfinance qui est le microcrédit, il ressort que pour la majorité de membres enquêtés, soit 34,3% des cas, le financement de la l'agriculture (culture des champs, l'élevage de gros bétails, la pêche) constituait l'objet principal du microcrédit sollicité, car étant l'emploi principal de la majorité des bénéficiaires enquêtés. En dehors de l'agriculture, 26,6% des membres ont sollicité aussi le microcrédit pour l'orienter dans le petit commerce. Il faut souligner qu'un autre motif de la demande du microcrédit est la satisfaction des besoins sociaux, soit la scolarisation des enfants dans 18,4% des cas et les soins médicaux dans 1,9% des cas.

Ngoy (2015) a aussi constaté que les profits tirés de la microfinance étaient plus investis dans l'éducation des enfants, ainsi que dans l'alimentation du ménage dans 59% des cas dans les conditions de bénéficiaires de la BACO de Kisangani.

5.3.1.12 Montant du crédit sollicité

A la question de savoir dans quelle fourchette se situent les montants reçus, cet ouvrage voudrait avoir un aperçu global des montants sollicités par les musonniers. La figure 21 ci-après présente la répartition des enquêtés selon la fourchette des montants reçus et/ou demandés.

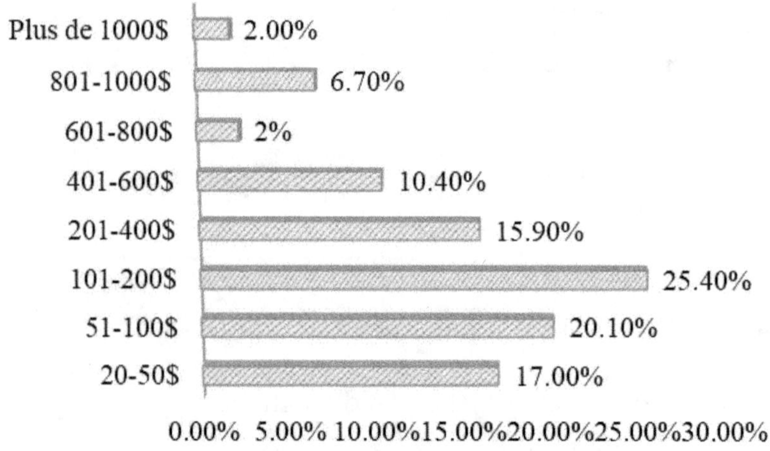

Figure 21 : Répartition selon les montants des microcrédits bénéficiés.

Comme le nom l'indique, il s'agit d'un petit crédit, d'un montant peu élevé, sensiblement inférieur au crédit qu'une entreprise ou un ménage peut solliciter auprès d'une banque. Parler de la faiblesse de ces montants n'a de sens qu'au niveau de vie de la population. Comme dit précédemment, la Banque Mondiale retient un plafond de 30% du PIB par habitant de chaque pays. Cependant, en réalité, il n'y a pas de consensus parmi les professionnels pour définir un seuil du microcrédit. En effet, les résultats ont révélé que dans le contexte de l'Ituri, ce sont des montants se situant dans la fourchette de 100-200$ US, soit 25% des cas, ce qui avoisine 30% pour un PIB de 600$ US par habitant en RD Congo.

Cependant, l'on constate aussi que les membres ont sollicité un microcrédit allant de 600$ à plus de 1000$, soit 11.1% des cas enquêtés. Ceci est le fait des membres habitant généralement les centres urbains, comme la ville de Bunia, qui arrivent à solliciter un microcrédit s'élevant même autour de 1500$ US, soit 2% des cas.

Pour les montants se situant dans la fourchette de 20-50$ US, soit 17% des cas, il s'agit principalement des habitants de certains villages pour lesquels, ce montant répond aux besoins sur le plan socioéconomique. Il peut s'agir de l'achat des semences et/ou des géniteurs, de paiement des frais scolaires des enfants, etc.

C'est pourquoi, Bouyo (2012) a indiqué qu'il s'agit d'un petit crédit, d'un montant peu élevé, sensiblement inférieur au crédit qu'une entreprise ou un ménage peut solliciter auprès d'une banque. Parler de la faiblesse de ces montants n'a de sens qu'au niveau de vie de la population.
Cependant, il est constaté aussi que les membres des MUSO en Ituri ont sollicité un microcrédit allant de 600$ à plus de 1000$, soit 11% des cas enquêtés. Ceci est le fait des membres habitant généralement les centres urbains, comme la ville de Bunia, qui arrivent à solliciter un microcrédit s'élevant même autour de 1500$ US.

5.3.1.13 Calcul du microcrédit

Contrairement aux tontines, les musonniers sollicitent des microcrédits selon les besoins exprimés, et non un montant uniforme, comme c'est le cas pour les tontines. Cet indicateur renseigne, dans le cas où un membre sollicite un microcrédit, comment est-ce qu'il se calcule. La figure 22 ci-après indique la répartition des musonniers enquêtés selon la façon dont le microcrédit est calculé après la demande par un membre.

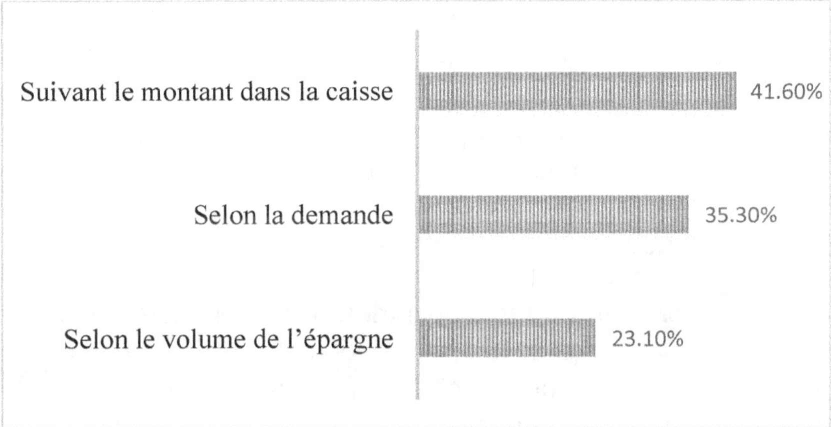

Figure 22 : Répartition des membres selon le calcul du microcrédit après la demande

D'une manière générale, dans une microfinance formelle, le microcrédit peut être individuel ou solidaire, et dans tous les cas, la garantie est obligatoire. Ça peut être un gage d'un bien ou une caution solidaire. Cependant, dans le cas des Mutuelles de Solidarité, la garantie est souvent morale. Et il se dégage des analyses que lors qu'un membre présente le besoin d'accéder à un microcrédit, 42% des membres, soit la majorité, ont affirmé qu'ils se réfèrent au montant dans la caisse afin de satisfaire leurs besoins. Alors que 23% des cas ont affirmé que l'on se réfère quelques fois au volume de l'épargne du demandeur, et on applique les conventions. Dans tous les cas, le microcrédit est accordé selon les besoins exprimés par chaque membre qui le désire, car à chaque assemblée générale, il y a des membres qui remboursent et ceux qui empruntent.

En effet, pour des MUSO qui ont déjà une durée de plus de trois ans, il n'est pas seulement question de la caisse verte pour calculer le microcrédit, en se référant aux épargnes des membres. Il y a aussi les profits générés par la participation aux frais (PAF) lors de l'octroi des crédits, ainsi que les pénalités en cas de non-respect des échéances. Mais également, les bénéfices des projets entrepris par la MUSO au profit de tous les membres. En définitive, pour plusieurs MUSO, le microcrédit se résume aux besoins des membres qui en sollicitent. Et le fait que lors des assemblées générales, il y a des membres qui remboursent et ceux qui empruntent, limite le détournement des épargnes des membres.

Le microcrédit individuel est accordé à une personne dans une microfinance formelle, en se basant sur sa capacité à présenter des garanties de remboursement et un certain degré de sécurité de l'institution lui octroyant le crédit. C'est pourquoi, l'analyse des dossiers de crédit et les garanties présentées par le client relèvent de la plus haute importance pour les IMF formelles.

5.3.1.14 Appréciation de la participation aux frais

L'opération de microcrédit est une opération financière sérieuse qui ne manque pas de risque. Il doit se rembourser et le risque doit être couvert par des garanties matérielles : bâtiments, équipements, titres de propriété, salaires, stocks, troupeaux, etc. Le taux d'intérêt doit couvrir au moins les coûts de gestion et les risques et, si possible, dégager un profit.

En effet, l'opération de crédit suppose nécessairement un élément de confiance et comporte le risque, par conséquent, le crédit implique plusieurs notions : de confiance, de risque, du temps, de la monnaie, de promesse et d'intérêt.

Le bien ou argent remis au débiteur par le créancier n'est pas gratuit, le premier doit payer au second une rémunération appelée « intérêt ».

Dans un sens fort concret, l'intérêt est la rémunération de l'argent. Il est régulièrement versé par celui qui a emprunté une certaine somme à celui qui l'a prêtée et ce, non pas pour en avoir la propriété, mais seulement l'usage et la jouissance pendant un certain temps. Dès que celui-ci sera écoulé, l'emprunteur devra restituer la somme au prêteur.
Cependant, dans le cadre des MUSO, les musonniers ne parlent pas du taux d'intérêt, mais plutôt de la Participation Aux Frais (PAF), et la figure 23 ci-après montre la répartition des enquêtés selon l'appréciation de la participation aux frais.

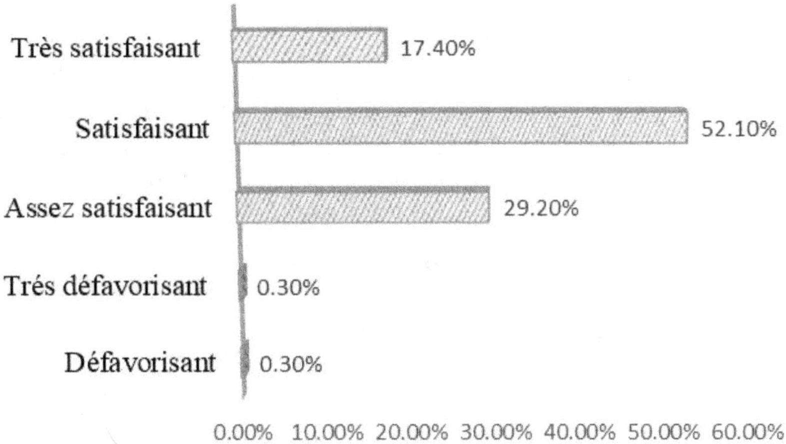

Figure 23 : Répartition selon l'appréciation de la participation aux frais par les membres

Le membre de MUSO qui voudrait satisfaire un besoin à un moment donné doit faire bénéficier aux autres membres du fruit de son investissement, appelé ici, non l'intérêt, mais plutôt la participation aux frais (PAF). Cette participation est fixée par l'assemblée générale, en collaboration avec les animateurs.
D'après les analyses, il se dégage qu'au moins 69% des membres enquêtés jugent la participation aux frais satisfaisante. En revanche, 29,20% jugent cette participation aux frais assez satisfaisante. Il est à préciser que cette participation aux frais est prélevée lors que le membre perçoit l'entièreté du microcrédit. Globalement, les membres sont d'accord avec les montants de participation aux frais exigés par les MUSO, considérant leur point de vue.
Une fois qu'un certain capital est accumulé, les membres se prêtent entre eux, en fonction des besoins et de leurs propres règles, tout en continuant à cotiser. La décision de crédit est collégiale. La PAF,

exprimée en valeur nominale, est déterminée par les membres. Les fonds cotisés sont ensuite répartis équitablement en crédits entre les membres qui en ont fait la demande. Ces derniers remboursent leur crédit avec une participation aux frais, afin de faire profiter le groupe des bénéfices de l'activité génératrice de revenus menée grâce au crédit. Ainsi, les ressources de la caisse verte sont en progression constante. L'intérêt de la caisse verte pour les membres est double : d'avoir des fonds pour travailler, tant qu'ils en ont la force, puis de les retirer lors de la vieillesse, afin de ne pas dépendre uniquement de leur famille. La participation aux frais est fixée par l'assemblée générale, en collaboration avec les animateurs.

De façon générale, la PAF qui est retirée à la source par l'assemblée générale, est calculée de telle sorte que les membres ne ressentent pas la charge, mais juste pour faire en sorte que la caisse soit ravitaillée et que tous les membres puissent en bénéficier, car, selon chaque MUSO, la PAF peut être redistribuée à la fin de l'année, par exemple, ou être réinvestie.

5.3.1.15 Fréquences d'obtention du microcrédit

Les membres des MUSO ont des besoins de financement de leurs activités que les banques commerciales ne satisfont pas. Ainsi, le fait que le membre a accès facile aux outils microfinanciers chaque fois qu'il en a besoin, peut faciliter le développement des membres sur le plan social et économique. Il reste à savoir combien de fois les membres ont reçu les microcrédits, car cela peut renseigner sur la facilité des membres d'entrer en possession du crédit chaque fois qu'ils en ont besoin. C'est ainsi que cette variable fournit sur le tableau 20 ci-après, la répartition des musonniers selon le nombre de fois qu'ils ont obtenu le microcrédit, mais aussi le croisement avec la variable ancienneté dans les MUSO.

Tableau 20 : Nombre de fois d'obtention du microcrédit comparé à l'ancienneté

			Nombre de fois du bénéfice du microcrédit						Total
			Une fois	Deux fois	Trois fois	Quatre fois	Cinq fois	Plus de six	
Ancienneté dans les MUSO	Un an	Effectif	31	16	26	4	0	1	78
		%	39,7	20,5	33,3	5,1	0,0	1,3	100,0
	Deux ans	Effectif	54	47	40	7	9	13	170
		%	31,8	27,6	23,5	4,1	5,3	7,6	100,0
	Trois ans	Effectif	6	33	42	23	11	38	153
		%	3,9	21,6	27,5	15,0	7,2	24,8	100,0
	Quatre ans	Effectif	2	9	17	8	3	42	81
		%	2,5	11,1	21,0	9,9	3,7	51,9	100,0
	Cinq ans	Effectif	4	16	12	11	8	38	89
		%	4,5	18,0	13,5	12,4	9,0	42,7	100,0
	Six ans	Effectif	2	5	6	0	0	9	22
		%	9,1	22,7	27,3	0,0	0,0	40,9	100,0
	Plus de six ans	Effectif	1	2	11	23	14	56	107
		%	0,9	1,9	10,3	21,5	13,1	52,3	100,0
Total		Effectif	100	128	154	76	45	197	700
		%	14,3	18,3	22,0	10,9	6,4	28,1	100,0

De l'observation de ces résultats, il ressort que les membres enquêtés ont obtenu pour la majorité plus de cinq fois le microcrédit, soit 34,50% des cas. Et si l'on considère d'une façon globale les résultats obtenus, 67% des cas enquêtés ont obtenu au moins trois fois le crédit. Ce qui peut motiver les bénéficiaires à mener plus d'actions de manière à pérenniser leurs activités.

Cependant, l'on a cherché également à connaitre s'il y a une relation d'association entre le nombre de fois que le crédit a été obtenu et l'ancienneté des bénéficiaires dans les MUSO. C'est ainsi que le test de Chi-Carré de Pearson a servi pour réaliser cette comparaison. Le calcul de ce paramètre a donné la valeur de 289,408, avec un ddl =30, et p=0,000, c'est-à-dire p<0,01. L'hypothèse nulle est rejetée pour dire que le nombre de fois que le crédit a été obtenu dépend de l'ancienneté des bénéficiaires dans les MUSO.

5.3.1.16 Echéance de remboursement

Les échéances de remboursement constituent un goulot d'étranglement pour les clients de la microfinance, car elles sont généralement de courte durée, considérant le niveau de risque auquel les préteurs sont exposés. Les données indiquant la répartition selon les échéances de remboursement pour les membres des MUSO sont représentées sur la figure 24 ci-après.

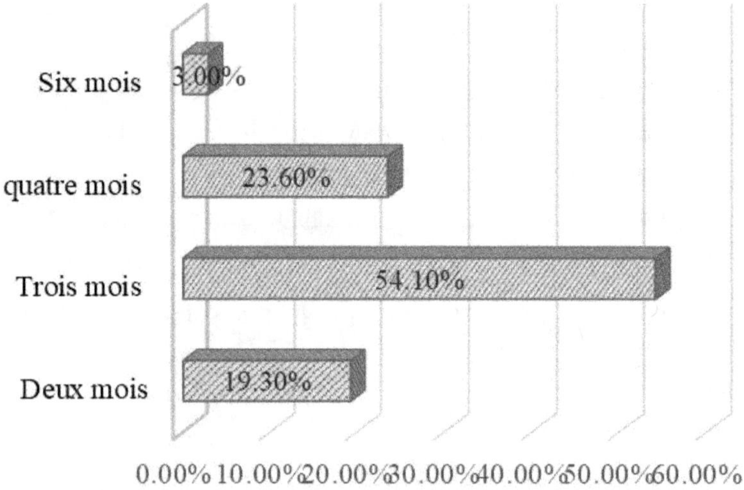

Figure 24 : Echéance de remboursement

Dans le cas des MUSO, selon le règlement, après avoir contracté un microcrédit, il y a d'abord un mois qui est accordé comme délai de grâce pour le remboursement du principal à chaque bénéficiaire.
Quant aux résultats, ils renseignent que 54,10% des bénéficiaires, soit la majorité, ont indiqué une échéance de trois mois, mais en réalité, c'est quatre mois, étant donné que les trois mois se comptabilisent après une période d'un mois de grâce sans remboursement. Il y a même certains bénéficiaires pour lesquels l'échéance s'étale sur six mois, soit 3,00% des cas. Cela se justifie surtout pour les membres qui sont employés dans le secteur agricole, afin de leur permettre de rembourser après le cycle cultural, et donc la production. Il est à noter aussi que 19,30% des membres ont déclaré rembourser après deux mois, ce qui peut se justifier surtout dans le cas des salariés qui veulent peut-être augmenter leur consommation, et rembourser après la perception de leurs salaires et/ou primes.

En effet, chaque MUSO adapte les règles selon les réalités du milieu et selon la capacité financière des membres. Comme soulevé précédemment, l'activité principale reste l'agriculture pour la majorité des bénéficiaires, or, Guérin et al. (2007) notent que pour les agriculteurs et les petits commerçants, les difficultés s'expliquent par le manque de flexibilité dans les échéances du microprêt, inadaptées aux fluctuations des revenus.

5.3.1.17 Raison en cas de non-respect de l'échéance de remboursement

Dans le domaine de la microfinance, les échéances de remboursement sont courtes dans la plupart des cas, afin de garantir les risques de non-paiement, les membres et/ou clients manquent souvent des garanties à présenter. Un débiteur digne de foi peut se retrouver dans l'impossibilité de fournir à l'échéance la contrepartie convenue lors de la conclusion de l'opération de crédit. Plusieurs causes sont à la base de cette situation : la faillite de l'activité et l'insolvabilité. Et plusieurs facteurs internes et externes contribuent au non-respect des échéances de remboursement par les bénéficiaires des microcrédits. La figure 25 ci-après indique la répartition des bénéficiaires des microcrédits en fonction des raisons qui justifient les cas de non-respect des échéances de remboursement.

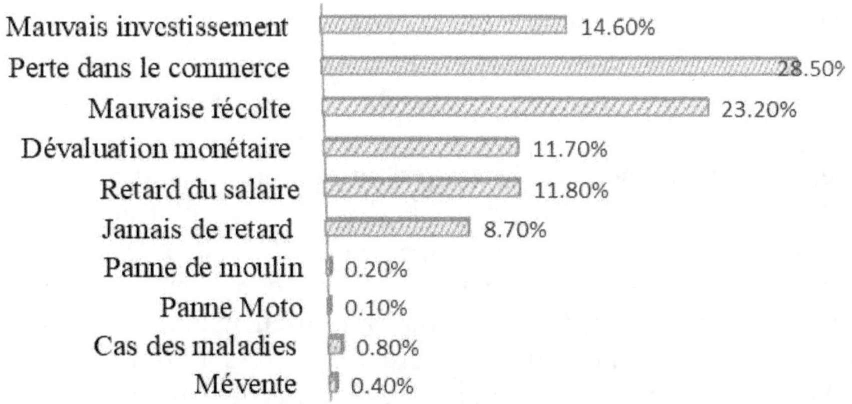

Figure 25 : Facteurs qui peuvent contribuer au non-respect de l'échéance de remboursement

L'analyse de ces résultats renseignent que 28,50% des bénéficiaires enquêtés ont indiqué que la perte dans le petit commerce est le facteur qui contribue plus au non-respect de l'échéance de remboursement. Mais aussi, 23,20% et 14,60% des bénéficiaires ont indiqué respectivement, quant à eux, que la mauvaise récolte et le mauvais investissement constituent les principaux facteurs de non-respect de l'échéance de remboursement. La dévaluation monétaire ainsi que le retard des salaires pour ceux qui travaillent constituent aussi des facteurs qui occasionnent le non-respect des échéances de remboursement dans environ 12% respectivement.

5.3.1.18 Modalités de remboursement

La fréquence de remboursement des microcrédits contractés joue beaucoup sur les membres et/ou clients des institutions de microfinance. A la question de savoir quelles sont les modalités de remboursement, les propositions de réponses sont représentées sur la figure 26 ci-après.

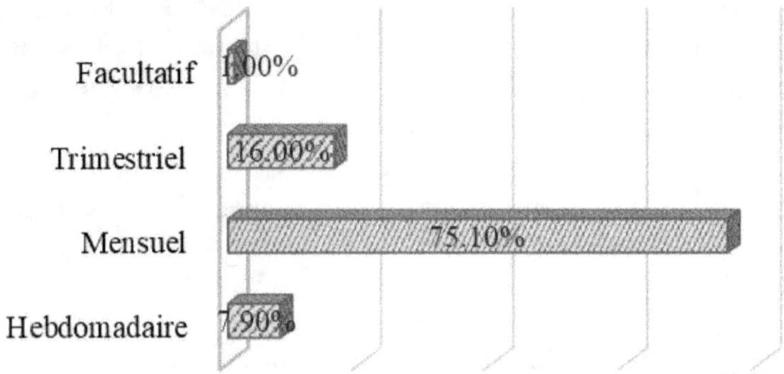

Figure 26 : Modalités de remboursement

Le crédit est un prêt accordé contre promesse de remboursement, dans un délai déterminé et le paiement de la PAF. Il existe plusieurs modes d'exécution de délai de remboursement du prêt reçu par les bénéficiaires. Le remboursement peut se faire journalièrement, hebdomadairement, mensuellement ou trimestriellement.

Cependant, des résultats sur la figure 26, il ressort que 75% des musonniers bénéficiaires des microcrédits enquêtés, soit la majorité, remboursent mensuellement les prêts. Il faut noter également que 7,90% des membres remboursent hebdomadairement les prêts. Il y a même des membres qui remboursent les microcrédits trimestriellement, soit 16,0% des cas.

5.3.1.19 Source de remboursement

Les membres des MUSO contractent des microcrédits pour soit financer leur entrepreneuriat, soit répondre à un besoin social urgent. Cependant, pour garantir le remboursement, il faut nécessairement une source de financement qui le garantisse. Le tableau 21 ci-après nous indique la répartition selon la source de financement du remboursement.

Tableau 21 : source de remboursement du microcrédit contracté

Source de remboursement	Effectifs	%
Petit commerce	284	35,8
Travaux de champ	191	24,1
Elevage	94	11,9
Salaire	119	15,0
Motard	37	4,7
Recours chez les collègues	32	4,0
Couture	8	1,0
Moulin	15	1,9
Menuiserie	5	0,6
Tontine	8	1,0
Total	793	100,0

Le microcrédit obtenu doit être remboursé afin de permettre aux MUSO de bien fonctionner, et de satisfaire la demande d'autres membres dans le besoin. Pour ce faire, il faudra qu'il y ait une source de financement fiable. Et le plus souvent, les bénéficiaires créent d'autres activités, afin de garantir le remboursement. En se référant aux résultats, il s'avère que la plupart des membres, soit 35,8% ont comme principale source de financement le petit commerce ; et les travaux de champs viennent en deuxième lieu, avec 24,1% des cas enquêtés. Cependant, il y a d'autres sources de financement pour ceux qui ont une activité qui génère un salaire ou une prime, dans ces conditions, le salaire est la source de financement pour cette catégorie de personnes, soit 15% des cas.

Mais, Christen et Pearce (2005) soulignent que les projets de financement de l'agriculture obtiennent des résultats médiocres en matière de remboursement, étant donné le caractère aléatoire de l'agriculture, contrairement à l'industrie. En revanche, Ngoy (2016) constate que le commerce des produits agricoles est la source de remboursement dans le cas des clients de la banque communautaire (BACO).

5.3.2.20 Commentaires sur l'inclusion financière des MUSO

Le milieu rural a toujours fait face à de nombreuses difficultés, dont l'accès des paysans aux financements qui peuvent leur permettre de satisfaire leurs besoins socioéconomiques. L'essentiel de l'offre de financements y est assuré par les usuriers, à un taux d'intérêt exorbitant. Les petits paysans sont soumis à un cycle d'endettement les engageant dans une voie de paupérisation. C'est ainsi qu'ont été mises en place des initiatives d'économie populaire solidaire, les *Mutuelles de Solidarité,* considérées comme des moyens de structurer le milieu rural, et d'y offrir dans de bonnes conditions des financements pouvant contribuer favorablement aux situations socio-économiques des individus. Et les résultats obtenus ont abondé aussi dans le même sens. Le microcrédit, pour s'inscrire dans une logique de solidarité, de renforcement des liens sociaux, doit contribuer à la lutte contre l'exclusion financière de toutes ces personnes marginalisées. En conséquence, leur offrir un accès pratiquement inexistant à des services financiers formalisés. Le microcrédit a révélé aussi une grande efficacité en apportant des ressources indispensables dans des situations post-conflits, ou post-crise comme au Bangladesh, en Ouganda, au Cambodge, en Bosnie ou au Kosovo. Dans des situations très diverses, le microcrédit peut donc constituer un outil efficace de lutte contre différentes formes d'exclusion, pour autant que ses potentialités comme ses limites soient bien comprises.

Bah (2012) a indiqué qu'en favorisant l'augmentation des revenus ou la création de revenus nouveaux, la microfinance aide à réduire la dépendance des populations pauvres vis-à-vis des prêteurs informels, des usuriers, en particulier qui pèsent très fortement sur eux et aggravent leur vulnérabilité, notamment, pendant les périodes dites de soudure.

Les produits et services de la microfinance, notamment le crédit, constituent, quand ils sont adaptés, un levier de l'activité économique des ménages. Plus spécifiquement, ces produits et services financiers constituent des outils de gestion des budgets familiaux, de réduction et de partage de risques. En revanche, les services microfinanciers peuvent jouer un rôle clé pour les plus démunis dans la fourniture d'un accès aux avantages des économies en développement, et dans l'amélioration de leur capacité de se protéger des chocs économiques.

Dans de nombreuses situations, les boucliers les plus importants contre les revers paralysants sont les outils financiers. Cependant, ces derniers sont rarement disponibles, parce que la plupart des personnes pauvres dans le monde n'ont pas accès aux services bancaires, même les plus basiques. A l'échelle mondiale, 77% d'entre eux n'ont pas de compte épargne. En Afrique subsaharienne, ce nombre est de 85 %.

Rossier et Taillefer (2005) ont soutenu que la Mutuelle de Solidarité est une structure de financement adaptée au milieu rural, mais peut aussi fonctionner dans les quartiers informels des villes, notamment entre artisans ou petits commerçants d'un marché. La MUSO est un outil de gestion des flux d'argent au village et d'auto-organisation des membres d'une communauté.

Cette section a permis d'appréhender le niveau d'inclusion financière des Mutuelles de solidarité, incluant des personnes marginalisées par les structures financières formelles, dans le contexte de l'Ituri. La Mutuelle de Solidarité apparait comme une réponse originale à la problématique d'accès aux services financiers en milieu rural, à la fois un outil de financement populaire et un groupe d'entraide.

5.3.1.21 Conclusion

Ce chapitre consacré aux résultats a présenté et analysé les différentes situations relevées, aussi bien lors des enquêtes quantitatives réalisées sur terrain auprès de 700 bénéficiaires directs des services microfinanciers offerts par les MUSO encadrées par l'ONG AMAB en Ituri.

Les analyses ont renseigné que la majorité avait l'âge compris entre 19 et 39 ans dans 53,1% des cas, les membres du sexe féminin étaient majoritaires dans 58,0% des cas, et 74,6% des membres avaient le statut des mariés. La plupart avaient comme niveau d'études secondaires (42% des cas), mais aussi les universitaires (11%) et les illettrés (19%) ;

pratiquant l'agriculture comme activité principale dans 32,6% et le petit commerce dans 23,3% des cas.
En effet, en ce qui concerne les conditions de vie, les résultats ont permis de conclure que les ménages des membres enquêtés sont constitués en moyenne de 8 personnes par ménage, avec une consommation journalière moyenne de 8146,43FC. Cependant, la plupart des personnes vivent avec moins de 1$ par personne et par jour, soit 81,1% des cas enquêtés. La principale dépense de ces ménages est la scolarisation des enfants dans 52,60% des cas et les dépenses alimentaires dans 26% des cas enquêtés.
Pour ce qui est des opérations de microfinance, il se dégage que la plupart des membres enquêtés, soit 57,30% avaient réalisé, au plus, trois ans, alors que 42,70% des cas enquêtés avaient réalisé au moins quatre ans dans le système des MUSO. Cependant, pour accéder au service de crédit, il suffisait d'être membre et d'être en ordre de cotisation dans la majorité des cas, soit 63,3% des cas. Les montants sollicités se situaient dans la fourchette de 100-200$ en majorité ; et ces montants perçus étaient surtout destinés au financement de l'agriculture (34,3%) et du petit commerce dans 26,6% des cas. Le remboursement se fait mensuellement dans 75% des cas, et la source de financement du remboursement est constituée du petit commerce dans 35,8% des cas et de l'agriculture (travaux des champs) dans 24,1% des cas. En effet, 52,1% des membres enquêtés ont jugé la participation aux frais satisfaisante.

5.3.2 Performance sociale

Le microcrédit est souvent présenté comme un instrument parmi les plus efficaces pour éradiquer la pauvreté, ou pour assurer un développement local ou encore, pour favoriser l'*empowerment* des femmes. C'est pourquoi, Yunus et Jolis (1997) affirmaient qu'en accordant des microcrédits aux plus démunis de la planète, on pouvait accomplir ce que des milliards de dollars d'aide étrangère n'avaient pas pu réaliser.
La préoccupation principale est de savoir comment les Mutuelles de Solidarité agissent sur les conditions de vie des musonniers bénéficiaires au plan social ; et comment elles ont pu contribuer à la satisfaction des besoins de leurs membres par l'attribution du crédit à une communauté victime d'inégalité en termes d'accès aux financements. Vont-elles réussir aussi à participer à la revitalisation

économique, par la création ou le développement d'activités économiques, notamment le petit commerce.
Nous référant à la loi n° 11/020 du 15 septembre 2011 fixant les règles relatives à l'activité de la microfinance en RD Congo, la microfinance est l'un des leviers déterminants du développement et de la lutte contre la pauvreté, en contribuant entre autres à l'amélioration du cadre macroéconomique[1].
Les initiatives de microfinance offrent donc la possibilité de promouvoir à la fois la compétitivité et la cohésion sociale au sein d'un espace local, en développant un avantage informationnel, en répondant à la demande non satisfaite de crédit de long terme en provenance des microentreprises, et en promouvant la coopération entre elles.
C'est ainsi que Smahi (2010) souligne un impact positif de la microfinance sur les conditions de vie, notamment en matière de dépenses mensuelles, telles que l'habitat, la santé, l'éducation, l'alimentation, et les frais divers, d'où l'amélioration de revenu.
Cependant, Kengue (2012) précise que la microfinance n'est pas un remède magique, conduisant automatiquement les populations pauvres à de meilleures conditions de vie. Dans certains cas, la microfinance a produit des effets pervers et a conduit à l'endettement.
Quant à cet ouvrage, les points ci-après montrent l'incidence des MUSO sur les conditions de vie des bénéficiaires des services microfinanciers.

5.3.2.1 Incidence des services microfinanciers des MUSO sur les conditions de vie

Cette variable répond donc à la question de savoir si l'accès aux services microfinanciers des MUSO a amélioré les conditions de vie des bénéficiaires. En effet, l'accès aux services microfinanciers peut permettre de financer les besoins sociaux de base, tels que les soins médicaux, la scolarisation des enfants, etc. Pour comprendre cette incidence, cet accès a été comparée aux tranches des montants (microcrédits) reçus. Et les réponses à cette question sont représentées dans le tableau 22 ci-après selon la répartition des membres.

[1] Loi n° 11/020 du 15 septembre 2011 fixant les règles relatives à l'activité de la microfinance en République Démocratique du Congo, *in Journal Officiel*, numéro spécial, 10 mai 2014, p124.

Tableau 22 : Amélioration des conditions de vie par la microfinance et les tranches des montants sollicités

			Incidence des services microfinanciers sur les conditions de vie			Total
			Oui	Non	Pas du tout	
Tranches des montants sollicité	20-50$	Effectif	89	16	14	119
		%	74,8	13,4	11,8	100,0
	50-100$	Effectif	120	3	18	141
		%	85,1	2,1	12,8	100,0
	100-200 $	Effectif	147	0	31	178
		%	82,6	0,0	17,4	100,0
	200-400 $	Effectif	93	4	14	111
		%	83,8	3,6	12,6	100,0
	400-600 $	Effectif	47	3	23	73
		%	64,4	4,1	31,5	100,0
	600-800 $	Effectif	15	0	2	17
		%	88,2	0,0	11,8	100,0
	800-1000 $	Effectif	22	18	7	47
		%	46,8	38,3	14,9	100,0
	Plus de 1000$	Effectif	9	4	1	14
		%	64,3	28,6	7,1	100,0
Total		Effectif	542	48	110	700
		%	77,4	6,9	15,7	100,0

L'accès aux services microfinanciers, spécialement le microcrédit et l'épargne, est une possibilité d'anticipation de la consommation et/ou de financement de l'innovation ou de la création d'une microentreprise pour les bénéficiaires. Car, les bénéficiaires ont des besoins différents lorsqu'ils recourent aux microcrédits, qu'il s'agisse d'une satisfaction d'un besoin social (soins médicaux, scolarisation des enfants, etc.), ou du financement d'une activité génératrice de revenu.

En fait, 77% des membres des MUSO enquêtés ont reconnu que l'accès aux services microfinanciers a contribué à améliorer positivement leurs conditions socioéconomiques de vie. Cependant, 7% de ceux-ci affirment que les conditions de vie ne se sont pas améliorées, malgré l'accès aux services microfinanciers des MUSO. Et 15,7% des musonniers enquêtés ont affirmé que la microfinance a partiellement amélioré leurs conditions de vie.

Cherchant à connaitre s'il y a une association entre l'incidence des services microfinanciers et les tranches des montants sollicités par les bénéficiaires. A cet effet, le test de Chi-Carré de Pearson a servi pour réaliser cette comparaison. Ce dernier s'est caractérisé par une valeur de 139,71 pour ddl =16, et p=0,000, c'est-à-dire p<0,01. L'hypothèse nulle est rejetée pour dire que l'incidence des services microfinanciers sur les conditions de vie est dépendante de tranches des montants des microcrédits reçus par les bénéficiaires.

Etant un système d'épargne et de crédit populaire, autogéré et adapté au milieu rural, mais aussi dans les quartiers informels des villes, cet outil financier populaire a influé positivement sur les conditions socioéconomiques de vie des bénéficiaires. Au regard des résultats, il est ressorti que la plupart des musonniers ont reconnu que l'accès aux services microfinanciers a contribué à améliorer positivement leurs conditions socioéconomiques de vie. L'accès aux services microfinanciers, spécialement le microcrédit, est une possibilité d'anticipation de la consommation et/ou de financement de l'innovation ou de la création d'une entreprise pour les bénéficiaires. Car, les bénéficiaires ont des besoins différents lorsqu'ils recourent aux microcrédits, qu'il s'agisse d'une satisfaction d'un besoin social (soins médicaux, scolarisation des enfants, etc.), ou d'un besoin de financement de l'entrepreneuriat.

Ngoy (2015) et Diop (2014) ont aussi constaté que la microfinance avait amélioré significativement les conditions de vie des bénéficiaires du microcrédit, notamment : l'alimentation de la famille, la scolarisation des enfants, l'accès aux services médicaux, l'habillement, ainsi que le logement. Cependant, Smahi et al. (2012) notent qu'en permettant l'accès des pauvres aux ressources financières, on leur donne la possibilité d'entreprendre des activités génératrices de revenus, et d'accéder aux services sociaux de base, toutes choses concourant à réduire leur niveau de pauvreté.

5.3.2.2 Bienfaits des produits microfinanciers des MUSO

Les opérations microfinancières des MUSO ont une certaine incidence auprès des membres. Cette incidence peut être ressentie dans plusieurs domaines, tantôt sur le plan économique avec l'amélioration des revenus ayant comme conséquence, l'accroissement de la production ainsi que de la consommation des biens et services ; tantôt sur le plan social par la satisfaction de certains besoins sociaux de base. Le tableau 23 ci-après présente la répartition des enquêtés selon les retombées des opérations microfinancières.

Tableau 23 : Retombées des opérations microfinancières auprès des membres

Fruits des MUSO	Réponses	
	Effectifs	%
Accroissement du chiffre d'affaire	287	30,7
Construction d'une maison	109	11,7
Acquisition d'un moyen de production	173	18,5
Scolarisation des enfants	277	29,7
Achat des actifs	61	6,5
Participation aux travaux de champ	23	2,5
Paiement des frais académiques	1	0,1
Paiement d'une parcelle	1	0,1
Pas de fruit	2	0,2
Total	934	100,0

Comme l'on peut observer, les musonniers sont attirés par plusieurs services offerts par les Mutuelles de Solidarité. En effet, les MUSO offrent toute une gamme d'opportunités aux bénéficiaires de ces services. Ces derniers gardent des souvenir acquis grâce aux MUSO. Les bénéficiaires admettent en majorité que les services financiers ont eu une incidence considérable sur l'accroissement du revenu, « *cela m'a permis d'augmenter mon chiffre d'affaires* », dans 30,7% des cas enquêtés, ainsi que sur la scolarisation des enfants dans 29,7% des cas enquêtés. Ceci signifie que les services microfinanciers ont eu un impact aussi bien sur le secteur économique que sur le secteur social. Il ressort également de ces résultats que les services microfinanciers ont permis à certains membres de se construire une maison (11,7% des cas) et d'acquérir des moyens de production dans 18,5% des cas enquêtés.

Les services microfinanciers offerts par les MUSO ont résolu un certain nombre de problèmes, spécialement les problèmes sociaux dans 64,50% des cas. Il s'agit notamment de la cohabitation communautaire, la scolarisation des enfants, l'amélioration de l'accès au logement et aux soins de santé, la réduction de la vulnérabilité, etc. En ce qui concerne la scolarisation des enfants, il y a le paiement à temps des frais scolaires des enfants. Sur le plan économique, les MUSO ont résolu la question de financement de l'entrepreneuriat dans 12,30% des cas, avec comme conséquence, la création des emplois dans 16,40% des cas et par là-même, la création des richesses.

Contrairement à Diop (2014) qui a trouvé que le besoin résolu dans son contexte était plutôt économique dans le cadre des IMF formelles, en l'occurrence, le financement des activités économiques dans la majorité des cas.

Un point important qu'il faut relever, c'est la cohabitation communautaire, car l'Ituri est une zone où il y a eu des conflits armés à caractère tribal à plusieurs reprises. Donc, les MUSO essaient tant soit peu de résoudre cette question de cohabitation entre plusieurs ethnies.

Les produits et services de la microfinance, notamment le crédit, constituent, quand ils sont adaptés, un levier de l'activité économique des ménages. Plus spécifiquement, ces produits et services financiers (crédit, épargne, assurance, etc.) constituent des outils de gestion des budgets familiaux, de réduction et de partage de risques, mais contribuent également au renforcement des liens sociaux, comme dans le contexte des MUSO.

Un membre enquêté à Bunia a déclaré : « *l'adhésion aux Mutuelles de Solidarité m'a permis de recouvrer ma personnalité dans mon foyer, et de payer la collation pour scolaire de mes enfants à temps. Car, comme je suis agent de l'Etat, les primes sont souvent payées avec beaucoup de retard, et mes enfants étaient tous les temps chassés des écoles. Maintenant, cette question est résolue, je sens que mes enfants ont de l'estime ainsi que de la confiance envers moi* ».

5.3.2.3 Besoins résolus par les services des MUSO

Les services microfinanciers répondent à un certain nombre de besoins, selon la répartition des bénéficiaires indiquée sur la figure 27 ci-après.

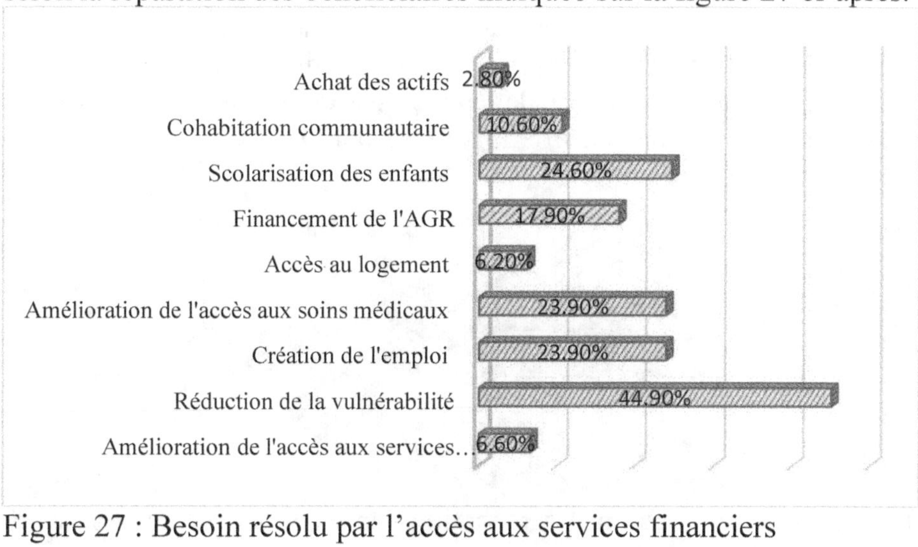

Figure 27 : Besoin résolu par l'accès aux services financiers

Les précédents résultats renseignent que les services microfinanciers offerts par les MUSO ont résolu un certain nombre de problèmes, spécialement la réduction de la vulnérabilité (30,80%) ou de la pauvreté pour la majorité des membres enquêtés. Les services microfinanciers ont résolu surtout les problèmes sociaux, notamment le paiement à temps de la scolarisation des enfants dans 24,60% des cas, l'amélioration de l'accès aux soins médicaux dans 23,90% des cas, ainsi que l'accès au logement dans 6,20% des cas. Sur le plan économique, les MUSO ont résolu la question de financement des activités génératrices des revenus dans 12,30% des cas, en conséquence, la création des emplois dans 23,90% des cas et par là-même, la création des richesses.

Un point important qui a également été relevé ici est la cohabitation communautaire dans 10,60% des cas, car l'Ituri est une zone où il y a des conflits armés à plusieurs répétitions. Et comme dans les assemblées générales des MUSO on traite les problèmes sociaux, cela résout la question relative à la cohabitation communautaire.

Un musonnier a déclaré : « *la participation dans les assemblées générales a contribué à reconnaitre ce que sont les autres membres des communautés différentes de la mienne, d'améliorer ma façon de considérer les autres, et d'apprendre à vivre avec les autres* ».

5.3.2.4 Niveau de satisfaction des services microfinanciers des MUSO

Les membres des MUSO ont une certaine appréciation des services microfinanciers, de façon générale, après en avoir eu l'accès. Car, comme indiqué précédemment, les services microfinanciers ont résolu un certain nombre de problèmes ayant trait au manque de financement. La figure 28 ci-après présente la répartition des enquêtés selon le niveau de satisfaction de services microfinanciers offerts par les MUSO.

Figure 28 : Niveau de satisfaction après l'accès aux services microfinanciers.

Ces résultats renseignent que 51% des membres enquêtés, soit la majorité, ont indiqué qu'ils étaient tout à fait satisfaits des services microfinanciers offerts par les MUSO. Mais, il y a aussi des membres qui sont assez satisfaits dans 18% des cas enquêtés. Il faut indiquer que 23% des bénéficiaires des services microfinanciers des MUSO ont jugé peu satisfaisants les services microfinanciers des MUSO, car n'étant pas parvenus à atteindre leurs ambitions en termes de financement des grands travaux entrepris.

Une femme infirmière à l'hôpital de Nizi, un centre dans le Territoire de Djugu a déclaré : « *Je suis plus que satisfaite, car les services des MUSO ont permis que je crée un restaurant et une petite buvette, et j'ai beaucoup des clients. Cette source de revenu a contribué à améliorer significativement le bien-être de mon foyer* ». Ceci explique le niveau de satisfaction des services microfinanciers des MUSO par les membres bénéficiaires.

Malgré les sacrifices consentis ainsi que des difficultés rencontrées par certains membres bénéficiaires des services microfinanciers des MUSO, surtout lors du remboursement, mais pour autant, le prêt a permis d'atteindre les objectifs pour lesquels il était destiné.

En effet, Diop (2014) a aussi constaté que la plupart des bénéficiaires des services microfinanciers étaient satisfaits et très satisfaits, dans respectivement 39% et 36% des cas.

Le développement de compétences et l'émergence d'un leadership populaire font des MUSO un lieu d 'empowerment des membres. Les Mutuelles de Solidarité sont des lieux de prise de parole et elles aident à vaincre la timidité de certains membres. Les membres développent un empowerment individuel. Un membre a affirmé : « *grâce à la Mutuelle de Solidarité, j'ai pu me permettre une formation professionnelle.* » Elles constituent aussi un lieu de développement personnel puisque des membres ont acquis le savoir-faire grâce aux formations qu'ils ont reçues des partenaires. Une des grandes satisfactions pour les membres réside dans les opportunités créées servant à payer les frais de scolarité de leurs enfants : « *Mes enfants vont à l 'école et je parviens à les nourrir* ».

5.3.2.5 Changement de statut dans le foyer après accès aux services financiers

Les membres des MUSO sont généralement des personnes vivant avec des revenus faibles, et donc pauvres et n'ayant pas d'estime dans la communauté. L'accès aux services microfinanciers leur redonne un peu de dignité, car, comme n'importe quel individu, une personne vivant avec des revenus faibles doit faire face au cours de son existence à des évènements liés à sa vie familiale (mariage, deuil, baptême des enfants, etc.) et des situations d'urgence comme les maladies. C'est là que les personnes perdent leur dignité et leur estime dans la société, lorsqu'on n'a pas assez de revenus pour combler ces besoins. Et la figure 29 ci-après montre la répartition des enquêtés selon le changement des statuts dans le foyer après accès aux produits microfinanciers des MUSO.

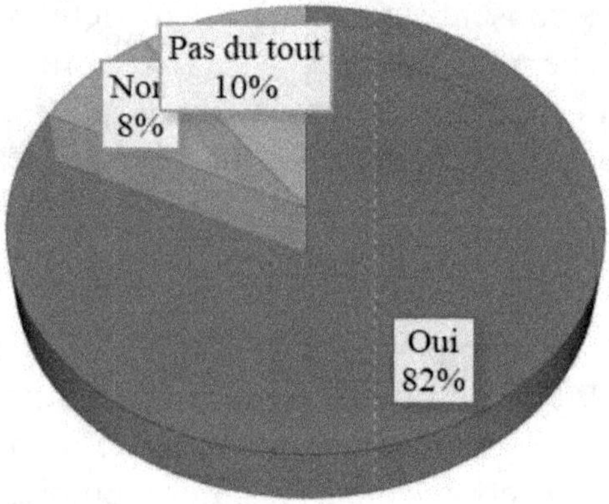

Figure 29 : Répartition selon l'amélioration de statut dans la famille après accès aux services microfinanciers.

Comme vu précédemment, les membres des MUSO sont pour la plupart des femmes mariées. Cela signifie qu'elles doivent accomplir un certain nombre de devoirs envers les membres de leurs foyers, et en retour, les membres du foyer ont de l'estime envers elles lors qu'elles accomplissent leur tâche avec promptitude.

Les résultats ont renseigné que la plupart des membres ont vu leur statut changer positivement au sein du foyer, ainsi qu'au sein de la communauté dans 82% des cas enquêtés. Et une minorité, soit 8% des cas enquêtés, a indiqué que le statut n'avait pas changé avec l'accès aux services microfinanciers des MUSO.

Comme dans les MUSO, avec le système de démocratisation, chaque membre a droit à la parole, et les cotisations (épargnes) sont uniformes pour tous les membres d'une MUSO, cela rend surtout les femmes autonomes (empowerment) dans leur foyer sur le plan financier, et leur redonne de la valeur. Le développement de compétences et l'émergence d'un leadership populaire en font un lieu d'empowerment des membres. Une femme présidente d'une MUSO à Bunia a déclaré : « *Depuis que j'ai commencé à avoir accès aux services microfinanciers des MUSO, mes affaires tournent bien, les bénéfices générés contribuent à la scolarisation de mes enfants et à leur alimentation journalière. J'ai constaté que mon mari me respecte plus actuellement qu'avant, et me consulte dans toutes les décisions, contrairement à ce qu'il faisait avant l'accès aux MUSO* ».
Bouyo (2012) avait constaté que les avantages de la microfinance ne se limitent pas à l'émancipation économique au niveau individuel. Fournir des services financiers aux femmes a un effet multiplicateur du seul fait que celles-ci consacrent davantage de leurs revenus à leur famille que les hommes, ce qui entraîne une amélioration du logement, de l'alimentation, des soins médicaux et de l'éducation des enfants. En conséquence, cela contribue au changement de leur statut dans le foyer, car leur considération auprès des membres de famille s'améliore.

5.3.2.6 Soins médicaux dans le ménage

L'accès aux soins médicaux est un autre goulot d'étranglement pour les ménages vivant avec un revenu faible. La littérature a démontré que ces ménages à faibles revenus, lors que les situations d'urgence comme les cas de maladies et les évènements liés à la vie familiale comme l'enterrement surgissent, ils ne sont pas en mesure d'y apporter une réponse adéquate, à cause notamment du manque des moyens financiers. Le tableau numéro 24 ci-après présente la comparaison selon le type des soins médicaux avant et après l'adhésion aux Mutuelles de Solidarité.

Tableau 24 : Types des soins médicaux auxquels recourent les ménages

Type des soins médicaux	Avant l'accès aux MUSO		Après l'accès aux MUSO		Ecart
	Effectif	% d'observation	Effectif	% d'observation	%
Automédication	200	24,2	190	21,9	-2,3
Médecine traditionnelle	125	15,1	74	8,5	-6,6
Médecine moderne	494	59,7	590	68	8,3
Prière	8	1,0	11	1,3	0,3
Fétiche	1	0,1	3	0,3	0,2
Total	828	100,0%	868	100%	

Il ressort de ces résultats que 59,7% des bénéficiaires des services microfinanciers recouraient, avant l'adhésion aux MUSO, aux soins médicaux modernes ; et 68% après l'adhésion, soit unc augmentation de 8,3% après l'accès aux services microfinanciers. En revanche, le recours à la médecine traditionnelle a diminué de 6,6% après accès aux services des MUSO. Et d'autres bénéficiaires, soit 24,2% et 21,9% des cas respectivement avant et après l'adhésion recouraient à l'automédication, mais après accès aux services des MUSO, cela a diminué de 2,3%. D'une façon générale, une amélioration de l'accès aux soins médicaux a été remarquée après avoir eu accès au microprêt. Ces résultats se rapprochent de ceux trouvés par Diop (2014) au Mali, et par Ngoy (2015) en RDC, dont 64% et 86% des bénéficiaires respectivement avaient amélioré leurs dépenses de santé à partir des revenus générés par leurs activités financées par le microcrédit, et cela, dans le cadre de la microfinance formelle. De même, Smahi (2010) a indiqué qu'un impact positif de la microfinance sur les conditions de vie, est surtout son incidence sur l'amélioration de l'accès aux soins de santé des populations marginalisées dans 80% des cas.

CGAP (2007) avait constaté que la microfinance pouvait constituer un instrument puissant de lutte contre la pauvreté. L'accès à des services financiers viables permettrait aux ménages pauvres de ne plus avoir à lutter au quotidien pour simplement survivre, mais de faire des plans pour l'avenir et d'investir, afin d'améliorer leur nutrition, leurs conditions de vie, la santé et l'éducation de leurs enfants. Bien que l'octroi de microcrédits ne soit pas nécessairement une solution pour tout le monde et dans toutes les situations.

5.3.2.7 Statut d'occupation de l'habitat

Pour son bien-être, l'être humain a besoin de satisfaire un certain nombre de besoins, dont celui de se loger. La qualité de l'habitation, ainsi que les conditions d'hygiène renseignent sur le niveau de pauvreté du ménage. Le statut d'occupation du logement peut constituer un facteur susceptible de renseigner sur le bien-être d'un ménage. Un ménage disposant d'un logement lui appartenant n'est pas astreint à payer régulièrement un loyer comme locataire. Avec des dépenses de logement en moins, on peut affecter ses revenus à la satisfaction d'autres besoins. La figure 30 ci-après présente la répartition des bénéficiaires selon le statut de la maison occupée.

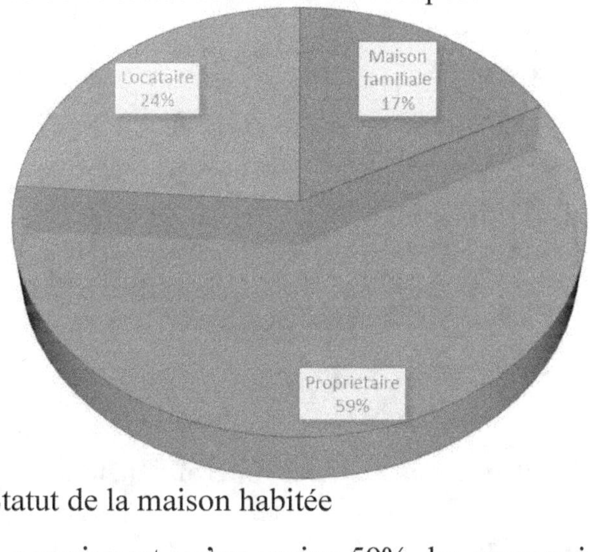

Figure 30 : Statut de la maison habitée

Les résultats renseignent qu'au moins 59% des musonniers enquêtés sont propriétaires de leurs habitations. Ce qui préserve leurs ressources qui auraient pu être dédiées à la location d'un logement. En effet, certains membres des MUSO sont des locataires dans 24% des cas enquêtés. Ce qui peut encore avoir de l'incidence sur les ressources financières, car une bonne partie est destinée à la location de l'habitation. Aussi, faudra-t-il noter que certains membres vivent dans les maisons familiales dans 17% des cas.

Ceci démontre à suffisance, selon les témoignages des musonniers, que les services microfinanciers ont contribué significativement dans l'amélioration de l'habitat, soit dans l'achat de parcelle, soit dans la construction d'une maison, soit encore dans l'amélioration du logement existant.

5.3.2.8 Incidence des services microfinanciers des MUSO sur le statut de l'habitat

Les microcrédits, comme le nom l'indique, ne sont pas à même, dans certaines circonstances, de permettre à un bénéficiaire de s'acheter une maison et de bien se loger. Néanmoins, les résultats ont renseigné que dans la ville de Bunia, certains membres pouvaient solliciter des microcrédits jusqu'à la hauteur de 1500$ US, et ont acheté des parcelles. Ainsi, concernant le point de vue globale des membres bénéficiaires par rapport à l'amélioration de statut après accès aux services microfinanciers, la figure 31 ci-après présente la répartition selon leur point de vue.

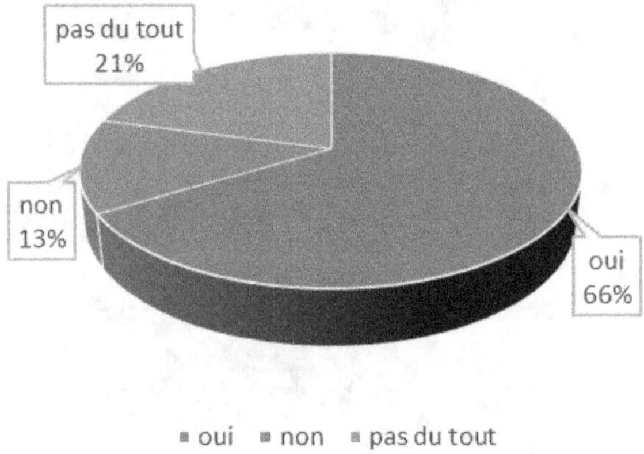

Figure 31 : Incidence des services microfinanciers sur le statut de l'habitat.

Les résultats obtenus renseignent que 66% des musonniers enquêtés ont pu améliorer leur statut d'habitation après accès aux services microfinanciers. Ceci démontre que les services microfinanciers des MUSO ont contribué significativement dans l'amélioration de l'habitat, soit dans l'achat de la parcelle, soit dans la construction d'une maison, soit encore dans l'amélioration du logement existant.

Ngoy (2015) dans ses recherches effectuées à Kisangani (RDC) avait abouti aussi aux résultats selon lesquels le microcrédit avait amélioré le statut d'habitation des bénéficiaires, et 58% des cas étaient devenus des propriétaires des maisons, soit une évolution de 19%. Cependant, 70% des bénéficiaires avaient amélioré les matériaux de construction en utilisant les briques cuites, soit une évolution de 10% des cas. En revanche, Nganda (2011) qui a fait ses recherches dans la province de Bandundu et dans l'hinterland de Kinshasa, a abouti aux résultats selon lesquels la plupart de ses enquêtés habitaient les maisons dont les murs étaient en pisé dans 65% des cas.

En croire les recherches de Diop (2014) dans le cas du Mali, avec l'accès au microcrédit, 44% des bénéficiaires ont pu améliorer leurs conditions d'habitation, car, le microcrédit a servi pour financer les travaux de rénovation ou pour équiper la maison.

Une femme membre rencontrée en ville de Bunia a affirmé ceci : « *A la mort de mon mari, heureusement qu'il m'avait laissé une grande parcelle sur une place publique. Avec l'accès aux microcrédits des MUSO, j'ai pu construire des boutiques qui sont louées, et cela me donne des ressources pour vivre avec mes enfants orphelins, et de bien les scolariser. Cet accès aux microcrédits a permis aussi de terminer la maison inachevée qu'avait laissée mon mari où je vis avec mes enfants* ».

5.3.2.9 Qualité de l'habitation : matériaux des murs et toitures de la maison d'habitation

La qualité de l'habitation est un facteur important qui peut renseigner sur le niveau de pauvreté des ménages en Ituri. Les matériaux des murs et toitures diffèrent d'un milieu à un autre, et renseignent sur la qualité de vie menée par les bénéficiaires. En Ituri, à défaut de construire des maisons en matériaux durables, les maisons sont plutôt construites avec de la boue et des tôles, mais bien aménagées, comme le montre la figure 32 ci-après :

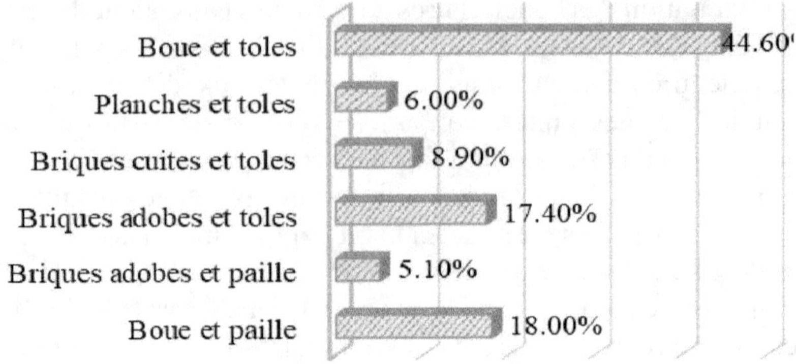

Figure 32 : Matériaux des murs et toitures de l'habitat

Du point de vue des matériaux utilisés dans la construction des murs des habitations des bénéficiaires, il se dégage que la majorité des ménages enquêtés possède des maisons en pisé et tôles dans 44% des cas. Cette situation s'explique par le fait que les ménages à revenus faibles, se construisent plus des maisons en pisé avec des tôles, mais ces maisons sont bien entretenues, à telle enseigne qu'il y a même une confusion lors de l'appréciation.

L'usage de la paille et du chaume comme toiture des maisons avec des murs en pisé est le plus répandu dans certains villages de l'Ituri, avec 18% des cas enquêtés. L'usage des briques adobes avec tôles est aussi répandu, avec 17,40% des cas enquêtés. Néanmoins, il faut signaler l'usage des briques cuites et tôles par les membres bénéficiaires dans 8,90% des cas enquêtés, et cela est surtout le cas de la ville de Bunia.

Certains musonniers ont apprécié à leur juste valeur la façon dont les services microfinanciers des MUSO ont permis d'améliorer leur habitat : « *le microcrédit perçu a contribué à l'achat des tôles pour ma maison, qui autrefois, avait une toiture en chaume* », et les autres d'ajouter, « *avec les MUSO, j'ai pu acheter les briques cuites pour une maison en matériaux durables* ».

5.3.2.10 Nombre de repas journaliers

La fréquence de la consommation alimentaire (nombre de repas) par jour est un facteur qui nous renseigne sur le niveau de pauvreté, tout en notant que cette fréquence est relative et dépend d'un régime alimentaire à un autre. Pour ce faire, la figue 33 ci-après indique la répartition des bénéficiaires suivant le nombre de repas pris par jour.

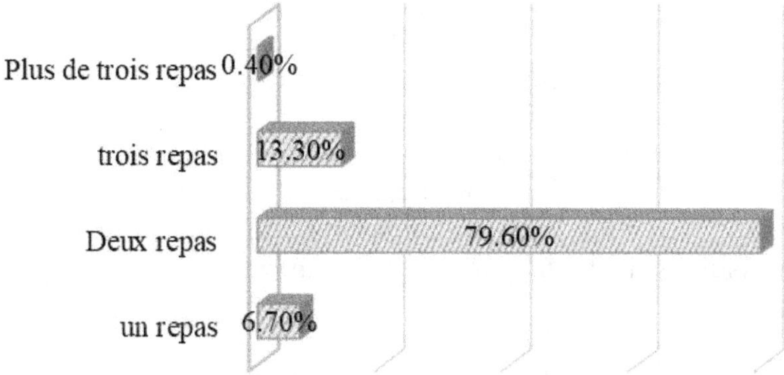

Figure 33 : Répartition selon le nombre de repas pris par jour

De ces résultats, il se dégage qu'en Ituri, plus de 79,60% des musonniers enquêtés consomment deux repas par jour. Toutefois, il convient de signaler que bon nombre de ceux qui affirment consommer deux repas par jour, consomment en réalité un seul vrai repas le soir. En effet, le meilleur repas de la journée est celui du soir. Celui du matin est généralement constitué des restes du repas de la veille que l'on réchauffe, parfois avec quelques tubercules, du lait des vaches (Matchundra), pour permettre à la famille de manger avant de commencer la journée. D'autre part, 13% des bénéficiaires enquêtés en Ituri consomment en moyenne trois repas par jour.

En réalité, plusieurs musonniers qui avaient comme emploi principal l'agriculture, ont affirmé : « *la famine s'est éloignée de ma famille depuis l'accès aux services financiers des MUSO, car avant l'accès à ces services, je ne parvenais même pas à prendre un repas par jour pendant les périodes de soudure* ».

Ceci corrobore les résultats de Nganda (2011), selon lesquels plus de 60% d'enquêtés consommaient deux repas par jour. Ngoy (2015) a également abouti aux mêmes résultats, soit 60% des cas, en indiquant qu'il y a eu évolution significative, avec plus de 34% d'écart après accès au microcrédit.

Et comme on peut le constater, la microfinance par les MUSO améliore l'accès à la nourriture des ménages bénéficiaires par les revenus générés des activités de production.

5.3.2.11 Approvisionnement en eau dans les ménages

D'une manière générale, l'eau est essentielle à la vie quotidienne d'un ménage. Que ce soit pour la boisson des hommes et des animaux, la cuisson, l'hygiène corporelle, l'hygiène des aliments, le loisir ou le sport (natation) etc., l'eau s'avère être non seulement une denrée primordiale, mais aussi une des plus précieuses dont on dispose, puisqu'étant l'une des principales exigences physiologiques de la vie. Il est cependant indiqué que l'eau étant un bien communautaire, son approvisionnement est souvent l'apanage des services étatiques. Ainsi, le tableau 25 ci-après fait la comparaison entre la principale source d'approvisionnement en eau avant l'avènement des MUSO et actuellement.

Tableau 25 : Principale source d'eau du ménage avant et après l'adhésion aux MUSO

Source d'eau du ménage	Avant l'accès aux MUSO		Apres accès aux MUSO		Ecart
	Effectifs	%	Effectifs	%	%
Regideso	50	7,1	57	8,1	1
Source aménagée	500	71,5	506	72,3	0,8
Borne fontaine	144	20,6	131	18,7	-1,9
Puits non aménagé	2	0,3	2	0,3	0,0
Eau de ruisseau	4	0,6	4	0,6	0,0
Total	700	100	700	100,0	

Il ressort de ces résultats que la différence n'est pas aussi grande que nous ne pouvions nous y attendre entre les deux situations (avant et après MUSO), et les analyses indiquent que 71,5% avant l'avènement des MUSO et 72% après l'avènement des MUSO avaient comme principale source d'approvisionnement en eau les sources aménagées, soit un accroissement de 0,8%. En ce qui concerne la Regideso, le principal fournisseur de l'eau en RDC, 7,1% et 8,1% respectivement des cas enquêtés y ont accès, soit un accroissement de 1% après accès au microcrédit. Tout en notant que la Regideso en Ituri, la zone d'étude, n'existe que dans la ville de Bunia.

En effet, la consommation de l'eau des bornes fontaines avant comme après l'avènement des MUSO, respectivement dans 20,6% et 18,7% des cas enquêtés, a diminué de 1,9%. Pendant que la consommation de l'eau des ruisseaux n'a pas varié pour certains enquêtés des milieux ruraux. Cette situation peut s'expliquer par le fait que le microcrédit perçu, dans une certaine mesure, n'a pas la capacité de financer les coûts sociaux (raccordement en eau, infrastructures rurales, routes de desserte agricole, etc.).

5.3.2.12 Principale source de lumière dans les ménages

Le type d'énergie utilisée dans un ménage comme source de lumière est un indicateur qui peut renseigner également sur le niveau de pauvreté de ce ménage. La répartition des échantillons selon la principale source de lumière utilisée dans le ménage est présentée dans le tableau 26 ci-après.

Tableau 26 : Principale source de lumière dans le ménage

Source de lumière	Avant accès aux MUSO		Apres accès aux MUSO		Ecart
	Effectifs	%	Effectifs	%	%
SOKIMO	191	27,3	135	19,3	-8
Générateur	28	4,0	22	3,1	-0,9
Lampe tempête	276	39,4	84	12	-27,4
Bougie	37	5,3	7	1,0	-4,3
Panneau solaire	134	19,1	381	54,4	35,3
Lampe à piles	30	4,3	69	9,9	5,6
Mèche et huile de palme	4	0,6	2	0,3	-0,3
Total	700	100,0	700	100,00	

Ces résultats renseignent qu'avant l'avènement des MUSO, les bénéficiaires faisaient en majorité usage de la lampe tempête comme source de lumière dans 39,4% des cas enquêtés. Cependant, après accès aux services microfinanciers, cette utilisation a baissé de 27%.

En revanche, c'est l'utilisation des panneaux solaires comme source de lumière qui a augmenté, avec un accroissement de 35%, allant de 19,1% avant l'adhésion aux MUSO et 54% des cas après l'adhésion.
Donc, les services microfinanciers des Mutuelles de Solidarité ont concouru dans l'amélioration, surtout de la source de lumière, avec l'achat des panneaux solaires, connaissant les conditions des villages et même les faubourgs de la RDC, qui ne sont pas dans leur majorité, alimentés par l'électricité.
« *Je peux actuellement, non seulement suivre toutes les actualités du monde à travers la télévision et la radio, mais également avoir de la lumière dans la maison chaque jour, grâce à l'énergie permanente fournie par les panneaux solaires acquis après accès aux services microfinanciers des MUSO* », a affirmé un musonnier bénéficiaire.

5.3.2.13 Incidence des services microfinanciers des MUSO

Il est présenté ici la variable d'intérêt qui concerne l'incidence des services microfinanciers des MUSO sur les bénéficiaires. Cette variable divise les membres de la MUSO en traités et non traités. L'idéal ici est de créer deux sous-groupes de manière que chaque individu du groupe des traités ait au moins une personne qui a des caractéristiques similaires à lui parmi les non traités.
L'on effectue des essais et erreurs jusqu'à trouver à partir des caractéristiques communes à deux groupes rendomisables. Les groupes des traités et de non traités ont été déterminés par la méthode d'appariement en faisant des combinaisons. Nous savons que l'objectif de ce point est de déterminer si le fait d'appartenir à la MUSO permet aux membres d'améliorer leur niveau de vie. Parmi les bienfaits de la MUSO, il y a l'octroi de crédit aux membres. A cet effet, il est considéré ici comme traités, le groupe d'individus plus anciens dans la MUSO et qui ont obtenu plus de cinq fois le crédit depuis leur adhésion. En considérant les personnes qui ont obtenu plus de 5 fois le crédit comme traitées, elles ont au moins deux personnes de comparaison. Dans le tableau 27 ci-après, nous reprenons les résultats de différents scénarios.

Tableau n° 27 : Détermination des groupes des traités et de non traités

Non traités	Traités	Effectif non traités	Effectif des traités	Différence des moyennes de dépenses alimentaires journalières	Degré de significativité au seuil de 5% (t de Student)
Crédit une fois	Crédit plus d'une fois	100	600	-665,88	-1,47
Crédit au plus deux fois	Crédit plus de deux fois	228	472	90,00	0,27
Crédit au plus trois fois	Crédit plus de trois fois	382	318	197,23	0,62
Crédit au plus quatre fois	Crédit plus de quatre fois	458	242	717,91	2,16*
Crédit au plus cinq fois	Crédit plus de cinq fois	503	197	1108,31	3,17*

(*) la différence des moyennes de dépenses journalières pour l'alimentation des traités par les non traités est significative au seuil de 5%.

La lecture de ce tableau permet de déterminer la combinaison à retenir. Ensuite, le modèle de régression logistique est utilisé pour la modélisation du score de propension. Pour le choix des variables à introduire dans ce modèle, il est fait recours au test d'indépendance entre la variable traitement : "avoir bénéficié de plus de 5 fois les crédits", et les caractéristiques observables des membres de la MUSO qui ont été retenues. Les résultats du test sont présentés dans le tableau 28 qui suit.

Tableau 28 : Résultats du test d'indépendance avec la variable traitement

Caractéristiques observables	Statistiques du test d'indépendance (Likelihood-ratio chi2 (1))	Probabilités critiques
Age de l'enquêté	3,09	0,002
Niveau d'étude de l'enquêté	3,59	0,000
Profession de l'enquêté	1,98	0,048

Au seuil de 5 %, l'âge de l'enquêté, son niveau d'étude et la profession sont des variables qui ont influencé le traitement des membres de la MUSO. Pour voir si ces variables ont permis l'appariement, l'on effectue l'analyse sur le graphique 34 ci-après.

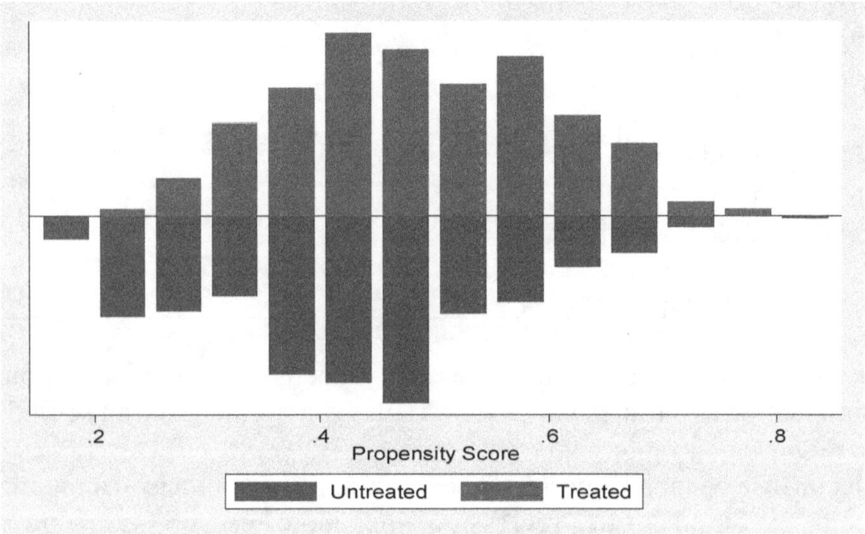

Figure 34 : Analyse de la balance de l'appariement

De cette figure, l'on peut conclure que l'appariement est équilibré, car la grande partie des non-traités et les traités est apparié entre 30 à 70 %. Pour déterminer l'effet moyen de l'appartenance dans une MUSO sur le niveau de vie des membres, l'utilisation de la méthode d'appariement pour construire, pour chaque membre un contrefactuel est requise.

Les résultats de l'estimation de l'effet moyen de l'appartenance dans une MUSO sur le niveau de vie des membres par les différentes méthodes d'appariement sont présentés dans le tableau 29 ci-après.

Tableau 29 : Effets moyens de traitement

Méthode d'estimation	Différence entre les traités et les non traités
Test de différence des moyennes	1108,31*
Régression avec variable indicatrices	1196,10*
Effet moyen avec voisins proches	1088,32*
Effet moyen par radian	1317,72*
Effet moyen par méthode de Karnel	1300,29*
Effet moyen par stratification	1309,75*

(*) significatif à 5 %.

Les résultats de ce tableau aboutissent à la conclusion selon laquelle, le fait d'appartenir dans la MUSO a permis l'amélioration du niveau de vie des musonniers. Quelle que soit la méthode d'estimation de l'effet moyen utilisée, les résultats prouvent que l'effet moyen de la MUSO est significatif à 5 %. L'appartenance des gens qui ont obtenu plus de 5 fois les crédits dans la MUSO dépensent plus que ceux qui ont obtenu au plus 5 fois les crédits dans la MUSO. Cette différence de dépense moyenne entre les deux groupes varie de près de 1100 FC à 1300 FC.

5.3.2.14 Retombées des opérations microfinancières auprès des membres

Les MUSO ont profité aux bénéficiaires directs, à leurs familles et à la communauté. Certaines retombées sont directes, d'autres découlent des résultats des activités économiques que les bénéficiaires ont financées. En effet, les MUSO ont offert toute une gamme d'opportunités aux bénéficiaires des services microfinanciers, lesquels produits génèrent des revenus pour les bénéficiaires qui en gardent des souvenir. Les

bénéficiaires ont admis en majorité que les services financiers ont eu des retombées positives sur l'accroissement du revenu (chiffre d'affaires) dans 30,7% des cas, ainsi que sur la scolarisation des enfants dans 29,7% des cas enquêtés. Ceci signifie que les services microfinanciers ont eu un impact aussi bien sur le secteur économique que sur le secteur social.
Destillus (2010) qui avait fait ses recherches en Haïti avait constaté que les Mutuelles de Solidarité étaient à l'origine de la création et du développement de petits commerces, et qu'elles aidaient dans l'exploitation de leur agriculture de subsistance. En ce sens, les MUSO dotent les localités où elles se développent de services de proximité, tels que la vente des produits alimentaires et non alimentaires dont la population locale a besoin.
Pour donner suite aux nombreuses études d'impact et d'observations empiriques, l'on admet que l'accès des populations pauvres à des services financiers durables contribue à réduire leur vulnérabilité. Lorsque le contexte économique et politique est favorable, la microfinance constitue un outil adapté pour améliorer les conditions de vie des pauvres qui, faute de moyens financiers, ne sont pas en mesure d'exploiter les opportunités économiques du milieu dans lequel ils se trouvent.
Lors d'un entretien avec un président d'une MUSO à Katoto (dans le territoire de Djugu), ce dernier a fait part d'un souvenir de leur MUSO : *« La MUSO a permis, avec la PAF, d'acheter un moulin qui produit des revenus au profit de tous les membres, et ceci a encore renforcé notre cohésion sociale, nous sommes devenus une seule famille »*. Ceci constitue un souvenir très important pour les bénéficiaires des services microfinanciers des MUSO.

5.3.2.15 Conclusion

Ce chapitre consacré à l'inclusion financière et à la performance sociale a présenté et analysé les différentes situations relevées lors des enquêtes quantitatives réalisées sur terrain auprès de 700 bénéficiaires directs des services microfinanciers offerts par les MUSO encadrées par l'ONG AMAB en Ituri.
La préoccupation consistait, non seulement à identifier et à analyser l'apport des Mutuelles de Solidarité sur le plan social, la mise en pratique de leur mission sociale pour l'amélioration des conditions de vie des bénéficiaires ; mais également d'évaluer l'efficacité de l'offre

des services microfinanciers des MUSO à s'adapter aux besoins financiers des populations défavorisées.
A cet effet, les résultats ont indiqué, en ce qui concerne d'abord les indices de pauvreté, que la plupart des membres des Mutuelles de Solidarité en Ituri vivent avec moins de 1$ US par personne et par jour, et donc des pauvres, suivant le seuil retenu pour évaluer la pauvreté « absolue » dans les pays en développement. C'est ainsi que l'accès aux services microfinanciers a contribué à améliorer positivement leurs conditions socioéconomiques de vie, qu'il s'agisse d'une satisfaction d'un besoin social (soins médicaux, scolarisation des enfants, etc.), ou d'un besoin de financement des activités génératrices de revenus.
En conséquence, les MUSO ont résolu un certain nombre de problèmes, spécialement les problèmes sociaux, notamment : la cohabitation communautaire, la scolarisation des enfants, l'amélioration de l'accès au logement et aux soins de santé, la réduction de la vulnérabilité. Les résultats obtenus ont renseigné aussi que les bénéficiaires des services microfinanciers étaient très satisfaits. Car, le statut de plusieurs membres avait changé positivement au sein du foyer, ainsi qu'au sein de la communauté, après avoir eu accès aux services microfinanciers des MUSO.
Les résultats ont indiqué également que la Mutuelle de Solidarité est une structure de financement adaptée au milieu rural. Elle est une réponse originale à la problématique d'accès aux services financiers en milieu défavorisé.
La majorité des bénéficiaires des services microfinanciers des MUSO dans les trois de cinq territoires de l'Ituri est constituée surtout des femmes mariées, et tous les âges sont concernés, surtout la tranche d'âges allant de 20-39 ans. Ce qui explique le niveau d'inclusion financière et d'autonomisation des femmes sur le plan financier, car constituant la catégorie la plus défavorisée et pauvre.
En effet, la plupart des bénéficiaires constituaient la proportion la plus importante des membres qui n'étaient jamais allés à l'école ou avaient abandonné étant au niveau primaire, mais, bien qu'il y eût une infime proportion des érudits. En ce qui concerne l'activité principale des bénéficiaires, la plupart pratiquaient l'agriculture et le petit commerce. Ce qui revient à dire que les MUSO permettent aux populations pauvres de tout niveau d'instruction, et de chaque profession, surtout les agriculteurs, mais habitant ensemble, partageant les mêmes réalités financières, de financer leurs activités, d'épargner, et de subvenir aux besoins de leurs familles.

En effet, les montants de crédits les plus sollicités se situent dans la fourchette de 100-200$ US, ce qui avoisine 30% pour un PIB estimé à 600$ US par habitant. Cependant, l'échéance de remboursement est de trois mois, avec un mois de grâce. Il y a même certains bénéficiaires pour lesquels l'échéance s'étale sur six mois, et ce remboursement s'effectue surtout mensuellement.
Les résultats atteints permettent de confirmer que les MUSO offrent bel et bien des produits microfinanciers adaptés aux spécificités de la population à revenu faible, et mettent en pratique leur mission sociale pour contribuer à l'amélioration des conditions de vie des membres.

SIXIÈME CHAPITRE : ANALYSE DES RÉSULTATS SUR L'ENTREPRENEURIAT ET L'INSERTION ÉCONOMIQUES DES MUSO

6.1. Introduction

Les résultats traités dans ce chapitre visent à montrer aux lecteurs, non seulement la capacité des produits microfinanciers offerts par les MUSO à impacter sur la capacité des musonniers à innover et/ou à créer des activités génératrices des revenus ; mais également, les données comptables indiqueront l'insertion économique de l'outil MUSO et de ses services dans les communautés. Surtout qu'il s'agit des personnes marginalisées et habitant les milieux défavorisés par le système financier classique et formel. A l'instar des milieux ruraux où la majorité est constituée des personnes pratiquant l'agriculture comme activité principale, et donc, des pauvres et exclus des structures de financement classique.

6.2 Financement de l'entrepreneuriat

Les gouvernements de nombreux pays en développement considèrent que les micros, petites et moyennes entreprises (PME) sont des moteurs pour l'emploi, afin d'alléger la pauvreté et de booster la croissance économique à grande échelle. La croissance et le développement des PME dans ces pays peuvent contribuer à accroître les opportunités des personnes pauvres, tout en favorisant leur sécurité et leur autonomisation. Malheureusement, ces PME manquent des bras, c'est-à-dire, les moyens de leur politique : le financement, car ne pouvant pas accéder au financement de banques classiques, et parfois, des institutions de microfinance formelle.

Le microfinancement de l'entrepreneuriat des personnes à faible revenu peut avoir comme conséquence la lutte contre la pauvreté. Surtout que le principal emploi du monde rural dans la province de l'Ituri reste l'agriculture dans plus de 70% des cas. Et le petit commerce semble être l'activité de transition, en attendant la récolte des cultures. Le secteur agricole, malgré son importance sociale et politique, n'est pas suffisamment financé. C'est ainsi que les MUSO tentent de développer des services microfinanciers adaptés à leurs membres.

La microfinance s'inscrit dans une démarche envisageant un monde où les ménages à faible revenu disposeraient d'un accès permanent à des services financiers abordables et de qualité, pour financer des activités

génératrices de revenus, accumuler des actifs, stabiliser leurs dépenses de consommation, et se prémunir contre les risques.
C'est ainsi que Bah (2012) soutient que la microfinance, comme instrument de lutte directe contre la pauvreté, peut aussi être un instrument de lutte indirecte contre la pauvreté. En effet les personnes et les microentrepreneurs qui bénéficient d'opportunités de croissance grâce au microcrédit sont susceptibles de créer des opportunités économiques pour les plus pauvres qu'eux, à travers la création d'emplois ou d'activités génératrices de revenus.
Cette partie se propose d'évaluer la capacité des services microfinanciers offerts par les Mutuelles de Solidarité à contribuer au financement de l'entrepreneuriat des musonniers bénéficiaires, et cela sur la base des données des enquêtes par sondage effectuées en 2018 dans trois de cinq territoires de la province de l'Ituri.

6.2.1 Financement des activités génératrices des revenus (AGR) par le microcrédit

Les réponses sur les opinions des bénéficiaires concernant le financement des AGR par les microcrédits obtenus comparées aux tranches des montants sont indiquées dans le tableau 30 ci-après. Car, dit-on, le microcrédit est octroyé à des agents économiques en situation de précarité, sans revenu fixe, qui n'offrent aucune des garanties en vigueur dans les institutions bancaires commerciales, afin de développer une activité productrice existante, ou toute nouvelle, le plus souvent de l'artisanat ou du commerce. Et précédemment, il a été démontré que les agriculteurs étaient majoritaires, suivis des membres qui pratiquent le petit commerce.

Tableau 30 : Capacité de microcrédit de financer des AGR croisée aux montants reçus

			Financement des AGR par le microcrédit			
			Oui	Non	Partiellement	Total
Tranches des montants reçus	20-50$	Effectif	87	16	12	119
		%	73,1	13,4	13.5	100,0
	50-100	Effectif	100	7	34	141
		%	70,9	5,0	24,1	100,0
	100-200$	Effectif	106	5	67	178
		%	59,6	2,8	37,6	100,0
	200-400$	Effectif	84	2	25	111
		%	75,7	1,8	22,5	100,0
	400-600$	Effectif	43	3	27	73
		%	58,9	4,1	37,0	100,0
	600-800$	Effectif	13	2	2	17
		%	76,5	11,8	11,8	100,0
	800-1000$	Effectif	24	11	12	47
		%	51,1	23,4	25,5	100,0
	Plus de 1000$	Effectif	9	1	4	14
		%	64,3	7,1	28,5	100,0
Total		Effectif	466	47	187	700
		%	66,6	6,7	26,7	100,0

De ces résultats, il ressort que 66,6% des membres ont affirmé que le microcrédit perçu leur permet de financer leur entrepreneuriat, c'est-à-dire, de financer soit la créativité, soit l'innovation dans leurs activités génératrices des revenus. Cependant, 26,7% des membres ont aussi affirmé que le microcrédit leur permet de financer partiellement leur entrepreneuriat, alors qu'une minorité, soit 6,7% des cas, considère que le microcrédit perçu n'est pas à mesure de financer leur entrepreneuriat, au regard de la modicité des montants reçus.

En réalité, le microcrédit obtenu permet soit partiellement, soit totalement de financer l'entrepreneuriat des membres bénéficiaires dans 93,3% des cas enquêtés.

En effet, le croisement de deux variables a permis de savoir s'il y a une association entre le financement des AGR et les tranches des montants reçus par les bénéficiaires. A cet effet, le test de Chi-Carré de Pearson s'est caractérisé par une valeur de 91,99 ddl =24, et p=0,000, c'est-à-dire que p<0,01. L'hypothèse nulle est rejetée pour dire que le financement des activités génératrices de revenu est dépendant de tranches des montants des microcrédits reçus par les bénéficiaires.

D'après Lelart (2002), la finance informelle, comme la MUSO, contribue certes au financement de l'activité économique, en particulier au sein des familles et des microentreprises, et elle le fait efficacement, mais elle n'y contribue que faiblement, pour des montants limités et pour des durées courtes.

Et ls résultats ont pu démontrer que pour 93,3% des membres, le microcrédit obtenu a permis soit partiellement, soit totalement de financer l'entrepreneuriat, c'est-à-dire, de financer soit la création, soit l'innovation dans leurs activités génératrices des revenus. Et en comparant cette variable aux tranches des montants obtenus par les bénéficiaires, le test de Chi-Carré de Pearson a révélé que le financement des activités génératrices de revenu est tributaire de tranches des montants des microcrédits reçus par les bénéficiaires.

Adjibi (2002) notait que lorsqu'on sait le poids que représente le secteur informel dans les économies africaines, lorsqu'on sait le nombre combien important de personnes que draine ce secteur, dans le commerce, l'agriculture, l'artisanat, les services, alors on peut mesurer et comprendre l'enjeu que constitue le financement de la microentreprise.

Pinel (2010), a constaté, quant à lui, que les investissements dans les microentreprises se concentrent en général sur des activités de survie : petit commerce, activité de transformation sommaire, offrant peu de possibilités d'expansion et de création d'emplois. Pour lui, la microfinance doit contribuer au renforcement du tissu d'entreprises formelles, en proposant des services plus adaptés aux petites et moyennes entreprises.

Alors que Sangare (2013) dans ses recherches a soutenu que l'accès au microcrédit permet aux personnes à faible revenu de saisir des opportunités d'investissement, principalement dans les activités génératrices de revenus, et dans l'entrepreneuriat. Elles pourraient alors accroître leur revenu et leur consommation de biens et services, ce qui, finalement, permettrait leur sortie de la pauvreté. Cela explique la relation souvent établie entre l'accès à la microfinance et la réduction de la pauvreté.

En revanche, Sombié (2013) constate que dans les pays en développement, les systèmes financiers contribuent davantage à la

croissance économique, lorsque leurs financements sont prioritairement orientés vers les petites et moyennes entreprises (PME) ou les petites et moyennes industries (PMI). L'argumentaire qui sous-tend cette vision est cette catégorie d'entreprises potentiellement dynamiques en termes de création de richesse et d'emplois.
Et dans le contexte des services microfinanciers offerts par les MUSO, les résultats convergent dans le sens de création de richesses et d'emplois pour les bénéficiaires.

6.2.2 Evolution du volume des affaires

L'accès aux services financiers accroit la production des biens et services, dit-on, car les pauvres aspirent à pouvoir développer les activités génératrices des revenus, mais manquent des moyens financiers. C'est ainsi qu'il est présenté sur la figure 35 ci-après, la répartition des enquêtés selon le sens de l'évolution du volume des affaires après accès aux services microfinanciers.

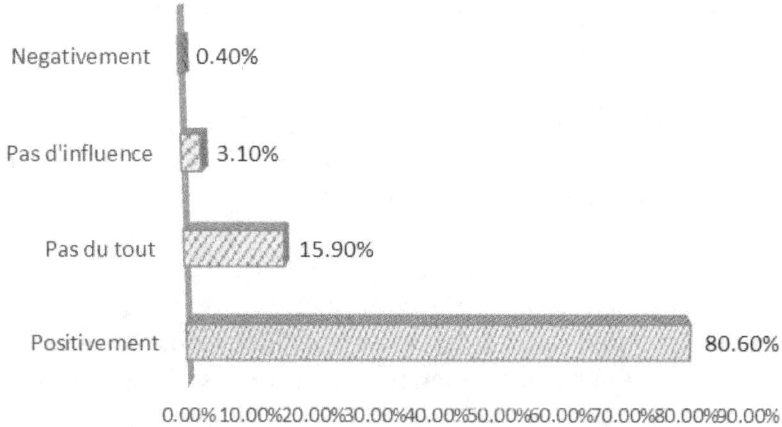

Figure 35 : Sens de l'évolution du volume des affaires

Certes, il est vrai que le manque de financement ne permet pas aux personnes pauvres et/ou à faible revenu d'entreprendre ou d'innover dans les activités génératrices des revenus. Mais, il est aussi vrai que l'accès aux services financiers peut avoir de l'incidence sur la capacité entrepreneuriale de ces agents économiques.
Partant des résultats, 81% des membres ont affirmé que le volume des affaires des bénéficiaires des services microfinanciers avait évolué

positivement. Cependant, certains membres avaient indiqué que le volume des affaires n'avait pas évolué du tout dans 16% des cas. Comme on peut le constater, les affaires des bénéficiaires avaient augmenté après l'accès aux services microfinanciers des MUSO.

La littérature montre que le crédit fait passer le capital de ceux qui ne savent pas l'utiliser à ceux qui peuvent en tirer la meilleure partie et qui en donnent le plus fort loyer. Le crédit, à défaut de l'épargne, contribue à l'investissement en lui assurant une rémunération aussi élevée, il rend aussi possible les grands travaux publics et privés.

Les services microfinanciers offerts par les MUSO parviennent à financer les activités d'entrepreneuriat (création des entreprises et/ou innovation dans les entreprises existantes) des membres bénéficiaires des microcrédits. Car, les services microfinanciers permettent, non seulement l'accès aux microcrédits, mais aussi, aux instruments d'épargne. A cet effet, voulant connaitre comment a évolué le volume des affaires des bénéficiaires, les résultats ont indiqué que les musonniers bénéficiaires ont vu leurs affaires évoluer positivement grâce aux services microfinanciers des MUSO. En ce sens, les MUSO dotent les milieux où elles se développent de services de proximité tels que la vente des produits alimentaires et non alimentaires dont la population locale a besoin.

Un bénéficiaire des services des MUSO en ville de Bunia a révélé : *« J'avais un petit étalage devant ma maison, mais lors que j'ai eu accès aux microcrédits, j'ai pu ouvrir une grande alimentation, aujourd'hui, j'ai un chiffre d'affaires de plus de six mille dollars américains (6000$ US). »*

Bah (2012) affirme que les microentrepreneurs bénéficient d'opportunités de croissance grâce au microcrédit et sont susceptibles d'augmenter et/ou de créer d'autres opportunités économiques. Ce qui est le cas des résultats trouvés dans le contexte des MUSO.

6.2.3 Type d'entrepreneuriat facilité par la microfinance

Les services microfinanciers ont permis l'accroissement du chiffre d'affaires, c'est-à-dire, ont eu une incidence positive sur l'entrepreneuriat des membres. C'est ainsi que cette variable se propose de répondre à la question de savoir si les services microfinanciers ont permis aux bénéficiaires soit la création d'une nouvelle activité, ou l'amélioration de l'activité existante. La figure 36 ci-après présente la répartition des enquêtés selon le type d'entrepreneuriat.

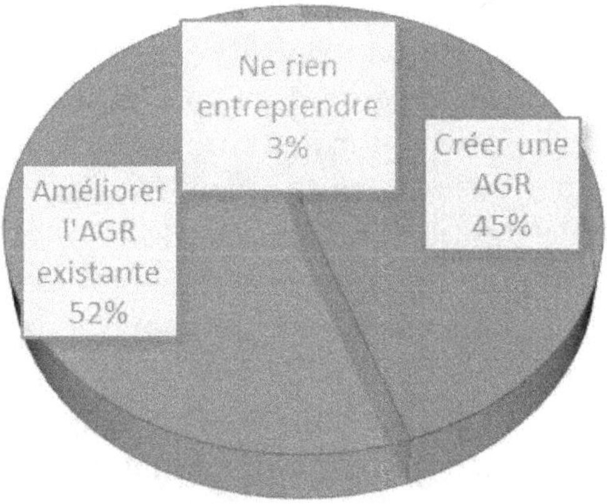

Figure 36 : Type d'entrepreneuriat facilité par la microfinance

Sur le plan économique, l'accès aux moyens de financement est une opportunité soit pour innover dans les activités génératrices de revenus existantes, soit encore pour créer des nouvelles activités génératrices des revenus, afin de fructifier les microcrédits reçus. Il est démontré que les personnes vivant avec des revenus faibles ont la capacité d'entreprendre dans les activités génératrices des revenus, mais manquent des moyens financiers, faute de posséder les garanties nécessaires.

Dans le cadre des Mutuelles de Solidarité, les services microfinanciers obtenus par les membres leur ont permis d'améliorer les AGR existantes dans 52% des cas enquêtés. Et 45% des musonniers ont affirmé avoir créé une nouvelle activité génératrice des revenus en plus de l'activité ordinaire, afin de profiter des fruits des microcrédits obtenus. Cependant, il est aussi important d'indiquer que certains membres des MUSO n'ont rien entrepris dans 3% des cas, sinon l'accès aux services financiers leur a permis d'améliorer leur bien-être social par le renforcement et/ou l'anticipation de la consommation des biens et services.

Comme dit précédemment, le microcrédit permet soit de financer l'activité existante, soit de créer des nouvelles activités avec les ressources financières acquises. Dans le cadre des Mutuelles de Solidarité, les enquêtes ont révélé que les services microfinanciers ont permis aux bénéficiaires, dans la plupart des cas, d'améliorer l'AGR existante des musonniers enquêtés. Bien que certains membres aient affirmé avoir créé une nouvelle activité génératrice des revenus en plus de l'activité ordinaire.

Contrairement à Destilus (2010) qui a fait ses recherches en Haïti, il a constaté que les MUSO ont plus contribué à la revitalisation économique par la création ou le développement d'activités économiques, notamment le petit commerce. Elles ont subordonné la recherche du profit à la satisfaction des besoins économiques et sociaux. Alors que Schmitt (2015) avait, quant à lui, constaté que le microfinancement de l'entrepreneuriat est un outil pour la croissance économique, car il stimule les opérateurs économiques à avoir accès au financement essentiel, facteur important pour l'augmentation et/ou l'amélioration des revenus et la réduction de la pauvreté. L'accès au financement amène l'entrepreneur à la création de valeurs, à l'innovation, à la détection et l'exploitation d'opportunités, à l'acquisition des ressources et compétences, la croissance et la compétitivité. L'entrepreneur est amené à confronter son intention à travers sa vision par rapport à un contexte et/ou des personnes évoluant dans ce contexte.

Dans tous les cas, la logique fondamentale était la même : dans tous les pays, des personnes vulnérables cherchaient à développer des activités génératrices de revenus, elles avaient des projets sérieux, mais n'avaient le plus souvent accès qu'aux sources de financement informelles, ce qui limitait fortement leurs possibilités.

Ce qui n'est pas le cas dans le contexte des services microfinanciers offerts par les MUSO, car d'après les résultats, bien que les produits financiers obtenus soient informels, ils ont permis aux bénéficiaires de créer ou d'innover dans les activités économiques de production. Ce qui vient confirmer la théorie selon laquelle la microfinance contribue à la création et/ou à l'innovation des microentreprises.

6.2.4 Evolution du nombre des AGR

L'accès aux services microfinanciers est une possibilité très importante de renforcement des capacités entrepreneuriales, et par conséquent, de création de richesses et d'emplois. Et il a été observé que les membres bénéficiaires des services des MUSO avaient plusieurs alternatives : soit innover dans l'activité génératrice des revenus existante, soit créer une nouvelle activité. Cette variable donne de la lumière quant à l'évolution des activités des membres bénéficiaires, en plus de l'activité principale. Cette variable est croisée au sexe des membres pour vérifier s'il y a association entre les deux, et cela est présenté dans le tableau 31 ci-après :

Tableau 31 : Tableau croisé de l'évolution du nombre d'activités et du sexe de membres

			Evolution du nombre d'activités			Total
			Augmentation	Diminution	Pas de changement	
Sexe	Masculin	Effectif	244	5	45	294
		%	83,0	1,7	15,3	100,0
	Féminin	Effectif	298	10	98	406
		%	73,4	2,5	24,1	100,0
Total		Effectif	542	15	143	700
		%	77,4	2,1	20,4	100,0

Les résultats renseignent que 77,4% des musonniers bénéficiaires des services microfinanciers, en plus de leurs activités traditionnelles, les activités génératrices des revenus ont augmenté pour la plupart d'entre eux. Ce qui se justifie par le fait que pour les membres bénéficiaires, afin de garantir le remboursement, et de profiter des bénéfices générés par le microcrédit, ont augmenté le nombre d'activités génératrices des revenus. En revanche, il y a des membres qui ont mentionné qu'aucun changement n'a été constaté dans leur entrepreneuriat, soit dans 20% des cas enquêtés.

Il était également question de savoir s'il y a une association entre l'évolution du nombre d'activités et le sexe des bénéficiaires. A cet effet, le test de Chi-Carré de Pearson a servi pour réaliser cette comparaison. Ce dernier s'est caractérisé par une valeur de 9,001 avec le ddl = 2, et p = 0,011, c'est-à-dire $p<0,05$. L'hypothèse nulle est rejetée pour dire que l'évolution du nombre d'activités est dépendante du sexe des bénéficiaires au seuil de 5%.

Il est donc constaté que les services microfinanciers offerts par les MUSO ont contribué à augmenter, en plus des activités économiques traditionnelles, le nombre d'activités génératrices des revenus existantes pour la plupart des musonniers. Ce qui s'explique par le fait que pour les membres bénéficiaires, afin de garantir le remboursement, et de profiter des bénéfices générés par le microcrédit, ont augmenté le nombre d'activités génératrices des revenus.

En comparant cette variable à la variable genre, le test appliqué a montré que l'évolution du nombre d'activités est dépendante du genre des bénéficiaires. Destilus (2010) dans ses recherches, avait constaté que l'examen des données avait révélé dans le contexte d'Haïti, un effectif de prépondérance féminine dans les Mutuelles de Solidarité.

La prédominance des femmes dans les MUSO observées pourrait s'expliquer par le fait que les petits crédits sont plus adaptés au petit commerce, une activité qui est majoritairement l'affaire des femmes. En finançant le petit commerce, on finance implicitement des femmes. Ainsi donc, la croissance et le développement des PME dans les pays en voie de développement peuvent accroître les opportunités des personnes pauvres, tout en favorisant leur sécurité et leur autonomisation.

Kengue (2012) dans ses recherches a également montré que l'accession à un crédit, même de très faible montant, peut être un moyen, non seulement de stabiliser des activités économiques, mais d'en initier de nouvelles. L'activité du microcrédit encourage la création de la microentreprise au niveau local. Même si le montant du crédit n'est pas élevé, cela permet aux populations pauvres qui étaient jusque-là exclues du crédit bancaire de créer une petite activité génératrice de revenus.

Cela a des répercussions positives sur le plan social. Ainsi, la microfinance se renforce en prenant en compte, tout le potentiel concernant les aspects sociaux du développement et les différentes préoccupations des pauvres. Et les résultats trouvés dans le cadre des MUSO convergent dans le même sens.

6.2.5 Source de financement avant l'adhésion aux MUSO

Les MUSO fonctionnent comme une Coopérative d'Epargne et de Crédit (COOPEC), en ce sens que ces dernières commencent toujours par l'épargne, avant d'avoir accès à un autre service microfinancier. Or, pour épargner, cela suppose une activité génératrice des revenus en amont, donc un emploi pouvant garantir cette épargne. Cette variable vient donc présenter la répartition des membres enquêtés selon la source de financement avant l'adhésion aux Mutuelles de Solidarité, et cela est indiqué sur la figure 37 ci-après.

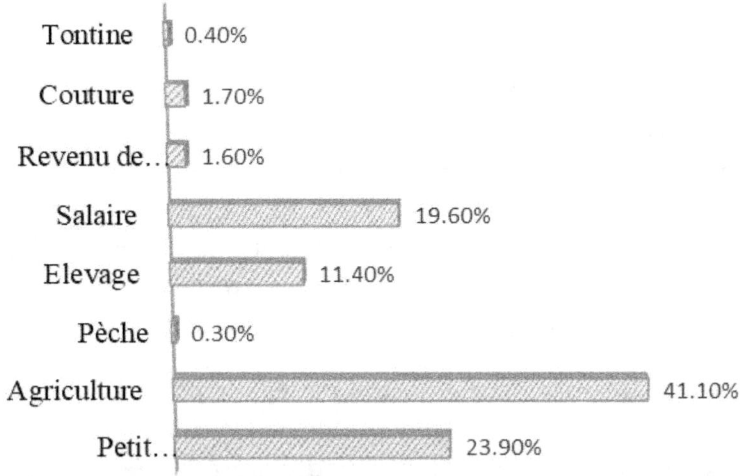

Figure 37 : Source de financement avant l'adhésion aux MUSO

A ce titre, il est important que chaque membre des MUSO ait une activité ou un emploi en amont pouvant garantir l'épargne (cotisation), car, à chaque assemblée générale qui se tient deux à quatre fois le mois selon les conventions, les caisses doivent être alimentées obligatoirement par l'épargne de chaque membre.

En effet, les résultats renseignent que la majorité des membres avait comme source de financement avant l'avènement des MUSO, la culture des champs dans 41,10% des cas enquêtés. Mais, il est important d'indiquer aussi que d'autres avaient comme source de financement le petit commerce dans 23,90% des cas, le salaire dans 19,60% des cas, l'élevage dans 11% des cas enquêtés. Les résultats montrent également que moins de membres enquêtés avaient comme source de financement les tontines dans 0,40% des cas.

C'est ainsi que Haudeville et Dado (2002) avaient soutenu qu'à l'issue de ces différentes transformations, un paysage financier entièrement nouveau est composé de trois parties très différentes, mais fortement complémentaires : les banques commerciales finançant le secteur moderne, les grandes entreprises et le commerce d'import-export, les réseaux mutualistes recueillant l'essentiel de l'épargne des ménages et finançant les activités des petites et moyennes entreprises, et les organisations informelles pour l'épargne courte de proximité.

« *Il était difficile pour moi de trouver les fonds pour soutenir mes activités économiques avant l'avènement des MUSO, car il me manquait la possibilité de constituer une épargne, condition essentielle pour avoir d'un coup un capital* » déclarait un musonnier lors des entretiens.

6.3 Insertion économique

Les données comptables indiquent l'insertion économique de l'outil MUSO et de ses services dans les communautés. Il s'agit ici de faire des analyses concernant l'évolution de certains portefeuilles : les portefeuilles crédit et épargne. Il est aussi question d'étudier l'évolution du nombre de MUSO, de leurs membres, du montant de la participation aux frais (PAF), ainsi que du nombre des bénéficiaires des microcrédits, afin de renseigner sur la performance économique des MUSO. Ces variables renseignent en même temps sur l'inclusion financière des MUSO.
L'inclusion financière ayant pour but d'élargir l'accès à des produits et services bancaires et financiers abordables et responsables, pour les populations exclues du circuit bancaire classique ; ainsi, pour parvenir à inclure le plus grand nombre dans le système financier, et leur faire bénéficier de services bancaires adaptés, toute une gamme de produits et services sont développés, le plus connu étant le *microcrédit*.
En effet, les données comptables des MUSO traitées ici ont été obtenues auprès de l'organisation promotrice des MUSO, qui est ici l'ONG AMAB, de 2013 à 2017. Ensuite pour traiter, analyser et interpréter les données comptables, il est procédé au calcul des indices temporels simples, afin de déterminer l'équation de la tendance centrale qui a permis de tracer les différentes courbes.
La préoccupation dans cette section est de déterminer le niveau d'insertion (ou performance) économique des MUSO dans les communautés en province de l'Ituri.

6.3.1 Evolution des effectifs de MUSO et de membres

Dans cette rubrique, il est question de présenter le modèle d'équation exponentielle qui va donner le sens de la relation entre la variable X (année) et la variable Y (évolution des MUSO ou des membres). En ce qui concerne les membres, une distinction a été faite entre les sexes : hommes et femmes, afin de cerner le niveau d'insertion économique des MUSO. La situation de l'évolution des membres selon les sexes est un indicateur, non seulement de performance économique des MUSO, mais aussi du niveau d'inclusion financière et de l'autonomisation dans la communauté et/ou dans les foyers (empowerment).

Pour y parvenir, l'équation de régression exponentielle a été établie, ainsi que le coefficient de corrélation, afin de vérifier le degré de relation entre les années et les indices simples calculés relatifs à l'effectif de l'évolution des membres et des MUSO. Les figures 38 et 41 ci-après présentent cette évolution.

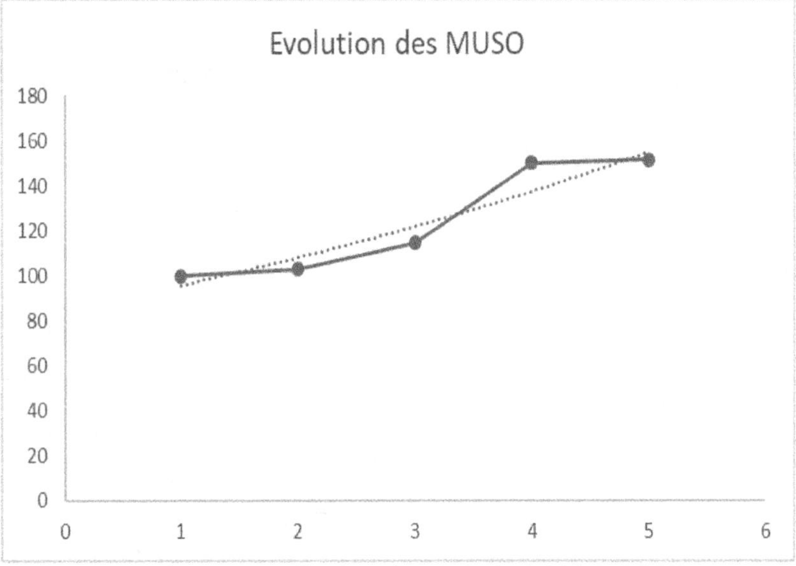

Figure 38 : Situation annuelle des MUSO de 2013 à 2017

Coefficient de corrélation = 0,949288 ; R^2 = 90,1149% ; R^2 (ajusté) = 86 8198% et p=0,0136 avec p>0.05. Ce graphique montre les résultats de l'adaptation d'un modèle exponentiel à décrire la relation entre Y et X. L'équation de l'ajustement du modèle est : Y = exp (4,4401 + 0,120649 * X)

Comme la valeur de probabilité (p=0,0136) est inférieure à 0,05, il existe une relation statistiquement significative entre Y et X à 95% de niveau de confiance.

La statistique R^2 indique que le modèle tel qu'ajusté explique 90,1149% de la variabilité en Y après transformation logarithmique en échelle pour linéariser le modèle. Le coefficient de corrélation est égal à 0,949288 ; indiquant une relation relativement forte entre les variables.

De ces résultats, il ressort que les MUSO ont réussi à s'intégrer dans les communautés dans trois de cinq territoires de l'Ituri, une province qui a traversé et continue de traverser une période de turbulence due aux conflits armés. Au fur et mesure que les années passent, le nombre des MUSO augmente de façon positive en Ituri. La population étant en majorité agropastorale, et qui pratique des activités des champs, d'élevage et de pêche, lesquelles activités ne génèrent pas des revenus réguliers afin de répondre aux exigences des institutions de microfinance formelle.

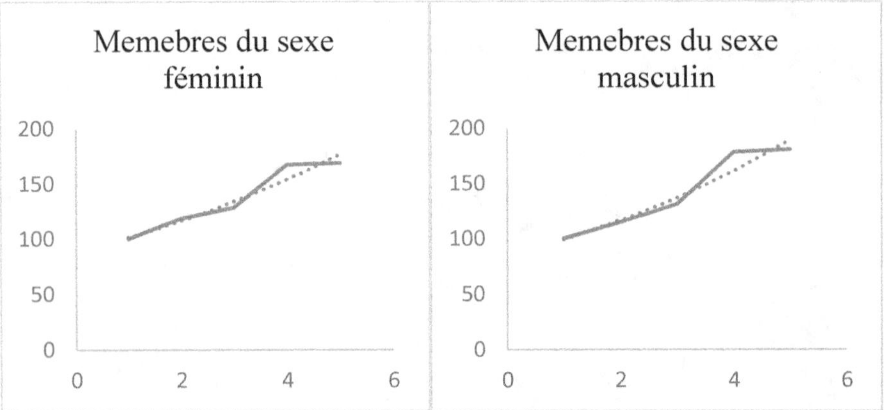

Figure 39 : Situation annuelle des membres de 2013 à 2017

Pour les membres du sexe féminin, les résultats ont renseigné que le coefficient de corrélation = 0,971084 ; R^2 = 94,3004% ; R^2 (ajusté) = 92,4005%. Les résultats montrent l'adaptation du modèle exponentiel à décrire la relation entre Y et X. L'équation de l'ajustement du modèle est : Y = exp (4,48126 + 0,138944 * X). La valeur p=0,0059 étant inférieure à 0,01, il existe une relation statistiquement significative entre Y et X à 99% du niveau de confiance. La statistique R^2 indique que le modèle tel qu'ajusté explique 94,3004% de la variabilité en Y après transformation logarithmique en échelle pour linéariser le modèle. Le coefficient de corrélation est égal à 0,971084, indiquant une relation relativement forte entre les variables.

Pour les membres du sexe masculin, les résultats montrent l'adaptation du modèle exponentiel à décrire la relation entre Y et X. L'équation de l'ajustement du modèle est : Y = exp (4,43593 + 0,161905 * X). La valeur p=0,0051 étant inférieure à 0,01, il existe une relation statistiquement significative entre Y et X à 99% de niveau de confiance. La statistique R^2 indique que le modèle tel qu'ajusté explique 94,8311% de la variabilité en Y après transformation logarithmique en échelle pour linéariser le modèle. Le coefficient de corrélation est égal à 0,973812, indique une relation relativement forte entre les variables.

L'objectif d'une institution de microfinance est de servir un nombre croissant de pauvres et d'exclus sur une base durable, d'améliorer la qualité et l'adéquation des services proposés aux clients et/ou membres ciblés, de créer des bénéfices pour les clients de la microfinance, leur famille et leur communauté tels que l'amélioration du capital social et des liens sociaux, l'augmentation des actifs, des revenus, la réduction de la vulnérabilité, l'amélioration de l'accès aux services et la satisfaction des besoins sociaux de base.

Concernant l'intégration des MUSO, il ressort qu'elles ont réussi à s'intégrer dans les communautés en Ituri, une province qui a traversé une période de turbulence due aux conflits armés. La population étant en majorité agropastorale, et pratiquant des activités des champs, d'élevage et de pêche, lesquelles activités ne génèrent pas des revenus réguliers pour répondre aux exigences des institutions de microfinance formelle.

L'intégration au sein des communautés justifie le niveau performance économique des MUSO, mais aussi le niveau d'autonomisation (empowerment) de la femme, surtout de la femme rurale. Il est souvent démontré que la pauvreté frappe surtout le sexe féminin dans les pays en développement, et elles ont tendance à développer des petites activités dans le commerce pour subvenir aux besoins de leurs familles. En conséquence, pendant ces cinq années, aussi bien le nombre de MUSO que de membres a augmenté dans trois de cinq territoires, ce qui justifie l'insertion des MUSO au sein des communautés locales en Ituri, ainsi que leur acceptabilité.

Ngoy (2015) constate dans l'ensemble que les effectifs des bénéficiaires de crédits octroyés à Kisangani par IMF Hope avaient évolué à la hausse, avec les accroissements acceptables de deux à trois chiffres, et dont le sommet est atteint en 2009 contrairement aux montants accordés et aux remboursements qui ont atteint leur pic dans la période de la crise internationale.

6.3.2 Evolution des portefeuilles épargne et crédit

Historiquement, la microfinance s'est construite comme outil d'inclusion des exclus du système bancaire classique, offrant des services financiers aux "non bancables", à ceux qui ne peuvent offrir des garanties physiques ou qui résident dans des zones reculées, enclavées, isolées des services financiers. Pour répondre à ce souci d'inclusion, les bases de fonctionnement des MUSO ont reposé sur les liens sociaux et la proximité.

Des services microfinanciers pour les exclus : les services ont été pensés et adaptés pour les besoins d'une population marginalisée économiquement ou socialement. Et les principaux produits des MUSO sont le microcrédit et l'épargne. C'est ainsi que cette variable renseigne sur l'évolution des portefeuilles crédit et épargne. Sur les figures 40 ci-après sont présentés les portefeuilles crédit et épargne, les principaux produits des MUSO, de 2013 à 2017, afin de renseigner sur leur volume.

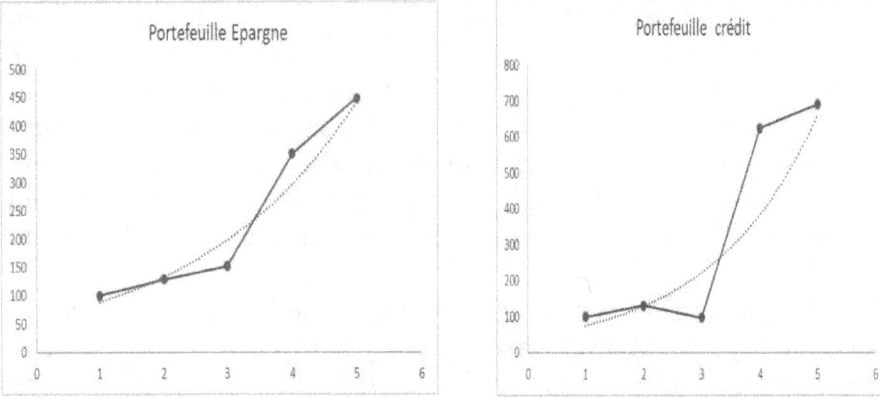

Figures 40 : Situation annuelle des portefeuilles épargne et crédit de 2013 à 2017

En ce qui concerne le portefeuille épargne, le coefficient de corrélation = 0,966237 ; R^2 = 93,3613% ; R^2 (ajusté) = 91,1484%, avec $p \leq 0,01$. La figure montre les résultats de l'adaptation d'un modèle exponentiel à décrire la relation entre Y et X. L'équation de l'ajustement du modèle est : Y = exp (4,089+0,400454*X).

La valeur de probabilité étant inférieure à 0,01, il existe une relation statistiquement significative entre Y et X à 99% du niveau de confiance. La statistique R^2 indique que le modèle tel qu'ajusté explique 93,3613% de la variabilité en Y après transformation logarithmique en échelle pour linéariser le modèle. Le coefficient de corrélation est égal à 0,966237 et indique une relation relativement forte entre les variables.

Cependant pour le portefeuille crédit, le coefficient de corrélation = 0,863007 ; R^2 = 74,4782% ; R^2 (ajusté) = 65,9709%. L'équation de l'ajustement du modèle est : Y = exp (3,77833 + 0,542305*X). La valeur de probabilité (p=0,0499) étant inférieure à 0,10, il existe une relation statistiquement significative entre Y et X à 90% du niveau de confiance.

La statistique R^2 indique que le modèle tel qu'ajusté explique 74,4782% de la variabilité en Y et le coefficient de corrélation qui est égal à 0,863007 indique une relation modérément forte entre les variables.

Le microcrédit est le principal produit des institutions de microfinance, qu'elles soient formelles ou informelles. Cependant, d'autres produits microfinanciers, et non les moindres, sont également offerts, dont notamment l'épargne, la microassurance, le crédit habitat, le transfert d'argent, etc. Et dans le cadre des MUSO, l'épargne est un produit important, et d'ailleurs, les MUSO commencent leurs opérations microfinancières toujours par l'épargne pour fidéliser les membres.

En ce qui concerne le portefeuille épargne, R= 0,966237 ; R^2 = 93,3613%, avec $p \leq 0{,}01$. Il existe une relation statistiquement significative entre Y et X à 99% et le coefficient de corrélation indique une relation relativement forte entre les variables. L'épargne de chaque membre constitue son montant d'assurance qui sera remboursé à la fin de sa vie, ou lors que le membre désirera se déplacer et quitter le milieu. Les montants épargnés par les membres de BACO à l'IMF HOPE dans les conditions de Kisangani accusaient une croissance positive sur toute la période. Contrairement à Destilus (2010) qui a constaté qu'en se référant à l'évolution des caisses vertes en Haïti, certaines MUSO avaient enregistré une diminution de moitié de leur portefeuille de crédit à cause du départ de certains membres. Cela met en évidence la fragilité des Mutuelles de Solidarité et en même temps un risque élevé pour l'obtention de crédit.

Une femme interviewée dans le territoire d'Aru a reconnu : « *les MUSO m'ont permis de garder mon argent en sécurité, ce qui m'aide à accumuler une somme importante après un moment. Ceci me permet aussi de bien organiser les opérations champêtres à venir, à programmer les besoins de ma famille pendant les périodes de soudure, à financer mon petit commerce en attendant que les cultures aux champs atteignent leur maturité. Donc, la MUSO m'a permis de constituer un capital pour le démarrage de mes activités* ».

L'épargne est un indicateur important du niveau de l'économie, car on ne peut épargner que le surplus après une consommation. Et l'augmentation de l'épargne explique également le niveau d'acceptabilité et de confiance envers les MUSO dans les communautés en Ituri.

En effet, le microcrédit est octroyé par les MUSO après une accumulation des fonds durant une certaine période bien convenue, et c'est l'assemblée générale qui décide d'octroyer au membre qui le désire au double de son épargne. Mais, si l'épargne est importante grâce au refinancement par exemple, le membre peut solliciter selon ses besoins ainsi que sa capacité de remboursement. Le microcrédit est sollicité pour plusieurs raisons : pour résoudre un besoin social, et/ou économique.

L'on peut cependant noter que le portefeuille crédit a beaucoup augmenté pour plusieurs raisons : il y a d'abord les revenus générés par la participation aux frais, les frais de pénalité payés en cas de non-respect des échéances, les revenus générés par les projets communs, ainsi que le refinancement par des partenaires externes.

6.3.3 Evolution du nombre de bénéficiaires des microcrédits de 2013 à 2017

La première raison primordiale de l'inclusion financière est la prise en compte des pratiques usuraires. C'est à cette problématique de l'inclusion financière que les MUSO s'attellent donc à répondre. Mais aussi, comme soulevé précédemment, au problème de l'autonomisation de la femme dans la prise de décision et à sa participation à la vie communautaire. La question de sexe dans le bénéfice du microcrédit se pose aussi avec beaucoup d'acuité, car les femmes constituent la frange majoritaire des personnes vulnérables et pauvres, surtout dans les pays en développement. Les figures 41 ci-après indiquent l'évolution des bénéficiaires du microcrédit selon les sexes, afin de renseigner sur le niveau d'inclusion financière et de performance économique.

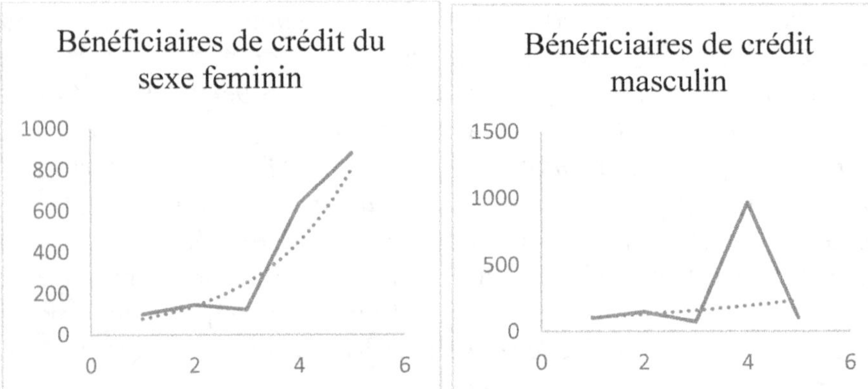

Figures 41 : Situation annuelle des bénéficiaires des microcrédits selon le sexe de 2013 à 2017

Pour les bénéficiaires du microcrédit du sexe féminin, les analyses ont donné les résultats ci-après : coefficient de corrélation = 0,912964 ; R^2 = 83,3504% ; R^2 (ajusté) = 77,8005%. L'équation de l'ajustement du modèle est : Y = exp (3 78046 + 0,582578 * X). Comme la valeur p=0,0304 est inférieure à 0,05, il existe une relation statistiquement significative entre Y et X à 95% du niveau de confiance. La statistique

R^2 indique que le modèle tel qu'ajusté explique 83 3504% de la variabilité en Y. Le coefficient de corrélation est égal à 0,912964, indique une relation relativement forte entre les variables.

En ce qui concerne les bénéficiaires du microcrédit du sexe masculin, les résultats indiquent l'adaptation du modèle exponentiel à décrire la relation entre Y et X. L'équation de l'ajustement donne le modèle : Y = exp (4 48714 + 0,196028 * X). Puisque la valeur de p= 0,6262 est supérieure à 0,05, il n'y a pas de relation statistiquement significative entre Y et X. Car, les résultats indiquent que les bénéficiaires du sexe masculin ont sensiblement baissé en nombre à la dernière année.

La statistique R^2 indique que le modèle tel qu'ajusté explique 8,88546% de la variabilité en Y. Le coefficient de corrélation qui est égal à 0,298085 indique une relation relativement faible entre les variables.

Ce qui justifie la capacité des Mutuelles de Solidarité à renforcer l'autonomisation des bénéficiaires, surtout du sexe féminin, et à lutter contre l'exclusion financière basée sur le genre. Les MUSO deviennent ainsi un outil d'émancipation et de la promotion de la femme, un droit d'acquisition à la parole et à la reconnaissance sociale, et fait référence à la capacité de comprendre la nature des structures décisionnelles dans les contextes particuliers. D'un point de vue opérationnel, il s'agit en même temps de satisfaire les besoins pratiques et les intérêts stratégiques des femmes, afin qu'elles puissent sortir durablement de leurs conditions de pauvreté.

Ces résultats viennent expliquer le processus d'inclusion financière des personnes exclues du système financier classique, de l'empowerment de tous les sexes, ainsi que de la performance économique des Mutuelles de Solidarité.

Une femme membre bénéficiaire des services microfinanciers des MUSO a déclaré : *« Les sévices des MUSO ont donné de la valeur à nous les femmes, car nous pouvons exprimer notre point de vue librement, accéder aux services financiers afin de résoudre nos problèmes familiaux, et avoir de la considération dans la communauté. Tout en ajoutant que le président de notre MUSO est une femme ».*

L'inclusion financière est le fait de prendre en compte les besoins financiers des personnes marginalisées par les banques classiques. C'est ainsi que les MUSO choisissent d'œuvrer dans les milieux défavorisés (les faubourgs, les villages), avec des personnes communément appelées pauvres.

Yunus, et Jolis (1997) affirmaient qu'en accordant le microcrédit aux femmes, il ne s'agissait plus seulement de leur donner de la place qui leur revenait, mais davantage de les considérer comme des acteurs privilégiés du développement. Le microcrédit, lorsqu'il passait par les femmes, amenait plus rapidement des changements que lorsqu'il passait par des hommes. Car, les femmes sont plus directement touchées par la faim et la pauvreté que les hommes.
Ceci explique la capacité des Mutuelles de Solidarité à renforcer l'autonomisation des femmes, et à lutter contre l'exclusion financière basée sur le sexe.
En effet, Sen (2012) a fortement insisté sur l'importance de la fonction d'argent des femmes : elles ne sont plus les destinataires passives d'une reforme affectant leur statut, mais les actrices du changement, les initiatrices dynamiques de transformations sociales, visant à modifier l'existence des hommes aussi bien que la leur.
Cependant, Kudinga (2018) a, quant à lui, constaté que de la distribution du crédit selon l'approche « gender » en RDC, les femmes ont bénéficié de 69% des microcrédits des IMF formelles contre 31% pour les hommes. Cela se justifie notamment par le fait que les femmes bénéficient de plus de crédibilité, car il est démontré que :

i) Elles sont les plus impliquées dans les micro-activités ;
ii) Elles remboursent mieux que les hommes ;
iii) Elles ont la « vision familiale », contrairement aux hommes plus égoïstes.

Autrement dit, les IMF considèrent qu'un crédit accordé à une femme aura plus d'impact sur la pauvreté que celui accordé à un homme.
En ce qui concerne les bénéficiaires du microcrédit du sexe masculin. Puisque la valeur de p= 0,6262 est supérieure à 0,05, il n'y a pas de relation statistiquement significative entre Y et X. Le coefficient de corrélation indique une relation relativement faible entre les variables. Car, les résultats indiquent que les bénéficiaires du sexe masculin ont sensiblement baissé en nombre à la dernière année.
Ces résultats viennent confirmer le processus d'inclusion financière des personnes exclues du système financier classique, de l'empowerment de tous les sexes, ainsi que de la performance économique des Mutuelles de Solidarité.

6.3.4 Evolution de la participation aux frais (PAF)

Chaque MUSO est autonome et a un règlement intérieur pour fixer les fréquences des assemblées générales, le montant à cotiser, les délais de remboursement, la participation aux frais à reverser, les pénalités en cas de non-respect des échéances de remboursement, etc. En effet, la PAF est un moyen de faire bénéficier aux autres membres les fruits du microcrédit. La PAF est soit redistribuée aux membres de la MUSO, soit réinvestie dans une activité génératrice des revenus au profit de tous les membres de la MUSO. En effet, la figure 42 ci-après indique l'évolution du montant du portefeuille de la PAF de 2013-2017.

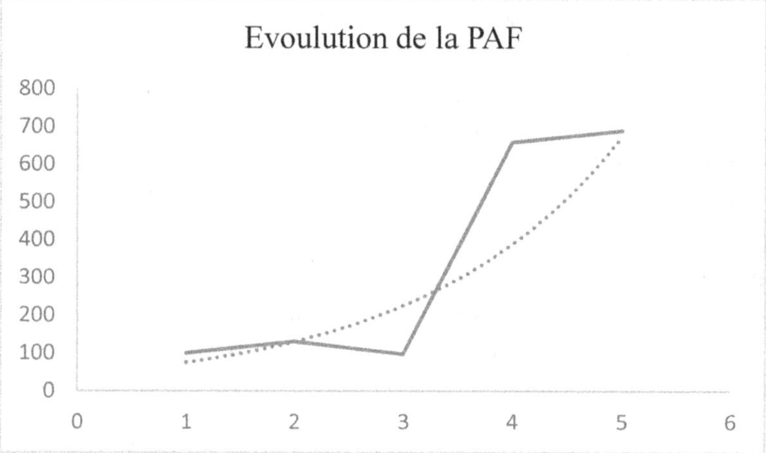

Figure 42 : Situation annuelle du portefeuille de la participation aux frais de 2013 à 2017.

Le coefficient de corrélation = 0,859263 ; R^2 = 73,8333 % R^2 (ajusté) = 65,11%. La figure montre les résultats de l'adaptation d'un modèle exponentiel à décrire la relation entre Y et X. L'équation de l'ajustement du modèle est : Y = exp (3,77283 + 0,547804 * X). La valeur de probabilité (p=0,0620) étant inférieure à 0,10, il existe une relation statistiquement significative entre Y et X à 90% du niveau de confiance. La statistique R^2 indique que le modèle tel qu'ajusté explique 73,8333% de la variabilité en Y. Le coefficient de corrélation qui est égal à 0,859263 indique une relation modérément forte entre les variables.

Pour atténuer la teneur des termes utilisés, et rassurer les membres, les MUSO parlent de la participation aux frais, quand il s'agit de payer la rémunération de l'argent par l'emprunteur, en lieu et place de l'intérêt. Dans les MUSO, l'on considère que ceci est une façon de faire profiter aux autres membres des MUSO, les bénéfices tirés des microcrédits obtenus, plutôt que de parler des intérêts à payer.

Dans le cadre des MUSO, lorsqu'un membre sollicite un microcrédit, la PAF est récupérée à la source, et le membre bénéficiaire commencera son remboursement après deux mois, car le premier mois est considéré comme celui de reconstitution.

Les paroles d'une présidente d'une MUSO en ville de Bunia : « *La PAF et les pénalités ont augmenté dans notre MUSO, à tel point qu'elles ont permis d'acheter un terrain dans le quartier périphérique Hoho et d'y forer de l'eau, d'y installer une pompe et d'acheter aussi un générateur. L'eau de forage est vendue aux habitants du quartier, et l'argent encaissé sert à augmenter le montant de la caisse verte (le portefeuille crédit) et de la caisse rouge (l'assistance). Les montants encaissés ont permis aussi, lors de fêtes telles que celles de fin d'année, de remettre à chaque membre une enveloppe (environ 100$ US) pour la fête* ».

Les membres des MUSO se réunissent chaque semaine, ou toutes les deux semaines, ou encore une fois le mois, et choisissent ensemble comment financer à tour de rôle les projets des uns et des autres. Une fois le prêt accordé, le bénéficiaire a un mois de grâce avant de commencer le remboursement du microcrédit, avec la PAF qui ne dépasse pas généralement un taux de 10%, et qui du reste, est retenue à la source.

6.3.5 Conclusion

Ce chapitre a consisté, non seulement à évaluer la capacité des services microfinanciers offerts par les Mutuelles de Solidarité à financer l'entrepreneuriat des bénéficiaires, mais aussi à déterminer l'évolution des différents portefeuilles (crédit, épargne, participation aux frais, etc.), du niveau des MUSO ainsi que des membres bénéficiaires, afin de vérifier leur niveau de performance économique dans les trois de cinq territoires de l'Ituri.

Les résultats ont indiqué que le microcrédit obtenu a permis soit partiellement, soit totalement de financer l'entrepreneuriat. Ensuite, les microcrédits octroyés par les MUSO parviennent à financer les activités d'entrepreneuriat (création des entreprises et/ou innovation dans les entreprises existantes) des musonniers bénéficiaires des microcrédits. A cet effet, voulant connaitre comment a évolué le volume des affaires, les résultats ont indiqué que les bénéficiaires ont vu leurs affaires évoluer positivement grâce aux services microfinanciers des MUSO.

En effet, les résultats ont aussi révélé que les services microfinanciers des MUSO ont permis aux bénéficiaires d'améliorer et/ou d'innover surtout les activités génératrices des revenus existantes. Et, en plus de leurs activités traditionnelles, les activités génératrices des revenus ont augmenté pour la plupart des membres après accès aux microcrédits.

Les microentrepreneurs qui bénéficient d'opportunités de croissance grâce au microcrédit sont susceptibles de créer des opportunités économiques pour les plus pauvres qu'eux, à travers la création d'emplois ou d'activités génératrices de revenus.

Concernant la performance économique, les résultats ont montré que tous les portefeuilles (crédit et épargne, participation aux frais) ont indiqué une tendance à la hausse entre 2013 et 2017, et ces portefeuilles ont augmenté positivement d'une façon substantielle en moyenne et annuellement. En ce qui concerne l'évolution des membres, qu'ils soient du sexe masculin ou féminin, les résultats ont indiqué une tendance à la hausse entre 2013 et 2017, et ce nombre des membres a augmenté positivement chaque année. Cette situation justifie le niveau d'insertion économique, mais aussi, d'inclusion financière des MUSO, ainsi que le niveau d'autonomisation de la femme, surtout de la femme rurale.

Il ressort que les MUSO ont réussi à s'intégrer dans les communautés en Ituri, à travers les trois territoires. La population étant en majorité agricole, pratiquant des activités des champs, d'élevage et de pêche, lesquelles activités ne génèrent pas des revenus réguliers pour répondre aux exigences des institutions de microfinance formelle, et en conséquence, n'intéressent pas les IMF formelles. Cependant les MUSO ont réussi à s'intégrer au sein des communautés, en leur offrant des produits financiers adaptés. Ce qui justifie leur capacité à renforcer l'autonomisation des femmes, et à lutter contre l'exclusion financière basée sur le sexe.

CONCLUSION GENERALE

La problématique de la pauvreté constitue l'un des plus grands défis au siècle présent, exacerbée par la situation sanitaire liée à la pandémie de COVID-19, à laquelle toutes les nations du monde sont contraintes de relever. La pauvreté n'a pas cessé de croître, de prendre de l'ampleur, de se diversifier, particulièrement en République Démocratique du Congo, où la partie de l'est se trouve sous l'emprise des conflits armés. Face à cette situation de pauvreté, bon nombre de théories, d'approches, de stratégies et de politiques sont émises et mises en œuvre pour, à défaut de l'éradiquer totalement, en réduire du moins sensiblement l'incidence. Et la *microfinance* est reconnue comme l'un des outils efficaces dans la réduction de la pauvreté. Car, les services financiers peuvent jouer un rôle clé pour les plus démunis dans la fourniture d'un accès aux avantages des économies en développement, et dans l'amélioration de leur capacité de se protéger des chocs économiques. L'accès à des services financiers viables permet aux pauvres d'accroître leurs revenus, de se doter d'actifs et de se protéger dans une certaine mesure des chocs extérieurs.

Cependant, l'action de la microfinance formelle reste limitée, car certaines couches de la population ne peuvent pas bénéficier des services des institutions de microfinance, parce qu'elles se situent à un niveau de pauvreté trop élevé, ne leur permettant pas de constituer des garanties, ou se trouvent dans des zones géographiques isolées, ou encore requièrent des produits financiers spécifiques.

Les professionnels conviennent que la microfinance formelle n'est pas adaptée pour toucher les plus pauvres, hormis sous la forme de la micro-épargne. Elle n'est réellement efficace qu'auprès des populations pauvres les moins fragiles, et elle ne s'adresserait de surcroit qu'aux moins pauvres parmi les pauvres, voire ceux situés juste au-dessus du seuil de pauvreté. Même si les plus pauvres peuvent profiter *a priori* par ricochet des activités développées par les bénéficiaires de microprêts, ce bénéfice reste difficile à évaluer.

Allemand (2011) et Kabongo (2016) avaient déjà fustigé le fait que ces institutions formelles de microfinance étaient majoritairement implantées dans les zones urbaines, et qu'elles peinaient à desservir les milieux ruraux, et ce, pour plusieurs raisons, à commencer par la faible densité des populations, la pratique des activités à haut risque, mais

aussi l'insuffisance ou le mauvais état des infrastructures de transport ou de communication.
La microfinance formelle se révèle alors peu adaptée aux besoins spécifiques des paysans et éleveurs, dont les besoins portent sur des semences qu'ils ne peuvent régler qu'après les récoltes, soit plusieurs mois après, et non chaque semaine. Et leurs produits de financement ne prennent généralement pas en compte la saisonnalité de leur activité.
Il ressort clairement que la microfinance formelle ne s'occupe pas des agriculteurs, des artisans et des indigents, à cause notamment, des activités jugées à haut risque pratiquées par cette catégorie de la population, et du manque de garantie à présenter. Les institutions de microfinance formelle se sont donc détournées de leur principale mission qui est d'inclure financièrement les pauvres, car, leur cible est constituée des personnes moyennement pauvres, ou des personnes situées juste au-dessus du seuil de pauvreté.
Le milieu rural, où la majorité est employée dans le secteur agricole, fait face à de nombreuses difficultés dont l'accès des paysans aux financements, alors que l'essentiel de l'offre de financements y est assuré par les usuriers, à un taux d'intérêt exorbitant. C'est ainsi qu'ont été mises en place des initiatives d'économie populaire solidaire, appelées « *Mutuelles de Solidarité* », considérées comme des moyens de structurer le milieu et d'y offrir dans de bonnes conditions, des financements pouvant contribuer favorablement aux situations socio-économiques des individus.
En effet, la solidarité internationale pour le développement et l'investissement (SIDI) avait soutenu en 2009 que dans le cadre des MUSO, l'inclusion financière a fait ses preuves, en intégrant toutes les couches sociales dans la dynamique des MUSO, en leur facilitant, non seulement l'accès aux produits financiers, mais aussi, à la cohabitation communautaire. Pour la SIDI, la dignité et la fierté, c'est le premier résultat qu'on obtient quand des gens se font confiance et arrivent à avoir accès à un crédit, tout en étant soutenus par le reste du groupe.
Les MUSO, en dépit de certaines insuffisances, permettent à une frange importante de la population non atteinte par les services publics ou par le marché, notamment les paysans, d'accroitre leur capacité entrepreneuriale et d'améliorer leurs conditions de vie.
Vu sous cet angle, il convient de baliser les différentes orientations possibles, susceptibles de permettre aux différents acteurs impliqués dans la lutte contre la pauvreté, de mieux conjuguer leurs efforts, car, toutes les pratiques usuraires ont contribué à appauvrir davantage les

personnes à revenus faibles, surtout les paysans et les éleveurs habitant les milieux ruraux. C'est ainsi que l'accès par les populations à revenus faibles aux ressources financières vient trouver solution à cette question.

La MUSO, comme l'ont démontré Rossier et Taillefer (2005), pas plus que toute autre forme de microfinance, ne fera pas le développement. Elle y contribuera certes pour une petite part, et devra s'intégrer dans un ensemble plus complexe de structures financières : celles qui collecteront l'épargne libre dans une région donnée (les caisses d'épargne et de crédit) et celles qui permettront, avec des ressources conséquentes, de financer l'activité de production agricole ou artisanale (fonds d'investissement rural, banques de crédit agricole, banques de développement), tout en protégeant les acteurs (producteurs et financiers) des calamités éventuelles (fonds de garantie, fonds de calamité agricole).

L'introduction d'une ou plusieurs outils de microfince devra être complétée par des politiques sociales adéquates, une évolution des libertés publiques et individuelles. Cette introduction aura un effet plus grand si elle s'accompagne d'une croissance économique.

Il est important d'indiquer que le développement ne se fera pas avec des microcrédits, mais avec un ensemble cohérent d'outils de financement, et des producteurs bien organisés à la base, mais aussi au niveau régional ou national. En outre, le changement social, indispensable ne se fera que s'il y a des acteurs organisés, intègres, ayant une vision, et ce sont les ruraux qui peuvent être les acteurs essentiels pour l'avènement de ce changement social.

A l'instar de Rossier et Taillefer (2005), bien que certains chercheurs aient mis en évidence la fragilité des Mutuelles de Solidarité, cet ouvrage montre que la MUSO contribue, à juste titre, à l'organisation des ruraux à la base, car elle familiarise ses membres à gérer efficacement des ressources financières, ce qui leur permettra de maîtriser, dans l'avenir, des outils plus complexes.

C'est ainsi que l'accès par les populations à revenus faibles aux ressources financières vient trouver solution à cette question, et donc, à réduire le niveau de vulnérabilité et de pauvreté, car pouvant, non seulement accéder aux services financiers, mais aussi créer ou innover dans les activités génératrices des revenus, et ainsi avoir la capacité de répondre aux besoins sociaux de base, et de se protéger contre les risques naturels. Cet outil de microfinance est donc perçu comme un

nouveau moyen pour résoudre la contrainte de financement des microentreprises.
Si l'accès au financement est une des conditions de modernisation de l'agriculture, car étant l'emploi d'une grande majorité, nous constatons que les prêts accordés par les institutions de microfinance formelle à ce secteur restent souvent minoritaires, si pas nuls. Les spécificités de l'agriculture exigent une approche et des moyens adaptés, qu'il s'agisse des risques climatiques ou économiques, de la dispersion des emprunteurs ou de la faible rentabilité de l'activité.
Cependant, les « Mutuelles de Solidarité » sont une structure de financement adaptée au milieu rural, où l'agriculture est l'activité principale, mais aussi aux quartiers pauvres des villes. Elles sont une réponse originale à la problématique d'accès aux services financiers en milieu rural, à la fois un outil de financement populaire et un groupe d'entraide. Et donc, les MUSO constituent un outil efficace pour l'inclusion financière et la performance sociale, car capable d'offrir de services financiers répondant effectivement et efficacement aux besoins des différentes catégories de la population, à un coût devant rester compatible avec leurs capacités de le couvrir.
D'ailleurs, ayant émergé dans un contexte particulier, c'est-à-dire, dans des territoires victimes de l'inégalité en termes d'accès aux services de base en Ituri, les MUSO ont acquis, par leur mode d'organisation, un ancrage territorial les présentant comme une réponse aux problématiques d'accessibilité au financement, et ayant des retombées concrètes, telles que l'octroi du crédit et l'épargne des personnes défavorisées.
En effet, la réflexion a porté sur trois de cinq territoires de l'Ituri, ainsi que la ville de Bunia, couverts par les services microfinanciers des MUSO. Cette recherche s'est déroulée en bonne partie sur le terrain (chapitres 5 et 6), afin d'y récolter des données par des enquêtes socio-économiques auprès des membres des MUSO. Il est à noter que les données comptables (chapitre 6) ont aussi été recueillies auprès de l'organisation promotrice des MUSO, l'Association des Mamans Anti Bwaki (AMAB), afin de trianguler l'information et de compléter la recherche. Toutes ces informations récoltées empiriquement, ont permis la constitution d'une base sur laquelle des analyses ont été effectuées. Etant donné que la plus grande majorité de la population de la province de l'Ituri vit en milieu rural, avec comme activité principale, l'agriculture au sens large, une activité considérée à haut risque par les IMF formelles, il était important d'explorer l'expérience des Mutuelles

de Solidarité, qui s'articule sur la microfinance sociale de proximité, et la structuration du milieu rural.
Cet ouvrage s'est proposé d'analyser, en plus de la revue de la littérature, la façon dont les produits financiers proposés par les Mutuelles de Solidarité agissent sur leur capacité à innover (chapitre 5) et/ou à créer des activités génératrices des revenu dans les milieux défavorisés exclus des services bancaires classiques en Ituri (chapitre 6), afin d'améliorer les conditions de vie des bénéficiaires.
Les MUSO ont eu donc le mérite d'offrir des services financiers à la catégorie considérée à haut risque par la microfinance formelle.
En effet, pour améliorer le financement de l'entrepreneuriat, il est important de noter que certaines critiques ont souligné l'utilisation de microcrédits pour des investissements non-productifs. Cet argument n'est que très partiellement valable, dans la mesure où il est souvent artificiel, dans les économies en développement, en Afrique surtout, de séparer consommation et activité économique, puisque les mêmes biens (moulin, moto, vélo, charrette, four, réfrigérateur, etc.) sont souvent utilisés à des fins privées et économiques, et un microcrédit sera donc utilisé indifféremment pour la famille ou les microentreprises. Mais aussi, les investissements dans les microentreprises se concentrent en général sur des activités de survie (petit commerce, activité de transformation sommaire), offrant peu de possibilités d'expansion et de création d'emplois.
S'il est vrai qu'à court terme, des milliers de personnes n'ont pas accès à l'emploi salarié, et trouvent auprès de la microfinance un appui nécessaire pour survivre, la microfinance à travers les MUSO doit également à son échelle contribuer au renforcement du tissu d'entreprises formelles, en proposant des services plus adaptés aux petites et moyennes entreprises. Et comme les ménages très pauvres ne sont pas toujours en position de faire fructifier un petit crédit par manque de moyens financiers, humains et techniques, il faut donc autant que possible envisager de bâtir des programmes adaptés à leurs conditions, avec des mesures d'accompagnement pour leur mise en œuvre.
En effet, les MUSO peuvent étendre leurs services microfinanciers dans les villages les plus reculés, afin de rendre disponibles les services financiers aux paysans exclus des systèmes financiers, et qu'elles renforcent leur performance économique auprès de cette catégorie de la population, afin que cela ait de l'incidence sur l'agriculture, activité principale de ces milieux.

En conséquence, les MUSO, en tant que microfinance sociale de proximité, contribuent largement à la promotion de l'entrepreneuriat, avec comme conséquence, l'amélioration des conditions de vie des bénéficiaires des services microfinanciers offerts en province de l'Ituri. L'accès aux crédits des MUSO a permis à ses membres de financer des activités productives ou commerciales qui pourront compléter utilement les revenus directs de l'agriculture, car le secteur agricole est constitué d'organismes vivants sujets à des cycles biologiques, et à des risques climatiques et sanitaires.
Cet ouvrage suggère, étant donné que la conviction est que dans la plupart des cas, ce sont les ruraux qui peuvent être les acteurs essentiels pour l'avènement de ce changement social, que les MUSO contribuent fortement à l'organisation des ruraux à la base, car elles familiarisent leurs membres à gérer efficacement des ressources financières, ce qui leur permettra de maîtriser, dans un proche avenir, des outils plus complexes. Tout en étant bien conscient que le développement, surtout de l'agriculture, ne se fera pas avec des microcrédits, mais avec un ensemble cohérent d'outils de financement.
Que cette expérience soit étendue dans les milieux défavorisés par les IMF formelles, considérant le niveau de pauvreté dont est confrontée la population rurale et agricole, qui ne lui permet pas d'accéder aux ressources financières essentielles auprès des structures financières formelles, afin de financer ses activités économiques de production, surtout que l'emploi principal est l'agriculture.

BIBLIOGRAPHIE

- Adechoubou, M. A., *Microfinance et lutte contre la pauvreté : évolutions des approches d'un bailleur de fond,* 2005, disponible en ligne sur www.uncdf.org/sum/francais/index.html, consulté le 04 Novembre 2017.
- Adjibi, W., « Les défis du financement de la microentreprise », in *Mondes en développement* 2002/3 (no 119), pp. 81-83. DOI 10.3917/med.119.0081.
- Allemand, S., *La microfinance : la fin de l'exclusion* ? Ellipses Edition Marketing S.A., 2011, 180 pages.
- Amaranta, C., et Hainar, F., *Quelles méthodes pour analyser le développement durable de l'environnement construit ?* Analyse des méthodes des sciences humaines et sociales dans les projets de recherche du PNR 54, Fonds national Suisse, Neuchâtel, 2012, 40 pages.
- Anderson, D-R., Sweeney, D. et Williams, T., *Statistiques pour l'économie et la gestion,* 4ème édition, Nouveaux Horizons, De Boeck, Paris, 2013, 863 pages.
- André, L., *Apprendre à épargner avec les Mutuelles de Solidarité,* 2018, PNUD, disponible en ligne sur www.cd.undp.org.
- ASIENA : *Fiche pratique : la Mutuelle de Solidarité (MUSO),* département épargne et crédit inter instituts, 2018, 8 pages, disponible sur http://entrepreneursdumonde.com/downloads/programmes/fiche-programme-asiena.pdf, consulté le 14 Décembre 2018.
- Atallah, C. et El Hyani, O., *Microfinance : Quelles perspectives de développement pour les IMF, cas du Maroc,* Mémoire de recherche-Cycle Grande Ecole, 2009, 82 pages.
- Attali, J., et Yann A.-B., *Voyage au cœur d'une révolution de la microfinance contre la pauvreté,* JC Lattès, Paris, 2007, 286 pages.
- Bahati, T. R. M., *Politique de réduction de la pauvreté en situation post-conflit,* Economies et finances, Thèse pour le doctorat en Sciences Economiques, Université d'Auvergne - Clermont-Ferrand I, 2006, 409 pages.
- Bah, A. A., La *microfinance en Guinée : articulations entre finance formelle et informelle et lutte contre la pauvreté au Fouta Djalon.*

Economies et finances. Université Toulouse le Mirail, Toulouse II, 2012, 340 pages.
- Banque Centrale du Congo, *Rapport d'activités de la microfinance 2018*, Kinshasa, 2019. Disponible en ligne sur http://www.bcc.cd/microfinance.bcc.cd
- Banque Centrale du Congo, *Protection des consommateurs de services financiers en République Démocratique du Congo, étude diagnostic*, rapport de novembre 2013, 104 pages.
- Banque Centrale du Congo, *Rapport d'activités de la microfinance 2012,* Kinshasa, 2013, 157 pages, disponible en ligne sur http://www.bcc.cd/.
- Banque Commerciale du Congo (BCDC), *Rapport annuel de 2012*, 2013, 97 pages.
- Banque Mondiale, *Les Principaux secteurs économiques*, 2019, disponible en ligne sur http://www.expert-comptable-international.info/fr/pays/democratic-republic-of-congo/economie-3, consulté le 15 Avril 2019.
- Benicourt, E., « La pauvreté selon le PNUD et la Banque mondiale », *Études rurales* [En ligne], 159-160, 2001, pp35-54, mis en ligne le 03 janvier 2017, consulté le 04 mai 2019. URL : http://journals.openedition.org/etudesrurales/68 ; DOI : 10.4000/etudesrurales.68.
- Berrou, J.-P., IEP Bordeaux et Gondard-Delcroix, C., *Mécanismes informels de gestion des risques : impact sur les dynamiques entrepreneuriales*, Université Bordeaux IV, 2018, 12pages.
- Boyé, S., et al., *Le guide de la microfinance : Microcrédit et épargne pour le développement*, Ed. Eyrolles, 2ème édition, Paris, 2009, 368 pages.
- Bouyo, K. J. N., *Microfinance Et réduction de la pauvreté de la femme rurale en Afrique, Comprendre la dérive vers le monde urbain, Cas des mutuelles communautaires de croissance de Foréké-Dschang et de Fongo-Tongo (Ouest-Cameroun),* Harmattan, Paris, 2012, 121 pages.
- CGAP, « Définition de la microfinance, extraits des Principes clés de la microfinance », *in Baromètre de la microfinance* 2007, 7 pages, *disponible en ligne sur* http://www.convergences.org/wp-content/uploads/2017/05/Barom%C3%A8tre-de-la-microfinance-2010.pdf, consulté le 23 Novembre 2018.
- CGAP, « Principes clefs de la microfinance, 2007 », in *Baromètre de la microfinance 2011*, 12 pages.

- Chéreau, L., « La Mutuelle de Solidarité, une méthodologie adaptée au milieu rural », *in Baromètre de microfinance 2011*, Convergence 2015, 12 pages.
- Chéreau, L., « Solidarité Internationale pour le Développement et l'Investissement (SIDI) », in *Baromètre de la microfinance 2011*, 6 pages.
- Christen, R-P. et Pearce, D., *Microfinance agricole : gérer les risques et concevoir les produits adaptés, les caractéristiques d'un modèle émergent,* 2005, disponible en ligne sur www.lamicrofinance.org/files/22705_file_OccasionalPaper_11_fr.pdf.
- CNUCED, *Promouvoir l'entreprenariat au service du développement*, Commission de l'investissement, des entreprises et du développement, Septième session, Genève, 20-24 avril 2015.
- Cohen, M., *Connaitre la clientèle des IMF : outil d'analyse pour les praticiens de la microfinance*, USAID/AIMS, 2001, 375 pages.
- Couvreur, A. et Lehuede, F., *Essai de comparaison de méthodes quantitatives et qualitatives à partir d'un exemple : le passage à l'euro vécu par les consommateurs,* Centre de Recherche pour l'Etude et l'Observation des Conditions de Vie, CREDOC, cahier de recherche n°176, Paris, novembre 2002, 106 pages.
- Davy, S. et Verna, J., *L'Entrepreneuriat Social : un levier pour la croissance et l'emploi Définition, acteurs et enjeux,* INES, 2012, 21 pages.
- Destilus, C., *Contributions des initiatives de l'économie sociale au développement des communautés rurales : cas des Mutuelles de Solidarité (MUSO) dans la commune de Port-de-paix (Haïti),* Mémoire de Maîtrise en développement régional, Université du Québec à Rimouski, Décembre 2010, 142 pages.
- Develtere, P. et Fonteneau, B., « Économie sociale, emploi et protection sociale dans un État faible : le cas d'Haïti », in *Comparaisons internationales,* no 17, 2004, p. I-17.
- Devika Iyer et al, *Intégration de l'environnement et du changement climatique pour la réduction de la pauvreté et le développement durable*, Manuel de renforcement des processus de planification et de budgétisation, Produit par l'Initiative Pauvreté-Environnement du PNUD-PNUE, 2015, 183 pages, disponible en ligne sur www.unpei.org.
- Dhaoui, E., *La microfinance en Tunisie est-elle un outil au service de lutte contre la pauvreté ? Réflexions à partir de l'expérience*

d'Enda, l'unité de recherche Monnaie, Développement et Infrastructures (MODEVI), Faculté ses Sciences Economiques et de Gestion de Sfax, Tunisie, 2014, 35 pages.
- Doligez, F., Bédécarrats, F., Bouquet, E., Lapenu, C., Wampfler, B., Évaluer et mesurer l'impact de la microfinance : sortir de la « double impasse », in *Revue Tiers Monde,* 2013/1 (n°213), p. 161-178. DOI 10.3917/rtm.213.0161.
- Doligez, F. et Gentil, D. le crédit rural, *in Mémento de l'agronome*. Techniques rurales en Afrique ; CIRAD-GRET, IRAM, France, Ministère des affaires étrangères, 2009, p.155-198.
- Duflo, E., *Expérience, science et lutte contre la pauvreté,* Collège de France/Fayard, 2013, 75 pages.
- Dupuy, C., « Les comportements d'épargne dans la société africaine : études sénégalaises », in *La tontine pratique informelle d'épargne et de crédit dans les pays en voie de développement,* Editions John Libbey Eurotext, Institut Orléanais de Finance 45067 Orléans Cedex 02, France, Paris, 1990, 356 pages.
- Ebenda, A., *Typologie et aspects organisationnels des tontines dans le contexte d'une économie sociale informelle à Kinshasa*, Collection travaux d'étude en développement régional, groupe de recherche et d'intervention régionale, Université de Québec à Chicoutimi, septembre 2002, 26 pages.
- Elidje J., et al., *Transformer des vis, en finir avec la stigmatisation, la vulnérabilité et la discrimination,* le rapport du Fonds au profit des victimes 2013, 40 pages, en ligne sur http://www.trustfundforvictims.org/sites/default/files/media_library/documents/pdf/TFVSummer2013PPR_FINAL_VERSION___FRENCH_TRANSLATION_060913.pdf.
- Falcucci, A., *La microfinance et son impact sur la pauvreté dans les pays en développement*, Mémoire de Master 1, Faculté des sciences économiques et de gestion, Université du Sud-Toulon-Var. juin 2012, 77 pages.
- FMI, *World Economic Outlook Database*, disponible en ligne sur http://www.expert-comptable-international.info/fr/pays/democratic-republic-of-congo/economie-3, consulté le 09 Décembre 2018.
- FMI, *Evaluation de la stabilité du système financier, République Démocratique du Congo,* Rapport du FMI n° 14/315, Washington, D.C. Octobre 2014, 61 pages, disponible en ligne sur http://www.imf.org.

- Fontan, J.-M. et Tremblay D. « Le développement local : sens, concepts et enjeux », chap.4 de *Le développement économique local.* Sainte- Foy (Québec) : Presses de l'Université du Québec, 1994, pp. 125- 151.
- Guerin, I. et Servet, J-M., « Microfinance : effets mitigés sur la lutte contre la pauvreté, financer le développement par la mobilisation des ressources locales », in *Annuaire Suisse de politique de développement*, volume 26, 2007, pp. 103-119.
- Guérin, I. et Servet, J-M., « L'économie solidaire entre le local et le global : l'exemple de la microfinance », in *Revue internationale de l'économie sociale,* N° 296, 2005, 83–99. DOI : 10.7202/1021864ar.
- Haudeville, B. et Dado, C., « Vers un système financier de type mixte dans l'UEMOA ? », in *Mondes en développement,* 2002/3 (no 119), p. 33-45. DOI 10.3917/med.119.0033.
- Helms, B., et Xavier, R., *Plafonnement des taux d'intérêt en microfinance : qu'en est-il à présent* ? Etude Spéciale no 9. Washington, CGAP, 2004.
- Iyer, D., et al, *Intégration de l'environnement et du changement climatique pour la réduction de la pauvreté et le développement durable*, Manuel de renforcement des processus de planification et de budgétisation, Produit par l'Initiative Pauvreté-Environnement du PNUD-PNUE, 2015, 183 pages, disponible en ligne sur www.unpei.org.
- Kabongo, K. D., *Mutuelle de Solidarité, une microfinance pour la promotion de l'entrepreneuriat et la réduction de la pauvreté en Ituri*. Thèse de doctorat, Université de Kisangani, RD Congo, 2019 ; 362 pages.
- Kabongo K. D., Performance sociale et inclusion financière des microfinances informelles en Ituri. Cas des mutuelles de solidarité, in *les Annales de l'Université de Bunia*, Centre de Recherche Interdisciplinaire et des Droits Humains, C.R.I.D.H. volume 04, numéro 05, Septembre 2020, pp. 97-116.
- Kabongo, K. D., Muanasaka K. L., Mukandama, N. J-P, « La microfinance est-elle un outil au service de la lutte contre la pauvreté ? Réflexions à partir de l'expérience des MUSO en Ituri », in les *Annales de l'IFA-Yangambi,* Vol3 (1), 2019, pp134-151.
- Kabongo, K.D., Muanasaka, K.L., et Sengi, B.P « Mutuelle de Solidarité : Solution au problème de financement des activités agricoles en milieux ruraux dans la province de l'Ituri/RDC (Cas du territoire de Mahagi) », in *International Journal of Innovation and*

Applied Studies ISSN 2028-9324 Vol. 24 No. 3 Oct. 2018, pp. 1062-1070, en ligne sur http://www.ijias.issr-journals.org/.
- Kabongo, K.D., Kizaba A. G, Muanasaka K. L., et Sengi, B, P., « Etat d'expansion de la microfinance formelle auprès des populations à faible revenu dans la ville de Bunia (Province d'Ituri - RD Congo) », in *International Journal of Innovation and Applied Studies* ISSN 2028-9324 Vol. 24 No. 3 Oct. 2018, pp. 1106-1114, disponible en ligne sur http://www.ijias.issr-journals.org/.
- Kabongo K. D., Muanasaka K. L., et Mukandama N. J-P, Mutuelles de solidarité, une possibilité microfinancière pour les petits entrepreneurs en province de l'Ituri (RDC), in *les Annales de l'Université de Bunia*, Centre de Recherche Interdisciplinaire et des Droits Humains, C.R.I.D.H. volume 04, numéro 03, Septembre 2018, pp. 95-107.
- Kabongo K. D. *Microfinance : outil de lutte contre la pauvreté, mythe ou réalité en RDC, cas de la Mutuelle d'Epargne et de Crédit de Bunia*, Mémoire de D.E.S., Université de Kisangani, 2016, 170 pages.
- Kamala, M-G., « *Servet Jean-Michel, Banquiers aux pieds nus. La microfinance* », *Les Cahiers d'Outre-Mer* [En ligne], 238 | Avril-Juin 2007, p1, pp275-277, mis en ligne le 28 octobre 2008, consulté le 19 août 2016. URL : http://com.revues.org/2580.
- Kasbarian, V., *Des entreprises sociales qui peuvent éradiquer la pauvreté,* 2014, https://stateofthecampaign.org/2014/06/23/des-entreprises-sociales-qui-peuvent-eradiquer-la-pauvrete/, consulté le 15 Septembre 2017.
- Kasbarian, V., *Un contexte global pour l'extrême pauvreté*, 2014, https://stateofthecampaign.org/2014/06/23/un-contexte-global-pour-lextreme-pauvrete/, consulté le 15 Septembre 2017.
- Kengue, M. P., *La microfinance en Tunisie et en Egypte : un outil au service du développement local*. Sociology. Thèse de doctorat, Université Rennes 2, 2012, 421 pages.
- Khamar, M. et Stephens, S., « Les chiffres clés de l'inclusion financière/MONDE », *in Baromètre de la microfinance*, convergences, 8è Edition, Paris, 2017, 16 pages, en ligne sur http://www.convergences.org/wp-content/uploads/2017/09/BMF_2017_FR_FINAL.pdf, consulté le 16 Septembre 2017.
- KOFIP, *Les Mutuelles de Solidarité en Haïti : Récit d'un succès*, 2012, 6 pages, disponible en ligne sur

http://www.solinos.ch/Organisationen/hand_in_hand/rundbrief1202-fr.pdf, consulté le 12 Décembre 2017.
- Kudinga, B., « La microfinance, un secteur d'avenir en RDC », in *Le Potentiel*, en ligne sur http://www.congoforum.be/fr/nieuwsdetail.asp?subitem=1&newsid=16911&Actualiteit=selected consulté le 12 Novembre 2018.
- Labie, M., « Microfinance : évolutions du secteur, diversification de produits et gouvernance », in *Reflets et perspectives de la vie économique,* 2009/3 (Tome XLVIII), p. 5-6. DOI 10.3917/rpve.483.0005.
- Labie, M., « Introduction », in *Mondes en développement* 2004/2 (no 126), p. 7-8. DOI 10.3917/med.126.0007.
- Labie, M. *et al.*, « Microfinance : le temps de la maturité ? », in *Mondes en développement* 2010/4 (n° 152), p. 7-11. DOI 10.3917/med.152.0007.
- Lapenu, C., Zeller, M. ; Greely, M.; Chao-Béroff, R. et Verhagen, K., « Performances sociales : Une raison d'être des institutions de microfinance et pourtant encore peu mesurées. Quelques pistes. », in *Mondes en développement* 2004/2 (no 126), p.51-68. DOI 10.3917/med.126.0057.
- Lapenu, C., Konini, Z., Razakaharivelo, C., « Evaluation de la performance sociale : les enjeux d'une finance responsable », *in revue tiers monde*, n° 197, janvier-mars 2009, pp. 37-54.
- Lapenu, C., CERISE & Reboul, C., *De la stratégie sociale à l'impact : Comment améliorer les études d'impact* ? SPI3, Document de travail n°2, IEDES, Université de Paris 1, 2006, 23 pages.
- Lapenu, C. et Reboul, C., *Comité d'Echanges, de Réflexion et d'information sur le système d'Epargne-Crédit, SPI3* – document de travail n°2, Université de Paris 1, 2006, 23 pages.
- Lapenu, C., « Évaluation de la performance sociale, les enjeux d'une microfinance responsable », Cerise, 2011, p. 29-34, disponible en ligne sur http://prospera-microfinance.org/IMG/pdf/Combiner_SPI_et_analyse_d_impact_Comores_Document_de_travail_SPI_No2.pdf.
- Lelart, M., « Présentation », *Mondes en développement* 2002/3 (no 119), pp. 7-8. DOI 10.3917/med.119.0007.
- Lelart, M., *La tontine pratique informelle d'épargne et de crédit dans les pays en voie de développement,* Editions John Libbey

Eurotext, Institut Orléanais de Finance 45067 Orléans Cedex 02, France, Paris, 1990, 356 pages.
- Lelart, M., *De la finance informelle à la microfinance.* AUF et Editions des Archives Contemporaines, 2006, 61 pages, Halshs-00009833.
- Lelart, M., « L'évolution de la finance informelle et ses conséquences sur l'évolution des systèmes financiers », in *Mondes en développement* 2002/3 (no 119), p. 9-20.DOI 10.3917/med.119.0009.
- Loi n° 11/020 du 15 septembre 2011 fixant les règles relatives à l'activité de la microfinance en République Démocratique du Congo, *in Journal Officiel*, numéro spécial, 10 mai 2014, pp.123-162.
- Lugen, M., *Petit guide de méthodologie de l'enquête*, Université Libre de Bruxelles, 2016, 28 pages.
- Mahon, D., et Helmsmuller, S., *Création de l'association des institutions de microfinance en RDC*, Allemagne, KfW Bankengruppe, 2013, 120 pages.
- Maystadt, J-F., « Microfinance au Nord : Un effet de mode importé du Sud ? », *Mondes en développement* 2004/2 (no 126), p. 69-82. DOI 10.3917/med.126.0075.
- Meessen, J.M.TH. *Monographie de l'Ituri,* publication de la direction de l'agriculture, des forêts, de l'élevage et de la colonisation, Bruxelles, 1951, 305 pages.
- Ministère du Plan, *Évaluation des progrès accomplis par la RDC dans la réalisation des Objectifs du Millénaire pour le Développement en 2012*, Rapport National, septembre 2014.
- Ministère du Plan, *Document de Stratégie de Croissance et de Réduction de la Pauvreté de seconde génération – DSCRP 2,* République Démocratique du Congo, Octobre 2011, 126 pages.
- Ministère du Plan, *Document de la réduction de croissance et de réduction de la pauvreté*, République Démocratique du Congo, juillet 2006, 120 pages.
- Morvant-Roux, S., « Accès au microcrédit et continuité des dynamiques d'endettement au Mexique : combiner anthropologie économique et économétrie », in *Revue Tiers Monde,* Armand Colin, 2009/1 (n° 197), p. 109-130. DOI 10.3917/rtm.197.0109.
- Morvant-Roux, S., Guérin, I., Roesch M., Servet, J-M., « Politiques d'inclusion financière, microfinance et financement de l'agriculture.

Les cas de l'Inde et du Mexique », in *Mondes en développement,* 2010/3 (n° 151), p. 9-24.DOI 10.3917/med.151.0009.
- Moummi, A., *Analyse de la pauvreté en République Démocratique du Congo*, Working Papers Series N° 112, African Development Bank, Tunis, Tunisia, 2010, 25 pages.
- Mpanzu, B. P., *Microfinance en République Démocratique du Congo : Cas du site maraîcher de N'djili/CECOMAF à Kinshasa* ; Mémoire de DEA, Belgique, Faculté Universitaire des Sciences Agronomiques de Gembloux (FUSAGx) et Université Catholique de Louvain (UCL), 2004.
- Mpegere, C., *Rapport d'étude sur la réglementation des institutions de microfinance et des FONSDEV en RDC*, INADES formation Congo, Avril-Aout 2007, 104 pages.
- Mushi, M., *Les facteurs déterminants du secteur de la microfinance en République Démocratique du Congo*, Regroupement des Institutions du système de financement décentralisé du Congo (RIFIDEF), 12ème Gerberas n° 299, Kinshasa, 2002, 50 pages.
- Narayan, D., *Autonomisation et réduction de la pauvreté*, Éditions Saint-Martin 5000, avec la collaboration de la Banque Mondiale, Montréal (Québec), 2004, 408 pages.
- Nations Unies, L*es objectifs de développement durable,* Rapport, New York, 2017, 64 pages.
- Nations-Unies, *Objectifs du Millénaire pour le développement, éliminer la pauvreté d'ici 2015*, New York, Rapport 2014, 59 pages.
- Ndeye, S., « Épargne et développement : la contribution mutualiste », *in les Cahiers du CRISES*, Collection Études théoriques, Québec, Canada, 2004, 43 pages, disponible en ligne sur www.crises.uqam.ca.
- Nganda A. J-P., *Dynamique associative et réduction de la pauvreté rurale : une étude comparative de villages inégalement couverts par des Organisations Non Gouvernementales dans la province du Bandundu et dans l'hinterland de Kinshasa ;* Thèse de doctorat, Université de Liège - Gembloux Agro-Bio Tech, Belgique, 2011, 182 pages.
- Ngoy I. N. J., *Financement décentralisé en milieu post-conflit : défis socioéconomiques et recherche d'antidotes stratégiques, cas de la microfinance*, thèse de doctorat, Faculté de Gestion des Ressources Naturelles Renouvelables, Université de Kisangani, 2014-2015, 310 pages.

- Nshue, A., Nkenku, E., Jean-Paul Boketsu, J-P. et Tshimenga, M., *Evaluation des progrès accomplis par la République Démocratique du Congo dans la réalisation des Objectifs du Millénaire pour le développement,* Rapport, PNUD et Ministère de Plan, RDC, Septembre 2015, 82 pages.
- Ouafo D., *Qu'est-ce qu'une coopérative d'épargne et de crédit* ? Le Reporter Technique, Mai 85, Vol II, n°1, publié par le Conseil Mondial des Coopératives d'Epargne et de Crédit, SECAAR - 06 B.P. 2037 - Abidjan 06, disponible en ligne sur http://www.secaar.org/documents/documentation/F2_COOPE.pdf.
- Perron, J-L., « La microfinance fonctionne-t-elle encore ? » In *Baromètre de la microfinance*, convergences, 8è Edition, Paris, 2017, 16 pages, en ligne sur http://www.convergences.org/wp-content/uploads/2017/09/BMF_2017_FR_FINAL.pdf, consulté le 16 Septembre 2017.
- Pinel, A. et al., « Le guide de la microfinance, microcrédit et épargne pour le développement, paru aux Editions Eyrolles en 2009, Baromètre De microfinance 2010 », *in Convergence 2016*, 7 pages, *disponible en ligne sur* http://www.convergences.org/wp-content/uploads/2017/05/Barom%C3%A8tre-de-la-microfinance-2010.pdf, consulté le 23 Novembre 2018.
- PNUD, *A propos de la RD,* 2018, disponible en ligne sur http://www.cd.undp.org/content/rdc/fr/home/, consulté le 27 Novembre 2018.
- PNUD, *Le PNUD appuie la mise en œuvre de l'objectif de développement durable*, Réduction de la pauvreté, rapport, 2016, 16 pages.
- PNUD, *Programme Cadre de la Lutte contre la Pauvreté, PRODOC PAUVRETE*, RD Congo, 2009, 136 pages, en ligne sur http://www.cd.undp.org.
- PNUD, *Le développement humain pour tous, le* Rapport sur le développement humain 2016, Communications Development Incorporated, Washington DC, USA, 2016, 297 pages.
- PNUD, *A propos de la RD,* 2016, disponible en ligne sur http://www.cd.undp.org/content/rdc/fr/home/countryinfo/, consulté le 17 Janvier 2017.
- PNUD, O*bjectifs du Millénaire pour le Développement*, éliminer la pauvreté, rapport 2014, New York, 2014, 59 pages.

- PNUD 2010 : *Rapport RDC sur les OMD*, disponible en ligne sur www.cd.undp.org/mediafile/OMD_Rapport RDC_version_courte_2010.pdf.
- PNUD, *Programme Cadre de la Lutte contre la Pauvreté, Promotion de la microfinance,* RD Congo, 2012, disponible en ligne sur http://www.cd.undp.org.
- Puijenbroek, J. V., *Analyse de contexte de l'Ituri, IKV Pax Christi,* 2009, 19 pages, *disponible en ligne sur* https://www.paxvoorvrede.nl/media/files/analyse-du-contexte-de-lituri-090125.pdf.
- Rapport National OMD, *Évaluation des progrès accomplis par la RDC dans la réalisation des Objectifs du Millénaire pour le Développement en 2012*, Septembre 2014.
- Renaud, J., L'impact social des microcrédits : le cas d'une institution de microfinance argentine, in *L'Économie politique* 2007/4 (n° 36), p33, pp. 33-45. DOI 10.3917/leco.036.0033.
- Rossier, F. et Taillefer, B., *Guide de la Mutuelle de Solidarité, des communautés de base s'organisent autour de finance et solidarité*, Edition Karthala, Paris, 2005, 118 pages.
- Safiétou, D. J., *Impact de la microfinance sur la qualité de vie des populations : cas du PIYELI (Mali),* Mémoire de Master Professionnel, Centre Africain d'études Supérieures en Gestion, Mali, 2014, 99 pages.
- Sagna, M.R., *Impact de la microfinance sur l'empowerment des femmes et la lutte contre la pauvreté dans la région de Ziguinchor*, Thèse de doctorat, Université Laval, Québec, Canada, 2015, 254 pages.
- Sangare, M., *La microfinance : quels liens entre les modèles de financement des institutions et la qualité des services offerts aux clients* ? Thèse de doctorat, Université de Toulouse I, 2013, 342 pages.
- Sen, A., *Repenser l'inégalité*, Edition du Seuil, Paris, 2012, 318pages.
- Servet, J-M., « Responsabilité sociale versus performances sociales en microfinance », in *Revue Tiers Monde,* Armand Colin, N° 197 – Janvier-Mars 2009, p. 55-70.
- Servet, J-M., « Les tontines, formes d'activités informelles et d'initiatives collectives privées en Afrique », *in la tontine pratique informelle d'épargne et de crédit dans les pays en voie de développement*, Institut Orléanais de Finance 45067 Orléans Cedex

02, France, Editions John Libbey Eurotext 6, rue Blanche, 92120 Montrouge, France, 1990, 356 pages.
- Servet J-M., « Responsabilité sociale versus performances sociales en microfinance », in *Revue Tiers Monde,* Armand Colin, N° 197, Janvier-Mars 2009, p. 55-70, disponible en ligne sur http://www.cairn.info/revue-tiers-monde-2009-1-page-55.htm.
- SIDI, *Les Mutuelles de Solidarité et le Pacte d'Actionnaires de la SIDI*, CCFD-Terre Solidaire/Relations Institut religieux, Paris, 4/11/2009, 38 pages, disponible en ligne sur http://ccfd-terresolidaire.org/IMG/pdf/2010musopactesidi.pdf.
- Sirven, N., « De la pauvreté à la vulnérabilité : évolutions conceptuelle et méthodologiques », in *Mondes en développement*, 2007, Vol.35-2007/4, n°140, pp. 9-24.
- Smahi, S. ; Maliki, S. et Arif, S.E., « Microfinance et pauvreté subjective en Algérie : Essai d'analyse », in *La Revue des Sciences de Gestion, Direction et Gestion,* n° 255-256 – Finance, 2012, pp. 133-142.
- Smahi A., *Microfinance et Pauvreté : Quantification de la Relation sur la population de Tlemcen*, Thèse de doctorat en sciences économiques, Université Abou Bekr Belkaïd de Tlemcen, Algerie, 2010, 323 pages.
- Sombié, I., *Approche microéconomique de l'analyse de la performance des systèmes financiers dans les pays en développement : cas du Burkina Faso*, Université d'Orléans, 5 décembre 2013, p194, 263pages.
- Taillefer, B., *Manuel la Mutuelle de Solidarité*, 2001, 45 pages, disponible en ligne sur http://www.sidi.fr.
- Tchouassi, G. et Oumbe, H. T., « Microfinance et réduction de la pauvreté, le cas du crédit du sahel au Cameroun », in *Revue internationale de l'économie sociale*, 80 RECMA, n° 288, 2010, p.80-88.
- Tran, V., U*n développement structurel en Haïti par le biais de produits financiers éthiques et solidaires*. Mémoire de recherche, Haïti, 147 pages.
- Tshimanga, D., *Les problèmes des IMF et COOPEC*, Avril 2018, disponible en ligne sur http://business-et-finances.com/les-problemes-des-imf-et-coopec/.
- Uringi-Pa-Dolo, E., *Carte postale de la province de l'Ituri*, cabinet du gouverneur de la province, rapport de la province, 2000.

- USAID, *Stratégie de coopération pour le développement du pays, République démocratique du Congo 2015-2019,* 2017, 108 pages.
- USAID, *Base de Données sur les Institutions de Microfinance,* Présentation des Résultats Juin 2005, DAI/FINNET, Development Alternatives, INC. & USAID, Port-au-Prince, Haïti, 13 pages.
- Vilatte, J-C., *Méthodologie de l'enquête par questionnaire,* Laboratoire Culture & Communication Université d'Avignon, Grisolles, Québec, 2007, 56 pages.
- Yav, K., & Associates, *La microfinance en République Démocratique du Congo : cadre légal, règlementaire et Institutionnel*, 2012, disponible en ligne sur https://www.legavox.fr/blog/yav-associates/microfinance-republique-democratique-congo-cadre-8517.pdf, consulté le 12 Novembre, 2018.
- Yunus, M., et Jolis, A., *Vers un monde sans pauvreté*, le banquier des pauvres, Editions Jean-Claude Lattès, 1997, 411 pages.

Webographie

- http://www.lesoftonline.net/articles/la-microfinance-est-non-fiable-au-congo? Consulté le 16 janvier 2018.
- http://microfinance-fr.blogspot.com/2011/02/dates-clefs-de-la-microfinance-selon.html, Consulté le 10 Août 2016.
- http://www.convergences.org/wp-content/uploads/2017/05/Barom%C3%A8tre-de-la-microfinance-2010.pdf, consulté le 23 Novembre 2018.
- https://www.microfinancegateway.org/fr/pays/r%C3%A9publique-d%C3%A9mocratique-du-congo, consulté le 16 Septembre 2017.
- http://luniversdukarite.blogspot.com/2013/08/cooperative-au-rd-congo.html, consulté le 17 août 2016.
- http://www.convergences.org/wp-content/uploads/2017/05/Barom%C3%A8tre-de-la-microfinance-2010.pdf, consulté le 23 Novembre 2018.
- http://www.cd.undp.org/content/rdc/fr/home/countryinfo/, consulté le 27 août 2016.
- http://www.microfinancegateway.org/fr/what-is-microfinance, consulté le 15 Septembre 2017.
- http://www.ada-microfinance.org/fr/a-propos-de-ada/finance-inclusive, consulté le 15 Septembre 2017.
- https://www.cairn.info/revue-politique-africaine-2003-1-page-181.htm, consulté le 5 Octobre 2019.

ANNEXES

Données comptables des MUSO utilisées au chapitre 7.

Tableau n° I : Données comptables 2013-2017 et indices calculés

Variables	2013	2014	2015	2016	2017
Portefeuille épargne	37 220.11	47 889.98	56 572.00	130410.23	167 039.46
Indices simples	100%	128.67%	151.99%	350.38%	448.79%
Nombre de MUSO	130	134	149	195	197
Indices simples	100.00%	103.08%	114.62%	150.00%	151.54%
Nombre de membres	1580	1851	2054	2725	2749
Indices simples	100.00%	117.15%	130.00%%	172.47%	173.99%
Nbre Bénéficiaires de crédits	271	398	207	2146	2159
Indices simples	100.00%	146.86%	76.38%	791.88%	796.68%
Portefeuille crédit	14 874.88	19 452.38	14 455.43	92 740.57	102 541.83
Indices simples	100.00%	130.77%	97.18%	623.47%	689.36%
PAF	1 487.48	1 945.23	1 445.54	9 798.05	10 254.18
Indices simples	100.00%	130.77%	97.18%	658.70%	689.37%

TABLE DES MATIERES

DEUXIÈME CHAPITRE : CADRE CONCEPTUEL, MICROFINANCE ET PAUVRETÉ

Structures éditoriales du groupe L'Harmattan

L'Harmattan Italie
Via degli Artisti, 15
10124 Torino
harmattan.italia@gmail.com

L'Harmattan Hongrie
Kossuth l. u. 14-16.
1053 Budapest
harmattan@harmattan.hu

L'Harmattan Sénégal
10 VDN en face Mermoz
BP 45034 Dakar-Fann
senharmattan@gmail.com

L'Harmattan Cameroun
TSINGA/FECAFOOT
BP 11486 Yaoundé
inkoukam@gmail.com

L'Harmattan Burkina Faso
Achille Somé – tengnule@hotmail.fr

L'Harmattan Guinée
Almamya, rue KA 028 OKB Agency
BP 3470 Conakry
harmattanguinee@yahoo.fr

L'Harmattan RDC
185, avenue Nyangwe
Commune de Lingwala – Kinshasa
matangilamusadila@yahoo.fr

L'Harmattan Congo
219, avenue Nelson Mandela
BP 2874 Brazzaville
harmattan.congo@yahoo.fr

L'Harmattan Mali
ACI 2000 - Immeuble Mgr Jean Marie Cisse
Bureau 10
BP 145 Bamako-Mali
mali@harmattan.fr

L'Harmattan Togo
Djidjole – Lomé
Maison Amela
face EPP BATOME
ddamela@aol.com

L'Harmattan Côte d'Ivoire
Résidence Karl – Cité des Arts
Abidjan-Cocody
03 BP 1588 Abidjan
espace_harmattan.ci@hotmail.fr

Nos librairies en France

Librairie internationale
16, rue des Écoles
75005 Paris
librairie.internationale@harmattan.fr
01 40 46 79 11
www.librairieharmattan.com

Librairie des savoirs
21, rue des Écoles
75005 Paris
librairie.sh@harmattan.fr
01 46 34 13 71
www.librairieharmattansh.com

Librairie Le Lucernaire
53, rue Notre-Dame-des-Champs
75006 Paris
librairie@lucernaire.fr
01 42 22 67 13

www.ingramcontent.com/pod-product-compliance
Lightning Source LLC
LaVergne TN
LVHW011308061026
849535LV00005B/1450